名师工程

教研提升系列

『国培计划』优秀成果出版工程
『国培计划』全国优秀研修成果数字出版平台

语文教师必备的音韵学素养

李明孝 著

西南师范大学出版社
全国百佳图书出版单位
国家一级出版社

图书在版编目（CIP）数据

语文教师必备的音韵学素养/李明孝著. —重庆：
西南师范大学出版社，2016.4
　ISBN 978-7-5621-7892-7

　Ⅰ.①语…　Ⅱ.①李…　Ⅲ.①汉语－音韵学－师资培
训－教学参考资料　Ⅳ.①H11

中国版本图书馆 CIP 数据核字（2016）第 062224 号

名师工程系列丛书
编委会主任：马　立　宋乃庆
总策划：周安平
策　划：李远毅　卢　旭　郑持军　郭德军

语文教师必备的音韵学素养
李明孝　著

责任编辑：雷　刚　李媛媛
特约编辑：高　攀
封面设计：天之赋设计室
出版发行：西南师范大学出版社
　　　　　　地址：重庆市北碚区天生路 1 号
　　　　　　邮编：400715　市场营销部电话：023-68868624
　　　　　　http：//www.xscbs.com
经　　销：新华书店
印　　刷：重庆共创印务有限公司
开　　本：720mm×1030mm　1/16
印　　张：16.5
字　　数：279 千字
版　　次：2016 年 6 月　第 1 版
印　　次：2018 年 10 月　第 2 次
书　　号：ISBN 978-7-5621-7892-7

定　　价：48.00 元

《名师工程》
系 列 丛 书

《名师工程》系列丛书

征 稿 启 事

《名师工程》系列丛书是西南师范大学出版社策划、组织出版的大型系列教育丛书。丛书以新课程下的新教学为背景，以促进施教者的教育能力为落脚点，以提高教育质量、提升教师水平为宗旨。

丛书首批推出的"名师讲述""教学提升""教学新突破""高中新课程""教师成长""大师讲坛""教育细节""创新语文教学""教育管理力""教师修炼""创新数学教学""教育通识""教育心理""创新课堂""思想者""名师名课""幼师提升""优化教学""教研提升""名校长核心思想""名校工程""高效课堂""创新班主任""教育探索者"等系列，共170多个品种，其余系列也将陆续出版。为了让广大教师有一个交流、借鉴的机会，同时也为了给广大教师提供更多、更好的图书，《名师工程》系列丛书编辑出版委员会特向全国教育工作者征集稿件。

稿件要求：

1.主题鲜明、新颖，有独创性。

2.主题以提升教育能力为主，也可适当外延。

3.主题要有一定规模、有典型案例支撑。

4.案例要贴近教育实际，操作性强。

5.文章、书稿结构清晰，语言精彩。

书稿作者在选题确定之后，请及时与我们做好沟通，具体事宜确定好之后再进行创作；也欢迎用已经完稿的稿件投稿。一线教师如希望参与图书案例的创作，可联系我社策划机构，由策划机构备案，在适合的图书中参与创作。

真诚欢迎各位教师踊跃投稿。

联系方式：

西南师范大学出版社高教分社北京策划部

电话：010-68403096

E-mail：guodejun1973@163.com

编者的话

当前，以人为本的教育理念正在逐步深化，素质教育以及基础教育课程改革不断推进。在这场深刻又艰苦的教育改革中，涌现了无数甘为人梯、乐于奉献的优秀教师。他们积极探索、更新观念、敢于创新、善于改革，在实践中创造性地发展、总结了很多先进的教育思想、教育理念；创造性地开发了很多新的教学模式、教学内容和教学方法。这些新思想、新模式、新方法在实践中极大地提高了教学质量，是教育改革实践中的新内涵和宝贵财富。这些优秀教师就是我们的名师，这些新内涵就是名师的核心教育力。整理、总结、发展、推广这些教育新内涵，是深化教育改革、完善教育体制、提高教育质量、提升教师水平的一件大事。

教育，是民族振兴的基石；教师，是教育发展的根基。

胡锦涛在全国优秀教师代表座谈会上指出："教师是人类文明的传承者。推动教育事业又好又快发展，培养高素质人才，教师是关键。没有高水平的教师队伍，就没有高质量的教育。"十七大报告又进一步强调了必须加强教师队伍建设，不断提高教师的素质。当今世界，社会进步一日千里，科技发展日新月异，知识更新的周期越来越短。教师作为"文明的传承者"更要与时俱进，刻苦钻研、奋发进取，尽快提升自身素质和能力，为推动教育事业的健康发展贡献自己的力量。

基于以上，西南师范大学出版社策划、组织出版了大型系列教育丛书——《名师工程》。希望通过总结名师的创新经验、先进理念，宣传名师的核心教育力，为广大教师职业生涯提供精神源泉和实践动力，在教育实践层面切实推动从教者职业素养的提升。通过《名师工程》实现"打造名师的工程"。

丛书在策划、创作过程中力求实现以下特色：

一、理念创新，体现教育的人本精神

教师角色在以人为本的教育理念下发生了重大的变化，教师的素质和能力也面临更高的要求。如何弘扬、培植学生的主体性、增强学生的主体意识、发展学生的主体能力、塑造学生的主体人格等问题成为教师在目前教育中亟待解决的难题。丛书以教育管理者和教师为主要读者对象，通过教师综合素质的提高而将人本教育的思想落实到教育实践中，真正实现教育培养人、塑造人、发展人的本质要求。

二、全面构建，系统提升教师的教育能力

丛书选题的最大特点就是系统、全面地针对教师教育能力的提升而展开。施教者的能力决定教育的效果，教育改革的落实、教育效果的提高无不体现在教师身上。丛书针对不同教育能力、不同教学要求、不同教育对象，有针对性地设置选题。棘手学生、课堂切入、引导艺术、班主任的教导力、互动艺术、课堂效率、心灵教育等等，这些鲜明的主题从教育的细节出发，从教育实际情况出发，有针对性地解决问题，让教师在阅读中学有所指、读有所获。

三、科学权威，体现教育的时代前沿性

丛书邀请全国各地著名的教育工作者执笔，汇集在教育改革与实践中涌现的先进理念、成果和方法，经过专家认真遴选、评点总结而成，代表了目前教育实践中先进的教育生产力，具有时代前沿性，是广大一线教师学习、借鉴的好素材。

四、注重实践，突出施教的实用价值

丛书采用了通俗的创作方法，把死板的道理鲜活化，把教条的写法改变为以案例为主，分析、评点为辅，把最先进的教育理念和方法融入有趣的情境中。经典的案例，情境式的叙述，流畅的语言，充满感情的评述，发人深省的剖析，娓娓道来、深入浅出，让教师更充分地领会先进、有效的教育方法。

在诸多教育、出版界同仁的支持与努力下，《名师工程》陆续推出了《名师讲述系列》《教学提升系列》《教学新突破系列》《高中新课程系列》《教师成长系列》《大师讲坛系列》《教育细节系列》《创新语文教学系列》《教育管理力系列》《教师修炼系列》《创新数学教学系列》《教育通识系列》《教育心理系列》《创新课堂系列》《思想者系列》《名师名课系列》《幼师提升系列》《优化教学系列》《教研提升系列》《名校长核心思想系列》《名校工程系列》《高效课堂系列》《创新班主任系列》《教育探索者系列》等系列，共170多个品种，后续图书也将陆续出版。

丛书在出版创作过程中得到各地、各级教育部门与教育工作者的大力支持与帮助，在此一并表示感谢！

教育事业是全社会共同的事业，本丛书的出版一方面希望能对广大教育工作者有所帮助，共缮先进成果；另一方面也是抛砖引玉，希望更多的教育工作者参与到出版创作中来，百家争鸣、百花齐放，为促进教育事业的发展共同努力！

自　序

　　无论怎么想象，都很难把中学语文教师与音韵学挂上钩，所以，当我写下"语文教师必备的音韵学素养"这个题目时，内心是忐忑的。但当我在网上搜索之后，发现相关的论著和论文很少时，对自己又有了一些信心。因为我明白，音韵学的专家们是不屑、不愿也不能写这类论著的：不屑、不愿，因为在这些专家的眼中，中学教师只是微小的存在，写这类文字无疑是对自己学问的贬损，那自然是不屑、不愿了；至于说不能，是因为这些在"象牙塔"中的人大多数并不了解中学语文教学，无法揭示中学语文教学与音韵学的关系，因此不能写。

　　的确，音韵学向来被称为绝学。每天忙于上课、批改作业的中学教师学习音韵学确实不容易。这点我深有体会。我从二十世纪八十年代初开始接触音韵学，学的第一本书就是王力的《汉语音韵学》，接下来又读了王力的《汉语史稿》、史存直的《汉语语音史纲要》等。到现在已过了三十多年，音韵学似乎已由王力、李方桂领衔的时代过渡到郑张尚芳、潘悟云执牛耳的阶段，而我对于音韵学还是有些"蒙查查"（粤语方言，指不明白）。但我想中学语文教师学习音韵学，不是要和那些专家较劲，换句话说，中学语文教师学习音韵学的重点不在于"考古"，不在于为建筑音韵学的理论大厦添砖加瓦，而是在于审音，在于运用，即运用音韵学的基本原理来分析中学语文教材中的语音现象，并指导中学的韵文教学，如是而已。

　　我本来是一个务正业、守本分的人，按照在学校学的专业，本应当一名政治教师，谁料毕业后，领导居然安排我教高中语文，而且一上来就教毕业班。我别无选择，只好勉为其难，"不务正业"了。没有专业知识，又没有高人指点，所以不知道恶补什么知识，我只能饥不择食，只能"捡到篮子里的就是菜"，于是从学校图书馆借来了一套清代阮元主持校刻的《十三经注疏》。我当时根本不懂"学不躐等"的道理，就一头扎了进去。袁枚说："书非借不能

读也。"我是书非抄不能读也。手抄十三经,绝对是一种疯狂的举动,从"经"到"传"(注),再到"疏"(笺),一篇篇,一部部,我都懵懵懂懂地抄了下来,好在当时年轻,精力处于一生的巅峰时期。这样坚持了三年,我对儒家经典有了粗浅的认识,也打下了较好的文言基础。接下来,由荣宝斋出版的康殷《文字源流浅说》,既使我欣赏到康殷的书法,受到了美的熏陶,又引起了我学习古文字的兴趣。我先后阅读了于省吾的《甲骨文字释林》《商周金文录遗》,以及由他主编的《甲骨文字诂林》,对"甲骨四堂"(指中国近代四位研究甲骨文的学者,他们是郭沫若、董作宾、罗振玉、王国维)的著作也多有涉猎。而训诂学与中学语文教学的关系最为密切,我自然就关注得最多,高邮"二王"(王念孙、王引之父子的世称)的著作、段玉裁《说文解字注》等学术名著,我时有翻阅。张相《诗词曲语辞汇释》、蒋礼鸿《义府续貂》、王锳《诗词曲语辞例释》、江蓝生《魏晋南北朝小说词语汇释》等俗语词工具书,我也一一购来,时时披览。

三十多年来,我是"盲人骑瞎马",无头绪,无方向,一知半解,浮光掠影,虽没有"夜半临深池"之虞,但误入本不属于自己的领地,其结局也就可想而知了。

我不是音韵学领域的圈内人,属于非专业人员。在专业人员面前,我写的东西自然不值一晒,但我想,让音韵学从神圣的殿堂上走下来,深入到中学语文教学中去,这似乎也算是一种接地气的行为,并且也能让它真正恢复其小学的地位——在清儒的眼中,音韵学作为小学,本来就是为经学服务的。在今天,音韵学为语文教学服务,应该是得其所哉吧!这正是我的初衷。

由于本人天资愚钝,学养不足,识见谫陋,疏漏之处在所难免,尚望方家不吝赐教。

目　　录

第四章　上古音

第五章　中古音

第六章 普通话语音系统的来源

第七章 汉语音韵学在语文教学中的运用

第一章

汉语音韵学导论

汉语音韵学是研究古代汉语各个历史时期声、韵、调系统及其发展规律的一门学问。本章主要介绍了汉语音韵学的基本情况，以及中学语文教师学习音韵的依据和方法，以增强教师对音韵学的兴趣和学好音韵学的决心。

第一节　汉语音韵学概述

一、汉语音韵学的性质

汉语音韵学也称声韵学，是研究古代汉语各个历史时期声、韵、调系统及其发展规律的一门传统学问。所谓声、韵、调系统，是指某个历史时期汉语声、韵、调的种类及声母、韵母的配合规律。

汉语音韵学是中国传统语言学的一个重要组成部分。中国传统语言学在古代又被称为小学，历来为解经服务，被看作经学的附庸。它包括文字学、训诂学、音韵学等几个分支。其中，文字学是以文字为研究对象，着重于识别汉字的字形，辨明音、义，研究汉字形体的发展，从而达到归纳汉字造字法则的目的的学科；训诂学是专门研究古代汉语书面语的语义和关于这种语义的诠释方式、方法，分析古代书籍中的语法、修辞现象的学科；音韵学是研究古代汉语及各个历史时期的声、韵、调的状况及发展的学科。

汉语音韵学与汉语语音学研究的侧重点有所不同。汉语语音学对人类的发音进行客观的描写，着重分析人类语音的生理现象和物理现象，讲述发音器官的作用，分析各种语音的构成。这是共时的、静态的研究，是学习汉语音韵学的基础。而汉语音韵学是专门研究汉语语音系统的，而且主要研究中国古代各个历史时期的汉字读音与语音系统的变化。它以古代语言材料为研究对象，是历时的状况研究，属于历史语音学范畴。

二、汉语音韵学的内容与分类

汉语音韵学的研究内容主要包括三个方面：一是历代共时音系，音韵学家习惯上把汉语语音分为上古音、中古音，近年来还加入了"北音"，即近古音。比如，研究上古音，音韵学家基本上是把这一段的音韵研究当作静态的、共时的研究。二是语音演变，这主要是从汉语音韵史的角度对汉语的声、韵、调进行动态的、历时的分析。三是音韵理论，即等韵学。

换言之，汉语音韵学包括古音学、今音学、北音学和等韵学。具体情况如下表所示。

汉语语音史分期、音韵学门类和研究材料表

分期	朝代	门类	主要研究材料	成果名称
上古	周、秦、汉	古音学	押韵字、韵语、韵文，形声字	上古音
中古	魏晋南北朝、隋、唐、宋	今音学	《切韵》系统、韵图等	中古音
近古	元、明、清	北音学	《中原音韵》	近古音
其他	从唐至清	等韵学	韵图	

古音学是研究上古时期（先秦两汉）汉语声、韵、调系统的学问，包括古韵、古纽、古声调三部分。研究上古音的资料主要有两种：（1）《诗经》《楚辞》的押韵字，经书、子书中的韵语，两汉以前的韵文；（2）形声字的声符。

今音学是以《切韵》系韵书作为主要研究对象，研究魏晋南北朝到唐宋语音系统的学问。研究中古音的资料主要有五种：（1）《广韵》和《切韵》各种残卷；（2）从魏晋到宋代经、史、子、集的反切注音；（3）《韵镜》《七音略》《四声等子》《切韵指掌图》等韵图；（4）归纳诗文押韵字，如南北朝民歌、唐宋古体近体诗、骈体文等；（5）梵汉对音、藏汉对音，主要是利用佛经音译的人名、地名。

北音学是以元代周德清《中原音韵》系统的韵书为研究对象，并分析、表现近代语音的等韵图的一门学问，旨在研究元、明、清时代以北方中原话为基础的语音系统，亦可称为近代语音学。

等韵学是研究汉语发音方法和发音原理的科学，主要用韵图来分析语音的发音原理和类别。

第二节　中学语文教师与汉语音韵学

一、中学语文教师学习汉语音韵学的依据

（一）语文学科性质的要求

工具性是语文学科的基本性质。"工欲善其事，必先利其器。"语文学科的"器"就是"语"，就是"文"。"语"，语言；"文"，文字，一说文章。语文教学的目的和途径之一就是披文解读，遵语悟文。清代段玉裁在《广雅疏证·序》中说："圣人之制字，有义而后有音，有音而后有形。学者之考字，因形以得其音，因音以得其义。治经莫重于得义，得义莫切于得音。"在这里，段玉裁给我们提供了解读语言的途径，也说明了对语言的解读需运用文字、音韵、训诂等小学知识。若语言的解读和诠释都变得困难，还能遑论其他！所以，如果语文教师不学点音韵学知识，那么语文这件工具只能是一把"钝器"。

（二）语文教学目标的要求

语文教学目标是语文教学的出发点和落脚点。而语言文字的习得训练既是语文教学目标的重要组成部分，也是语文教学目标实施和实现的基本条件。没有语言文字的习得训练，语文教学目标的实现就无从谈起，因此应重视对学生进行语言文字的训练。如果语文教师懂一定的音韵学知识，在指导学生进行语言文字训练时，就会得心应手、应付裕如，就会更好地实现语文的教学目标。

二、中学语文教师学习汉语音韵学的方法

大家一向认为音韵学比较难学，这与音韵学研究的内容和特点有关。在历史发展的过程中，语音的声、韵、调都处于动态变化之中，正如明代陈第在《毛诗古音考》中说的那样："时有古今，地有南北，字有更革，音有转移。"加之古代注音方法的多样性和复杂性，因而给音韵学的学习带来了很多困难。

但现在的年轻语文教师，在本科甚至研究生阶段都受过比较严格的语言训练，再加之英语的功底不错，这对于他们掌握国际音标，进而学习汉语各个时期的声、韵、调系统是一个有利的条件。只要肯潜心学习，掌握一些音韵学的基本常识还是可以做到的。

要学习音韵学，首先要打好基础，要真正掌握语音学中的元音、辅音，汉语拼音中的声母、韵母等知识。此外，还要弄懂音韵学的名词术语，如声纽、字母、声类、五音、七音、清浊、等呼、韵类、韵母、韵部、摄等。声纽、字母、声类是关于声母的概念，五音、七音是关于声母发音部位的概念，清浊是关于声母发音方法的概念，等呼、韵类、韵母是关于韵母的概念，韵部是对韵母的归纳，摄是对韵部的归纳。牢记基本概念，背诵一些重要的材料，这是学好音韵学的基础。

其次，要掌握重点。中学语文教师学习音韵学重在应用，音韵学应成为语文教学的辅助工具，教师要在教学中运用音韵学知识来解决语文教学中的一些问题。因此，汉语音韵学的基础知识就相当重要。比如，对与声母有关的知识，如双声、准双声、旁纽双声、准旁纽双声、邻纽双声等要重点掌握；对与韵母有关的知识，如阴声韵、阳声韵、入声韵、阴阳对转、旁转、旁对转等要熟练运用。此外，对反切法要了解，对上古音中声母的几条基本结论要熟悉，对格律诗的平仄和押韵要深刻理解。

三、中学语文教师学习汉语音韵学的作用

（一）有利于教师准确释义，正确地传授语言知识

中学语文课本中，"逆"字例句如下：

例1　寓逆旅主人，日再食。（宋濂《送东阳马生序》）

例2　夫天地者，万物之逆旅也。（李白《春夜宴桃李园序》）

例3　且以一璧之故逆强秦之欢，不可。（司马迁《廉颇蔺相如列传》）

例4　将兵与备并力逆操。（司马光《赤壁之战》）

上引各例中，例1和例2中的"逆"应释为迎接，为本义。其他两例为引申义。例3中的"逆"应释为迎击，而例4中的"逆"应释为违逆。《说文解字》："逆，迎也。关东曰逆，关西曰迎。"原来逆之为迎，乃方言读音所致，而"违逆"之"逆"是后起之义。因此，《尔雅·释言》只有"逆，迎也"

的训释，而《广韵》却有"迎也，却也，乱也"的反训义项。从字形上看，"逆"的甲骨文作 𝕏（《甲骨文合集》4916）、𝕏（《甲骨文合集》26907），从辵从屰（𝕏）。刘兴隆《新编甲骨文字典》说："𝕏像倒人形，示客从外来。从辵示主人出来迎接。本义为迎。"从音理上说，"逆"释为"迎"，是有根据的，"逆"上古音为疑母铎部［ŋĭak］，"迎"上古音为疑母阳部［ŋĭaŋ］，疑母双声，阳铎阳入对转。二字音近，所谓的声近而义通，所以《说文解字》段注："逆迎双声，二字通用。"上引课本中的前二例，犹存古义。《国语·周语上》："上卿逆于境。"注："逆，迎也。"借助音韵学知识，我们可以知道"逆"的本义的来源。

"余"字在《楚辞》中的例句如下：

例1　忳郁邑余侘傺兮，吾独穷困乎此时也。（《离骚》）

例2　乘舲船余上沅兮，齐吴榜以击汰。（《九章·涉江》）

例3　入溆浦余儃佪兮，迷不知吾所如。（《九章·涉江》）

例1中的"余"课本无注，例2、例3的"余"释为用法同"而"，这是正确的。在《楚辞》中，处于四字位的"余"作用大都与作语助词的"其""兮""而""之"相同，或加强语气，或舒缓语气，不可作代词解。在《楚辞》中，常有用在动词前的三字状语，其结构一般是前面一个形容词，后面跟着一个联绵词或叠音词，即"ABC"式或"ABB"式。其三字状语后面常出现语助词，如"时不可兮再得，聊逍遥兮容与"（《九歌·湘君》），"惨郁郁而不通兮，蹇侘傺而含戚"（《九章·哀郢》），"曾歔欷之嗟嗟兮，独隐伏而思虑"（《九章·悲回风》），"申侘傺之烦惑兮，中闷瞀之忳忳"（《九章·惜诵》），"窃悲夫蕙华之曾敷兮，纷旖旎乎都房"（《九辩》），"发郢都而去闾兮，怊荒忽其焉极"（《九章·哀郢》），"佩缤纷以缭转兮"（《九章·思美人》），"山萧条而无兽兮，野寂漠其无人"（《远游》）。以上各句中的"兮""而""之""乎""以""其"均作语助词，各例句的句型大致与例1相同。另外，在第四字位用语助词来加强咏叹，这是《楚辞》独有的一种韵律，以上语助词不可以连词、介词、代词等视之。

在《楚辞》中，"余"作语助词的不乏其例，兹举数例以证之：

例1　曾歔欷余郁邑兮，哀朕时之不当。（《离骚》）

例2　驷玉虬以乘鹥兮，溘埃风余上征。（《离骚》）

例3　心郁邑余侘傺兮，又莫察余之中情。（《九章·惜诵》）

另外，我们还可以通过异文来推断"余"为语助词。

入溆浦余儃佪兮。(《涉江》)

此句《艺文类聚》九《白帖》七引作"出溆浦以遭佪"，《太平御览》四百九十引"出溆浦于遭佪"，《文选·江淹杂帖诗》注引作"出溆浦兮途遭佪"。上引诸例，"余""以""于""兮"其义为一，均为语助词。

心婵媛而伤怀兮，眇不知其所蹠。(《九章·哀郢》)

"其"，洪兴祖与朱熹皆引一本作"余"。

由上二例异文可证，"余"作语助词。

"余"作语助词，虽在王引之《经传释词》、吴昌莹《经词衍释》及杨树达《词诠》中未有发现，但裴学海《古书虚字集释》在"余"字条下释为"'余'训'而'犹'与'训'而'，亦犹'于'训'而'也，'余''与''于'古皆同音"。"余""与"上古音皆为喻纽鱼部〔Áɪɑ〕，"于"为影纽鱼部〔ɪɑ〕，与鱼部叠韵，喻影皆为喉音，旁纽双声。

以上这段考释文字，虽然前面的例证及异文都有一定的说服力，但如果不从音韵上找出根据来，则立论不稳。

(二) 有助于教师解惑释疑，纠正课本失误

例1 沛公军霸上。(《鸿门宴》)

例2 晋军函陵，秦军氾南。(《烛之武退秦师》)

"军"，《说文解字》："军，圜围也。"段注："军，圜围也，于字形得圜义。于字音得围义。"春秋金文作🜚(庚壶)，战国金文作🜚(战国郾右军矛)。会意字，从车，从勹，表示用车子打包围圈的意思。古代打仗主要靠车战，驻扎时，将一辆辆战车的辕对外向上翘起，围成大圆圈，构成军营，以防敌人袭击。将两辆战车的辕向上翘起，对面交叉，构成军门，又称辕门。本义：围成营垒，动词。《广雅·释言》："围也。""军"上古音为见母文部〔kǐwən〕，属牙音；"围"上古音为匣母微部〔ɣǐwəi〕，属喉音。声母见匣喉牙声转，韵部微文阴阳对转。对"军"的解释，中学课本、练习册、试卷大都把上二例当作名词作动词的典型例句，殊不知，"军"的本义就是围成营垒，动词。至于"军队"义，乃后起引申义。

例3 陆出则陀于两山之间。(《道山亭记》)

课本注：陀(ài)，阻塞。课本注音有误，"陀"应读è。"陀"，上古音影

纽锡部，王力拟音［ěk］，郑张尚芳拟音［qreegs］，《广韵》于革切，影母麦韵开口二等入声字。

上面的文字，如果没有从音理上分析，则可信度要大打折扣。

（三）提高教师欣赏古典诗歌的能力

古典诗歌尤其是唐诗宋词，大都是要吟诵甚至歌唱的。所以我们欣赏古典诗词，应该从声音入手，从韵律着眼，把握诗歌的乐感，进而掌握蕴含在诗中的情感。如果没有一定的音韵学素养，对古典诗歌就无法做到全面、准确地理解和欣赏。然而遗憾的是，现今的诗歌教学大都侧重于从语言层面的分析入手，这是一种办法，因为缘情而入文、披文以入情的确是解读文章的一条路径，但这说的是文而非诗。诗的解读要用诗家语，而诗家语就是韵律，离开了韵律就没有了诗歌。比如，讲授项羽的《垓下歌》和刘邦的《大风歌》，如果只从语言上分析，对诗人的情感和形象就很难有一种立体的把握。

垓下歌（项羽）

力拔山兮气盖世，时不利兮骓不逝。

骓不逝兮可奈何，虞兮虞兮奈若何！

这首诗韵脚字为"世""逝""何""何"。其中"世"上古音为书母月部［çǐat］，"逝"上古音为禅母月部［zǐat］。用入声月部作为韵脚，吟唱起来，真有点长歌当哭的韵味。韵尾的吟唱短而迫促，而卓绝超群、气盖一世、力能扛鼎、才气过人的项羽落到这种地步，的确会让人产生英雄末路的慨叹，让人倍感凄凉。接下来的"何"为歌韵，歌韵的发声让人有一种郁结难吐的感觉，清代周济说"鱼歌缠绵"（《词辨》），是有一定道理的。再加上"可奈何""奈若何"的复唱，就把项羽的无奈、无助、失望、绝望抒发得淋漓尽致了。

大风歌（刘邦）

大风起兮云飞扬，

威加海内兮归故乡，

安得猛士兮守四方！

这首诗的韵脚字为"扬［ʎǐaŋ］""乡［xǐaŋ］""方［pǐwaŋ］"，押平声阳韵。江阳这类的韵，其主要元音开口度大，加上鼻音收尾，有口腔和鼻腔的共鸣，读来洪亮浑厚，适合表达豪放、雄浑的意境，奔放的情感及深厚的感情。这首诗气势轩昂，笔力雄健，第一句的起兴，起笔不凡，诗的意境升腾向

上，又在内涵上与下两句紧相绾结，接下来写刘邦衣锦还乡的踌躇满志，同时期盼贤臣良将巩固大业，将开国君主的胸襟与奋力向上的大风意蕴相交融，构成了一首旋律高昂、节奏明快、风格独异的短歌。短短的三句，简质雄浑，气魄博大，非同凡响，诗的内容、情感与诗的韵律相得益彰。

（四）能找出字词之间的语音联系，做到以简驭繁

"因声而求义，声近而义通"，这是清代的朴学大师们总结出的一种释词方法。顾炎武、戴震、段玉裁、王念孙、王引之等在理论和实践上都为这一重要的学说做出了重要贡献。中学语文的词语教学可以大量地采用"因声求义"的释词方法，下面举例证明。

例1　不宜妄自菲薄。（诸葛亮《出师表》）

《輶轩使者绝代语释别国方言》卷十三："菲，薄也。""菲"，上古音为滂母微部 [pʰ̆ɪəi]，"薄"，上古音为并母铎部 [băk]。滂并两声母发音部位相同，皆为双唇音。所以，"菲、薄"两字同义连用，双声为训。

例2　离骚者，犹离忧也。（司马迁《屈原列传》）

"离""罹"通假，为遭受的意思，这是中学语文教师所熟知的，但"骚"却少有人措意。《屈原列传》用"忧"释"骚"。而《史记索隐》引应劭注："骚，忧也。"《汉书·冯奉世传》："小弁之诗作，离骚之辞兴。"颜师古注："骚，忧也。"语音上，"骚"上古音为心母幽部 [səu]，"忧"上古音为影母幽部 [ʔ̆ɪəu]，幽部叠韵，音近而义通。《国语·楚语上》："迩者骚离。"注："骚，愁也。"语音上，"骚"上古音为心母幽部 [səu]，"愁"上古音为崇母幽部 [dʒĭəu]，幽部叠韵，声母同为齿音。据此，"骚"有忧愁的意思。

例3　行吟泽畔，形容枯槁。（司马迁《屈原列传》）

"枯槁"为同义词复用。语音上，"枯"上古音为溪母鱼部 [kʰɑ]，"槁"上古音为见母宵部 [kau]。声母同属牙音，见溪旁纽双声，韵部鱼宵旁转，声近而义通。《说文解字》："槁，木枯也。"《劝学》："虽有槁暴，不复挺者，輮使之然也。"注："槁，枯也。"

例4　斩木为兵，揭竿为旗。（贾谊《过秦论》）

"揭"是举的意思。语音上，"揭"上古音为溪母月部 [kˇɪat]，"举"上古音为见母鱼部 [kɪɑ]。声母同属牙音，见溪旁纽双声，韵部鱼月通转。《说文解字》："揭，高举也。"《广雅·释诂》："揭，举也。"《管子·君臣上》：

"犹揭表而令之止也。"注:"揭,举也。"

以上四组,都是同源词。

古汉语常用的疑问代词有九个,它们是"谁""孰""何""曷""胡""奚""安""恶""焉"。这九个疑问代词有什么语音关联泥?按照上古音的声韵母分析,这九个疑问代词可分为三组:(1)"谁""孰"一组。"谁"上古音为禅母微部[ʑiwəi],"孰"上古音为禅母物部[ʑǐəuk]。二字禅母双声,微物阴入对转。(2)"何""曷""胡""奚"为一组。"何"上古音为匣母歌部[ɣa],"曷"上古音为匣母月部[ɣat],"胡"上古音为匣母鱼部[ɣɑ],"奚"上古音为匣母支部[ɣie]。四字匣母双声,歌月阴入对转,鱼支旁转。(3)"安""恶""焉"为一组。"安"上古音为影母元部[au],"乌"上古音为影母鱼部[ɑ],"焉"上古音为影母元部[ɪan]。三字影母双声,鱼、元旁转。这三组声母各自相同,各组韵部相同或相近,这是它们之所以成为疑问代词的语音基础。

(五) 有利于教师突破词语的难点,解决疑点

课本中的注释大都只注是什么,而不注为什么,这样的处理对中学生来说是恰当的,但对教师来说则远远不够。

例1 入则无法家拂士。(《生于忧患,死于安乐》)

课本注:"拂,通'弼',辅佐。"按照假借的原则:(1)音同或音近;(2)形似。有的学生可能会提出疑问,因为按现代的语音系统和字形结构,"拂"与"弼"既不音近也不形似。如果教师懂得点音韵学知识,就可知"拂"通"弼"是符合通假原则的。按照清代钱大昕"古无轻唇音"的观点,上古没有轻唇音(唇齿音),凡是轻唇音一律读双唇音,"拂"的声母 f [f]应读作 b [p],这样,"拂"通"弼",属音近通假。

例2 今殴民而归之农,皆著于本。(贾谊《论积贮疏》)

"殴"假借"驱"。"殴"上古音为影母侯部[o],"驱"上古音为溪母侯部[kʰĭwo]。侯部叠韵,影母属喉音,溪母为牙音,喉牙声转。《孟子·离娄上》:"故为渊殴鱼者,獭也;为丛殴爵者,鹯也;为汤武殴民者,桀与纣也。"张衡《东京赋》:"殴除群厉。"假借字的基本条件是音同或音近,不懂得音韵学知识,通假字的分析就无从着手。

例3　日薄西山，气息奄奄。（李密《陈情表》）

课本注："薄，迫近。"这个注解无误，但"薄"为什么有迫近之义，语文教师就要问一问原因。还有几例，一并录出。屈原《涉江》："腥臊并御，芳不得薄兮。"范仲淹《岳阳楼记》："薄暮冥冥，虎啸猿啼。"方苞《狱中杂记》："每薄暮，下管键。"上几例应一并释为迫近。《尚书·益稷》："外薄四海。"注："薄，迫也。"《左传·文公十二年》："薄诸河。"注："薄，迫也。"从语音上看，"薄"上古音为並母铎部［bɑk］，"迫"上古音为帮母铎部［peak］，帮並旁纽双声，铎部叠韵。"薄""迫"为同源词，故义可通。

（六）有利于教师学习并推广普通话

普通话是以北京音为基础语音的，但其声母和韵母音位的确定都以古代音系为基础。在学习并推广普通话中，小学知识可起到很大的作用。

普通话是没有尖音的，现代普通话声母系统不分尖、团音。清代乾隆年间的北方话中尖、团音的对立就已在逐渐消除，见晓组细音齐撮两呼字的声母已不断腭化为［tɕ］［tɕʰ］［ɕ］，但现在很多汉语方言区还是严格地区分尖、团音，如闽语、客家话、大部分中原官话、胶辽官话登连片、桂柳官话柳州片、四川话成渝片、岷江小片等都严格区分尖、团音。而这些方言区的人学习普通话，让他们不分尖、团音是很困难的。虽然北方的方言区中绝大部分已没有尖音，但在生活中却有一种尖音复活的现象，即把声母为 j，q，x 的字错读作 z，c，s，如"心"读作 sīng，"青"读作 cīng。这种现象以女性居多，甚至电视台主持人也偶犯此错误。如果教师从语音的来源和发音部位来矫正，应当不是难事。

普通话舌面音 j，q，x，其来源有二：一是中古声母中属牙音的见［k］、溪［kʰ］、群［g］和喉音的晓［x］、匣［ɣ］等纽；二是属齿头音的精［ts］、清［tsʰ］、从［dz］、心［s］、邪［z］等纽。这两组本来都不是舌面音，可是后来受了韵母的影响，在细音 i 与 ü 为主要元音或介音的韵母前面发生了"腭化"，这才变成舌面音。现在普通话中这两组声母腭化早已完成，就是说，在中古时期属牙音的声纽和喉音晓匣二组以及齿头音等纽在普通话中都已变成舌面音。可是在南方的一些方言区，齿头音在细音前还没有完全腭化。在这些方言区中，把来自牙音和喉音的 j，q，x 称为团音，读作 j，q，x，如"京""轻""兴"等字，因为这些字的中古声母分别是见、溪、晓纽；而把来自齿

头音的 j，q，x 称为尖音，读作 z，c，s，如"精""青""星"等字。由于普通话腭化早已完成，因而普通话只有团音，没有尖音。z，c，s 这组声母不与齐齿呼、撮口呼 iü 或 iü 为介音的韵母相拼，这是普通话语音音节相拼的规律。而北方方言区的这种类似尖音的现象，正是违背了这个规律，因而是错误的。

如果语文教师懂得以上所述内容，纠正这种错误发音就不是很困难了。如发 j，q，x 时，舌叶容易碰到上门齿背，可以把舌尖深深下垂到下齿背后，舌面突起，同时嘴角尽力向左右咧开，这样就会发出正确的语音来。

（七）帮助教师了解方言的特点，进而准确地理解课文

江雪（柳宗元）

千山鸟飞绝，万径人踪灭。

孤舟蓑笠翁，独钓寒江雪。

对这首诗所表现的情感，历来说法不一。观点一：这首诗借江雪表达了诗人清高自赏的感情，是一种遗世独立、峻洁孤高的人生境界的象征。观点二：这首诗字里行间透露出诗人处境的严酷、心情的孤寂，诗人借江雪抒发了政坛失意后的郁闷及愤怒。观点三：这首诗表现了诗人毫无畏惧、不向黑暗势力屈服的坚强意志和不同流合污的高贵品质。这三种观点似乎都有道理，但只要我们联系这首诗的韵脚字，也许就会得出正确的认识。这首诗的韵脚字为"绝""灭""雪"。"绝"，《广韵》从纽薛部［dzǐwɛt］，粤语［zyut6］；"灭"，《广韵》明纽月部［mǐɛt］，粤语［mit6］；"雪"，《广韵》心纽薛部［sǐwɛt］，粤语［syut3］。这三个韵脚字均为入声字，就是说全篇押以［–t］（硬腭阻塞）结尾的入声韵的字。入声韵是以塞音［p］［k］［t］收尾。这些辅音韵尾发声短促，使音节听起来有一种急促闭塞的顿挫感。在古代诗词中，凡是以入声字作为韵脚的，一般读起来都比较铿锵有力，表达痛苦、坚韧、感慨、愤懑等悲凉激越的情绪。普通话中没有入声，读起来少了不少韵味，体会不到入声韵的妙处。在课堂上，我曾请一位会说粤语的同学朗读这首诗，那极为短促压抑的声音，充分体现出诗人的痛苦之感和决绝之意。学生在吟诵涵泳中品味出这首诗的情感是悲凉和激越的，体会到诗人虽抑郁悲愤但仍傲岸不屈的精神。南朝沈约早就说过："夫五色相宜，八音协畅，由乎玄黄律吕，各适物宜。欲使宫羽相变，低昂互节，若前有浮声，则后须切响。一简之内，音韵尽殊；两句之中，轻重悉异。"（《宋书》卷六十七）因情选韵，以韵显情。读古典诗歌，可

以借助音韵学知识，这对于正确地解读诗文，不无裨益。

有一次，我班的语文课前五分钟让学生讲析古诗词。一名学生讲的是刘禹锡的《台城》："台城六代竞豪华，结绮临春事最奢。万户千门成野草，只缘一曲后庭花。"这首词韵脚字为"华""奢""花"，整首诗押平声麻韵。学生在吟诵时发现第二句"奢"不押韵，但学生已经知道格律诗要一韵到底，就问我怎么理解这种现象。我让学生分别用粤语、客家话、潮州话来读，读完学生都笑了，因为用他们的家乡话一读，全都押韵。我告诉学生，"奢"在中古音是书母麻韵，音［ɕǐa］，与"华""花"同韵。然后我让学生再用各自的家乡话读"奢"，我把它拟出音来，大致是粤语 se1、客家话 sa1、潮州话 cia1，都与"奢"的中古音相近。

黄侃在《文字声韵训诂笔记》中说："音韵学，最忌空谈音理，必求施之文字训诂，则音韵不同虚设，而文字、训诂亦非以音韵为之贯串，为之钤键不可。二者有一不明，则不足以论小学，不足以谈古籍。然则音韵之于文字、训诂，犹人身之有脉络关节也。"这段话既说明了音韵与文字、训诂的关系，也指明了音韵学的一些戒律，突出了音韵学的重要性。

第二章

语音学常识

　　中学语文教师学习汉语音韵学需要具备必要的语音学常识，否则很难入门。本章运用语音学和音韵学的一些术语和概念，对普通话的声、韵、调进行了较为详细的分析，以使教师由浅入深，由易到难，最终得窥音韵学之堂奥。

第一节　发音原理

　　语音是人的发音器官发出的声音和意义的结合体。语音表达的意义取决于社会成员的约定俗成。语音具有生理的、物理的和社会的三种属性。

一、语音的生理属性

　　语音是由人的发音器官发出来的。发音器官的活动部位和活动方式不同，发出的声音也就不同。人的发音器官可分为三个部分，即呼吸器官、声带、口腔和鼻腔。呼吸器官包括肺和气管。肺是产生气流的，而气流是发音的动力，呼气时肺是气流的动力站。气管是气流出入的通道，吸气时气流经过气管进入肺，呼气时气流由肺经过气管呼出。气流量的大小和发音时间的长短决定音强和音长。声带是发音体，可以放松，也可以拉紧。声带的紧与松决定声音的音高。口腔和鼻腔是发音时的共鸣器，配合不同的发音方法共同形成不同的音色。发音器官示意图如下所示。

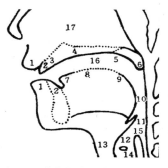

发音器官示意图

　　注：1. 上下唇　2. 上下齿　3. 齿龈　4. 硬腭　5. 软腭　6. 小舌　7. 舌尖　8. 舌面　9. 舌跟
10. 咽头　11. 会厌软骨　12. 声带　13. 喉头　14. 气管　15. 食道　16. 口腔　17. 鼻腔

二、语音的物理属性

　　声音是由物体振动而产生的音波，不同的声音是由不同的音波构成的。每一个音都具有一定的音色、音高、音强和音长，语音作为一种声音自然也不例外。

（一）音色

音色是指声音的特色，也叫音质，是音波波型产生的声音特性，是一个声音区别于其他声音的本质特征。不同的音质决定了不同的声音。如二胡和小提琴发出的声音不同，即使拉的是同一个谱子，人们也可以分辨出二者的不同，这就是因为音色不同。任何语言中，音色都是最主要的辨义因素。

（二）音高

音高是指声音的高低，也叫音频，是由发音体振动的频率决定的。而频率的大小与发音体的长短、厚薄、松紧有关。一般说来，女性唱歌要比男性唱歌音高，因为女性的声带一般短而薄，而男性的声带一般长而厚。音乐里的音阶是由音高构成的。音高与汉语音韵最有关系的是声调，汉语调值的变化取决于音高的变化。普通话里 pī（丕），pí（皮），pǐ（匹），pì（辟）这四个音节的声母和韵母都相同，只是声调不同，表示的意思就不同。所以，音高具有辨义作用。

（三）音强

音强是指声音的强弱，也叫音势。音强取决于声波振幅的大小。振幅大，声音就强；振幅弱，声音就弱。如敲鼓时，用力大，音强就强，发出的声音就大；用力小，音强就弱，发出的声音就小。音强在普通话中可以区别词义，具有一定的语法功能，重音和轻声就是语音强弱的表现。

（四）音长

音长是指声音的长短。它取决于发音体振动时间的长短。振动时间长，音长就长；反之，就短。

三、语音的社会属性

语言是一种社会现象。语音是语言的结构要素之一，是语言的物质外壳。语言要通过语音来传递信息、进行交际，而人作为一种社会存在自然要交际，这就离不开语音，所以社会性是语音的本质属性。

语音最重要的作用是能够表达一定的意义。什么样的语音表达什么样的意

义，什么意义用什么语音来表达，这取决于使用这种语言的社会成员的共同习惯。换言之，语音与意义是约定俗成的。荀子说："名无固宜，约之以命，约定俗成谓之宜，异于约则谓之不宜。"要表达同样一个意思，在不同民族、不同地域，语音是不同的。同时语音还自成体系，语言都有自己的语音系统，如有些城市五音杂处，包括客家话、闽南话、粤语、湘方言等，在声、韵、调上自成体系。这些都体现出语音的社会属性。

第二节　元音、辅音与声母、韵母

音素是最小的语音单位，分为元音和辅音两大类。元音是气流振动声带，在口腔、咽头不受阻碍而形成的音，又叫母音，如 a，o，e，i，u；辅音是气流在口腔或咽头受阻碍而形成的音，又叫子音，如 b，p，d，t，g，k，s，r。

一、元音

元音是由声带振动发出的乐音。它是由口腔的不同形状和舌位的移动来形成不同的音色。口腔的形状包括发音时舌位的高低、舌位的前后和唇形的圆展。舌位是指发音时舌头最高的部位。舌位的高低、前后及唇形的圆展等状态构成不同的共鸣腔，这三个因素只要其中一项有改变，共鸣腔也就随之改变，从而发出不同的元音。

（一）对元音特点的分析

对各个元音的特点，可以从三个方面来分析。

1. 看舌位的高低

舌位高的是高元音，如［i］［u］；舌位低的是低元音，如［a］［ɑ］；舌位半高的是中元音，如［ə］［o］。

2. 看舌位的前后

舌位通常分为前、央、后三级。前、央、后是指发音时舌头最高点的部位。舌位前的是前元音，如［ɛ］［a］；舌位后的是后元音，如［ɔ］［o］；舌位中的是央元音，如 [ə] [A]。

3. 看唇形的圆展

嘴唇圆的是圆唇元音，如 [u] [o]；嘴唇不圆的是不圆唇元音，如 [i] [e]。

（二）八大元音

这些元音都是舌面起主要作用而发出的，因而统称为舌面元音。舌面元音中有八个为最基本的元音，其余的元音可以比照这八大元音来定位。因此，这八大元音又叫定位元音。

（1）[i] 前、高、不圆唇元音。

（2）[e] 前、半高、不圆唇元音。

（3）[ε] 前、半低、不圆唇元音。

（4）[a] 前、低、不圆唇元音。

（5）[ɑ] 后、低、不圆唇元音。

（6）[ɔ] 后、半低、圆唇元音。

（7）[o] 后、半高、圆唇元音。

（8）[u] 后、高、圆唇元音。

八大元音舌位示意图如下所示。

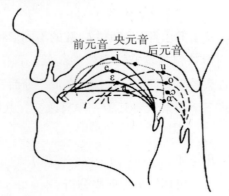

八大元音舌位示意图

除了舌面元音外，还有舌尖元音、卷舌元音、鼻化元音等。

二、辅音

辅音是由呼出的气流克服发音器官的阻碍和摩擦而产生的。

辅音的不同是由不同的发音部位和不同的发音方法造成的。因此，辅音可

以根据发音部位和发音方法加以描述。发音部位是指发音时气流在发音器官受到阻碍的部位。如普通话中的 b，气流在双唇受到阻碍，因而双唇就是 b 的发音部位。按照发音部位，辅音可以分成双唇音，如〔p〕〔m〕；唇齿音，如〔f〕〔v〕；舌尖前音，如〔s〕〔ts〕；舌尖后音，如〔ʂ〕〔ʐ〕；舌叶音，如〔ʒ〕〔ʃ〕；舌面前音，如〔tɕʰ〕〔ɕ〕；舌面中音，如〔c〕〔j〕；舌根音，如〔k〕〔g〕；小舌音，如〔q〕〔R〕。此外，还有齿间音、喉壁音和喉音等。按照发音方法（发音时构成阻碍和克服阻碍的方式）的不同，辅音可以分成塞音，如〔t〕〔k〕；擦音，如〔ɕ〕〔x〕；塞擦音，如〔tʂ〕〔ts〕；鼻音，如〔n〕〔ŋ〕；边音〔l〕等类。还可按照发音时声带振动不振动、送气不送气，分为清音〔p〕〔k〕和浊音〔z〕〔j〕，送气音〔tsʰ〕〔tɕʰ〕和不送气音〔tʂ〕〔tɕ〕。国际音标辅音表如下所示。

国际音标辅音表

发音方法 \ 发音部位			双唇（上唇下唇）	唇齿（上齿下齿）	舌尖前（舌尖齿背）	舌尖中（舌尖上具龈）	舌尖后（舌尖硬腭前）	舌叶	舌面前（舌面前硬腭前）	舌面中（舌面中硬腭）	舌面后（舌根软腭）	喉
塞音	清	不送气	p			t				c	k	ʔ
		送气	pʰ			tʰ				cʰ	kʰ	
	浊		b			d					g	
塞擦音	清	不送气		pf	ts		tʂ	tʃ	tɕ			
		送气		pfʰ	tsʰ		tʂʰ	tʃʰ	tɕʰ			
	浊				dz		dʐ	dʒ	dʑ			
鼻音	浊		m	ɱ		n	ɳ		ȵ		ŋ	
闪音	浊					ɾ						
边音	浊				l							
擦音	清		ɸ	f	s		ʂ	ʃ	ɕ	ç	x	h
	浊		β	v	z		ʐ	ʒ	ʑ	j	ɣ	ɦ
半元音	浊		wɥ	ʋ						j(ɥ)	(w)	

注：国际音标的送气符号有三种表现形式：一种是在字母的右上角加"'"，如〔p'〕；第二种在字母的右上角加"h"，如〔pʰ〕；第三种是在字母的右边加上"h"，如〔ph〕。本书采用第二种方式。

三、声母与韵母

声母、韵母和元音、辅音是从不同的角度分析语音得出来的概念。元音、辅音是音素的分类，适用于一切语言；声母、韵母是我国研究汉语语音的人定下来的一套专门的术语，是对汉语的音节进行分析得出的概念，只适用于汉语和与汉语有相同的音节结构的语言。

（一）声母

在普通话中，声母一般是由辅音充当的，有些字音是没有声母的。当音节的开头没有辅音时，我们就说这个音节是零声母音节。零声母音节的声母习惯上被称为零声母。如"一"（i）、"乌"（u）、"于"（ü）、"恩"（en）、"安"（ɑn），其声母都是零声母，即只有韵母而没有声母。零声母字的音节开头虽然没有声母，是元音，但在发音时有时会带有一点与该起头元音同部位的摩擦成分。如"乌"的开头就带有同部位的摩擦音［w］，"鸦"的开头就带有同部位的摩擦音［j］。这些元音起头的音节在发音时所带有的轻微的摩擦成分，在语音学上称为半元音。

（二）韵母

韵母主要由元音来充当，有的韵母中也有辅音，但只限于 n 和 ng。换一个角度说，元音只用在韵母中，辅音主要用在声母中（只有 ng 不作声母）。辅音 n 既用在声母中，也用在韵母中。如音节 niān（蔫）里的前一个 n 是声母，后一个 n 是韵尾。辅音 ng 不用在声母中，只用在韵母中，如 gāng（钢）里的 ng。

第三节　国际音标

一、国际音标概述

国际音标是一种记音符号，是由国际语音学会制定的。国际音标的记音符

号基本上采用拉丁字母印刷体的小写形式，用附加符号［ð］、大写字母［A］、合体字母［æ］、倒写字母［ə］等加以补充，还采用了几个希腊字母，如［θ］等。国际音标是一音一符、一符一音，即一个音素只用一个符号表示，一个符号只能代表一个固定的音素，所以它记音准确。

二、国际音标与汉语拼音的对应关系

汉语拼音方案只适用于现代汉语普通话的语音系统，要研究、学习、记录方言和古代汉语的语音，必须用国际音标来标音。了解国际音标与汉语拼音的对应关系，对掌握国际音标大有裨益。为了便于语文教师掌握国际音标，下面把汉语拼音的声母、韵母分别与国际音标进行对比，如下面两表所示。

汉语拼音声母与国际音标对照表

声母	国际音标	声母	国际音标
b	［p］	q	［tɕʰ］
p	［pʰ］	x	［ɕ］
m	［m］	zh	［tʂ］
f	［fʰ］	ch	［tsʰ］
d	［t］	sh	［ʂ］
t	［tʰ］	r	［ʐ］
n	［n］	z	［ts］
l	［l］	c	［tsʰ］
g	［k］	s	［s］
k	［kʰ］	y	［j］
h	［x］	w	［w］
j	［tɕ］	v	［v］

注：国际音标采用［ ］，以区别于普通字母。

汉语拼音韵母与国际音标对照表

韵母	国际音标	韵母	国际音标	韵母	国际音标
a	[A]	ou	[ou]	ing	[iŋ]
o	[o]	an	[an]	iong	[yŋ]
e	[ɤ]	en	[ən]	ua	[uA]
ê	[ɛ]	ang	[aŋ]	uo	[uo]
i	[i]	eng	[əŋ]	uai	[uai]
u	[u]	ong	[uŋ]	uei	[uei]
ü	[y]	ia	[iA]	uan	[uan]
-i	[ɿ]	ie	[iɛ]	uen	[uən]
-i	[ʅ]	iao	[iau]	uang	[uaŋ]
er	[ɚ]	iou	[iəʊ]	ueng	[uəŋ]
ai	[ai]	ian	[ian]	üe	[yɛ]
ei	[ei]	in	[in]	üan	[yan]
ao	[au]	iang	[iaŋ]	ün	[yn]

注：（1）a 的同一音位有五种：①用〔a〕：ai，an，ia；②用〔A〕：跟在辅音后或者单独使用；
③用〔ɑ〕：ang，iang，uang，ao，iao，ua；④用〔æ〕：ian 及 yan；⑤用〔ɐ〕：儿化。

（2）o 的特殊标法：①〔uŋ〕：ong；②〔yŋ〕：iong。

（3）e 的同一音位有四种：①用〔ɤ〕：跟在辅音后或者单独使用；②用〔e〕：ei，ui；③用
〔ɛ〕：ie，üe；④用〔ə〕：en，eng，un，ueng，er。

（4）i 的同一音位有三种：①用〔ɿ〕：跟在 z，c，s 后；②用〔ʅ〕：跟在 zh，ch，sh，ri 后；
③用〔i〕：跟在其他辅音后。

第四节 普通话的声母、韵母、声调

传统汉语音韵学把一个音节分为声母、韵母和声调三个部分。声母指音节
开头的辅音。韵母指音节里声母后面的部分，可细分为韵头、韵腹、韵尾三个
部分。韵头为介音，韵腹为主要元音，韵尾则有元音和辅音两类。声调指整个

音节的高低升降的变化。在普通话中，声调不同，表示的意思也就不同。声调将在第三章中一并介绍。

一、普通话声母分析

（一）声母的主要分类方法

汉语拼音声母分类及其发音要领如下表所示。

汉语拼音声母分类及其发音要领表

发音部位 ／ 发音方法	塞音		塞擦音		鼻音	擦音		边音
	清音		清音		浊音	清音	浊音	浊音
	不送气	送气	不送气	送气				
双唇音（上唇）（下唇）	b [p]	p [pʰ]			m [m]			
唇齿音（上齿）（下唇）						f [fʰ]		
舌尖前音（舌尖）（上齿背）			z [ts]	c [tsʰ]		s [s]		
舌尖中音（舌尖）（上齿龈）	d [t]	t [tʰ]			n [n]			l [l]
舌尖后音（舌尖）（前硬腭）			zh [tʂ]	ch [tʂʰ]		sh [ʂ]	r [ʐ]	
舌面音（舌面）（前硬腭）			j [tɕ]	q [tɕʰ]		x [ɕ]		
舌根音（舌根）（软腭）	g [k]	k [kʰ]				h [x]		

汉语拼音声母有 21 个，下面从不同角度对其进行分类。

1. 根据发音部位分类

（1）双唇音也叫重唇音，包括 b [p]，p [pʰ]，m [m]。

（2）唇齿音也叫轻唇音，包括 f [fʰ]。

（3）舌尖前音也叫齿头音，包括 z [ts]，c [tsʰ]，s [s]。

（4）舌尖中音包括 d [t]，t [tʰ]，n [n]，l [l]。

（5）舌尖后音包括 zh［tʂ］，ch［tʂʰ］，sh［ʂʰ］，r［ʐ］。

（6）舌面音也叫舌上音，包括 j［tɕ］，q［tɕʰ］，x［ɕ］。

（7）舌根音也叫牙音，包括 g［k］，k［kʰ］，h［x］。

其中，n 又叫鼻音，l 又叫边音，z，c，s 又叫平舌音，zh，ch，sh，r 又叫翘舌音。

2. 根据发音方法分类

（1）塞音。发音时，两个发音部位紧闭，软腭上升，堵塞鼻腔的通路，接着突然打开阻碍部位，使气流冲破阻碍，迸裂而出，爆发成声，又叫爆发音或破裂音。塞音共有 b［p］，p［bʰ］，d［t］，t［tʰ］，g［k］，k［kʰ］6 个。

（2）擦音。发音时，两个发音部位接近，形成窄缝，软腭上升，堵塞鼻腔的通路，气流从窄缝中挤出，摩擦成声。擦音共有 f［fʰ］，s［s］，sh［ʂʰ］，r［ʐ］，h［x］，x［t］6 个。

（3）塞擦音。这是塞音和擦音两种方法的结合。发音时，两个发音部位形成闭塞，软腭上升，堵塞鼻腔的通路，气流先把阻塞部位冲开一条窄缝，接着从窄缝中挤出，摩擦成声。先破裂，后摩擦，结合成一个音，就是说塞擦音的前一半是塞音，后一半是擦音，前后两半结合紧密，成为一个语音单位，是一个辅音，并不是两个辅音的复合（复辅音）。塞擦音共有 z［ts］，c［tsʰ］，zh［tʂ］，ch［tʂʰ］，j［tɕ］，q［tɕʰ］6 个。

（4）鼻音。发音时，两个发音部位完全闭塞，声带振动，气流进入口腔，同时软腭下降，打开鼻腔通路，使气流从鼻腔通过，发出鼻音。作声母的鼻音共有 m［m］，n［n］2 个。

（5）边音。发音时，舌尖顶住上齿龈，但舌头的两边仍留有空隙，同时软腭上升，阻塞鼻腔的通路，气流振动声带，从舌头的两边或一边通过发出边音。边音只有 l［l］。

3. 根据发音时声带振动与否分类

（1）清音。发音时，声带不振动，透出的气流不带音，又叫不带音。清音共有 b［p］，p［bʰ］，f［fʰ］，z［ts］，c［tsʰ］，d［t］，t［tʰ］，zh［tʂ］，ch［tʂʰ］，sh［ʂʰ］，j［tɕ］，q［tɕʰ］，x［ɕ］，g［k］，k［kʰ］，h［x］，s［s］17 个。

（2）浊音。发音时，声带振动，透出的气流带音，又叫带音。浊音共有 m［m］，n［n］，l［l］，r［ʐ］4 个。

4. 根据除阻时气流的强弱分类

（1）送气音。发音时，口腔呼出的气流较强。送气音共有 p ［bʰ］，t ［tʰ］，k ［kʰ］，c ［tsʰ］，ch ［tʂʰ］，q ［tɕʰ］ 6 个。

（2）不送气音。发音时，口腔呼出的气流比较弱。不送气音共有 b ［p］，d ［t］，g ［k］，z ［ts］，zh ［tʂ］，j ［tɕ］ 6 个。

（二）声母的其他分类方法

对声母发音方法的分析，在汉语音韵学上还有别的分类，主要有以下两套。

第一套叫"发声、送气、收声"。清代陈澧解释为："发声者，不用力而出者也；送气者，用力出者也；收声者，其气收敛者也。"

第二套叫"戛、透、轹、捺"。这是清末音韵学家劳乃宣提出来的，主要是指声母发音时送气与否、气流出来时是否受阻及其受阻方式。戛类是指送不送气的塞音和塞擦音，透类是指气的塞音和塞擦音，轹类包括擦音和边音，捺类就是鼻音。后来邵作舟又从轹类中分出一个拂类，指擦音，而轹类专指边音。

这些名称使用不很普遍，但要学习汉语音韵学，这些知识还是要知道的。

二、普通话韵母分析

韵母是普通话音节中声母后面的部分。汉语拼音韵母分类及其发音要领如下表所示。

汉语拼音韵母有 39 个，其中 23 个由元音充当，16 个由元音附带鼻辅音韵尾构成。下面从不同角度对其进行分析。

（一）按结构分类

1. 单元音韵母

单元音韵母由一个元音构成，共 10 个：a ［A］，o ［o］，e ［ɤ］，ê ［ɛ］，i ［i］，u ［u］，ü ［y］，-i（前）［ɿ］，-i（后）［ʅ］，er ［ɚ］。

汉语拼音韵母分类及其发音要领表

按结构分 ＼ 按口形分	开口呼	齐齿呼	合口呼	撮口呼
单元音韵母	-i［ʅ］［ɿ］	i［i］	u［u］	ü［y］
	ɑ［A］	iɑ［iA］	uɑ［uA］	
	o［o］		uo［uo］	
	e［ɤ］			
	ê［ɛ］	ie［iɛ］		üe［yɛ］
	er［ɚ］			
复元音韵母	ai［ai］		uai［uai］	
	ei［ei］		uei［uei］	
	ɑo［au］	iɑo［iɑu］		
	ou［ou］	iou［iəʊ］		
鼻音韵母	an［an］	ian［ian］	uan［uan］	üan［yan］
	en［ən］	in［in］	uen［uən］	ün［yn］
	ang［ɑŋ］	iang［iɑŋ］	uang［uɑŋ］	
	eng［əŋ］	ing［iŋ］	ueng［uəŋ］	
	ong［uŋ］	iong［yŋ］		

注：表中深色区域中的韵母为复元音韵母。

单元音韵母发音的特点是自始至终口形不变，舌位不移动。根据发音时舌头的部位和状态，单元音韵母又可分三类，即舌面元音韵母、舌尖元音韵母、卷舌元音韵母。

（1）舌面元音韵母是发音时舌面起主要作用的元音韵母。它的不同音色是由口腔的开合、舌位的高低前后和唇形的圆展来决定的。舌面元音韵母有7个：ɑ［A］，o［o］，e［ɤ］，ê［ɛ］，i［i］，u［u］，ü［y］（见下表）。其中ê［ɛ］一般不单独使用，只有写作"欸"的叹词例外，主要作用是跟韵头 i［i］，ü［y］组合成复元音韵母 ie［iɛ］，üe［yɛ］。

舌面元音韵母发音部位、舌位、唇形表

韵母	发音部位	舌位的前后	舌位的高低	唇形的圆展
a [A]	舌面	央	低	不圆唇元音
o [o]	舌面	后	半高	圆唇元音
e [ɤ]	舌面	后	半高	不圆唇元音
ê [ɛ]	舌面	前	半低	不圆唇元音
i [i]	舌面	前	高	不圆唇元音
u [u]	舌面	后	高	圆唇元音
ü [y]	舌面	前	高	圆唇元音

（2）舌尖元音韵母是发音时舌尖起主要作用的元音韵母，其音色由舌尖活动的前后和唇形的圆展来决定。这类韵母只有 2 个：-i [ɿ]，-i [ʅ]（见下表）。舌尖前元音韵母 -i [ɿ] 只能与 z，c，s 组成音节，而舌尖后元音韵母 -i [ʅ] 只能与 zh，ch，sh，r 组成音节。-i [ɿ]，-i [ʅ] 不能自成音节。而舌面韵母 i [i] 则不能与 z，c，s，zh，ch，sh，r 组成音节，所以普通话用 i 兼表 i [i]，-i [ɿ]，-i [ʅ] 3 个元音而不致相混。

舌尖元音韵母发音部位、舌位、唇形表

韵母	发音部位	舌位的前后	舌位的高低	唇形的圆展
-i [ɿ]	舌尖	前	高	不圆唇元音
-i [ʅ]	舌尖	后	高	不圆唇元音

（3）卷舌元音韵母是发音时带有卷舌动作的元音韵母。发音的同时伴有卷舌动作，舌面和舌尖都起作用。卷舌元音韵母只有 er [ɚ]（见下表）。

从语音学讲，er 是特殊韵母；从发音部位讲，它是卷舌韵母；从发音特点讲，它是单元音韵母。它由两个字母来表示，e 表示发音时舌头的部位，r 表示卷舌的动作。er 不与声母相拼。

卷舌元音韵母发音部位、舌位、唇形表

韵母	发音部位	舌位的前后	舌位的高低	唇形的圆展
er [ɚ]	卷舌	央	中	不圆唇元音

2. 复元音韵母

复元音韵母由两个或三个元音复合而成，共有 13 个：ai [ai]，ei [ei]，

ao［au］, ou［ou］, ia［iA］, ie［iɛ］, ua［uA］, uo［uo］, üe［yɛ］, iao［iau］, iou［iəʊ］, uai［uai］, uei［uei］。

复元音韵母发音的特点是从一个元音的舌位快速地向另一个元音的舌位滑动，中间有一串过渡音，但没有明显界限。复元音韵母并不是两个或三个元音的简单相加，它的各个成分有主次之分，其中开口最大、声音最响的叫主要元音，也就是韵腹。

根据主要元音的位置，复元音韵母又可分为前响复元音韵母、后响复元音韵母、中响复元音韵母。

（1）前响复元音韵母。特点：前一个元音是韵腹，是主要元音，发音开口度大，声音清晰响亮且稍长；后一个元音是韵尾，开口度小，声音短促模糊。舌位动程：发音时口腔由开到闭，舌位由低到高。前响复元音韵母共有4个：ai［ai］, ei［ei］, ao［au］, ou［ou］。

（2）后响复元音韵母。特点：前面的元音是韵头，发音稍短；后面的元音是韵腹，发音清晰响亮且稍长。舌位动程：与前响复元音韵母恰好相反，口腔由闭到开，舌位由高到低。后复元音韵母共有5个：ia［iA］, ie［iɛ］, ua［uA］,uo［uo］, üe［yɛ］。

（3）中响复元音韵母。特点：前面的元音是韵头，发音轻短；最后的元音是韵尾，发音含混；中间的元音是韵腹，发音响亮且稍长。舌位动程：舌位由高向低滑动，再从低向高滑动。中响复元音韵母共有4个：iao［iau］, iou［iəʊ］,uai［uai］, uei［uei］。

3. 鼻音韵母

鼻音韵母又叫鼻音尾韵母，由元音和鼻辅音韵尾构成，共有16个。普通话明确区分为 -n 和 -ng 为韵尾的两组韵母。以 -n［n］为韵尾构成的韵母叫前鼻音韵母，以 -ng［ŋ］为韵尾构成的韵母叫后鼻音韵母。

（1）前鼻音韵母，也叫舌尖鼻音韵母，因为前鼻音收音时舌的着力点在舌尖。特点：n 是舌尖中阻辅音（可作声母），在作声母时，必须除阻后与后面的韵母相拼，如 nà；但作韵尾时，是与它前面的元音相拼，没有除阻过程，如 ān，发音有所变化，而且发音渐弱终止。舌位动程：舌尖轻轻向上抵上齿龈完成，先发元音，紧接着软腭下降，舌尖抵住上齿龈发不除阻的 n。前鼻音韵母共有8个：an［an］, ian［ian］, uan［uan］, üan［yan］, en［ən］, in［in］,uen［uən］, ün［yn］。

（2）后鼻音韵母，也叫舌根鼻音韵母，因为后鼻音收音时舌的着力点在舌根。舌位动程：发音时，先发元音，紧接着软腭下降，然后舌根抬起与软腭接近，气流由鼻腔流出，发 ng，整个韵母发音完毕。后鼻音韵母共有 8 个：ang［ɑŋ］，iang［iaŋ］，uang［uaŋ］，eng［əŋ］，ing［iŋ］，ueng［uəŋ］，ong［uŋ］，iong［yŋ］。

（二）按韵母开头元音的发音口型分类

普通话韵母按韵母开头元音的发音口型分为四类，即开口呼、齐齿呼、合口呼、撮口呼，简称"四呼"。四呼分类法有利于揭示汉语音节的声韵拼合规律，使发音更规范、更标准，可以纠正方音。

1. 开口呼

开口呼是指没有韵头（介音），韵腹是 a，o，e 的韵母。发音时，嘴张得比较大，所以叫作开口呼。

2. 齐齿呼

齐齿呼是指韵头或韵腹是 i（舌面元音）的韵母。发音时，嘴向两边开，露出牙齿，上下齿几乎是对齐的，所以叫作齐齿呼。

3. 合口呼

合口呼是指韵头或韵腹是 u 的韵母。发音时，嘴唇向中间收缩，呈圆形，所以叫作合口呼。

4. 撮口呼

撮口呼是指韵头或韵腹是 ü 的韵母。发音时，双唇撮拢，呈圆形，所以叫作撮口呼。

中古时期汉语的韵母只有开口呼与合口呼，而没有齐齿呼和撮口呼，四呼的形成是比较晚近的事情。中古时期虽然没有开、齐、合、撮四呼，但开口呼和合口呼却各分为洪音和细音。凡介音为前高元音 i［i］或 ü［y］，或者主要元音为前高元音的韵母，就是细音，反之就是洪音。这样，开口呼洪音大致相当于今天的开口呼，开口呼细音大致相当于今天的齐齿呼，合口呼洪音大致相当于今天的合口呼，合口呼细音大致相当于今天的撮口呼。

第三章

汉语音韵学的基本名词

中学语文教师学习汉语音韵学，入门的第一关就是音韵学的名词，因为传统的音韵学名词概念含混且玄奥，如"戛、透、轹、捺"等，音韵学家如不解释，别人就很难明白。

第一节　与声母有关的术语

一、声母、纽、声类、字母

声母是指音节开头的部分，这与现代汉语是相同的，但在汉语音韵学中，声母还可称纽、声类、字母等。

南朝顾野王《玉篇》卷末所附的《四声五音九弄反纽图·序》已提及"纽"的概念："夫欲反字，先须纽弄为初。"纽即枢纽，古人认为声母居字音之首，是一个字音的枢纽部分，所以称纽。

声类是指声母的类别，是某一类声母的总称。它是从韵书（或其他材料）的反切系联或类似手段得来的，凡是反切上字能够系联在一起的，就算一个声类，也可指声母。

声母又称字母，音韵学家用来指称汉字声母的代表字。由于古代没有音标，只能用一个汉字代表一个声母。一个字母统摄声母相同的一类，它与现代汉语拼音字母表的"字母"含义不同。

二、五音、七音、九音

五音、七音、九音是音韵学上对声母按发音部位进行的分类。顾野王《玉篇》卷末所附的《五音声论》中的五音指喉、牙、唇、舌、齿五个发音部位。五代的《韵镜》出现了七音，即从五音的舌音中分出半舌音（来母），从齿音中分出半齿音（日母）。南宋的《切韵指掌图》对此进一步分析，把唇音分为轻唇音、重唇音，舌音分为舌头音、舌上音，半舌音、半齿音合称为舌齿音或半舌半齿音，齿音分为齿头音、正齿音，这就是九音。这些发音部位与现代汉语声母发音部位所用的术语大同小异。五音、七音、九音分类具体见下表。

五音、七音和九音分类表

五音	喉	牙	唇		舌		齿		
七音	喉	牙	唇		舌	半舌	半齿	齿	
九音	喉	牙	重唇	轻唇	舌头	舌上	（半）舌 （半）齿	齿头	正齿

三、清浊

清浊是传统音韵学依据声带振动与否对声母进行的分类。声带不振动者为清音或不带音，声带振动者为浊音或带音。"清浊"这个术语到现在还在使用，第二章对此已有分析。但在现代汉语中，清音占绝大多数，浊音已大为减少，只有 [m]，[n]，[l]，[ʐ]，[ŋ] 5 个。而在古代汉语中，浊音的数量与清音的数量相若，所以古人又进一步把清音分为全清和次清，把浊音分为全浊和次浊。其中不送气清音为全清，送气清音为次清；塞音、塞擦音、擦音为全浊，鼻音、边音、半元音为次浊。现代汉语中已没有了全浊音。

四、三十六字母

三十六字母是宋朝韵图上用来表示中古声母系统的 36 个代表字。起初由唐末守温和尚定为三十字母，保存在敦煌发现的《守温韵学残卷》（以下简称《守温残卷》）里，三十字母的排列如下：

唇音　不、芳、並、明

舌音　端、透、定、泥是舌头音

　　　知、彻、澄、日是舌上音

牙音　见、溪、群、来、疑

齿音　精、清、从是齿头音

　　　审、穿、禅、照是正齿音

喉音　心、邪、晓是喉中音，清

　　　匣、喻、影亦是喉中音，浊

宋代等韵学家又增加"非、敷、奉、微、床、娘"六母，合称三十六字母。三十六字母基本反映了唐宋时代共同语标准音的声母系统。三十六字母的发音部位、发音方法新旧分类对照表如下所示。

三十六字母发音部位、发音方法新旧分类对照表

发音方法旧名			全清	次清	全浊	次浊	全清	全浊
发音方法新名			不送气不带音的塞音塞擦音	送气不带音的塞音、塞擦音	带音的塞音、塞擦音	带音的鼻音、边音、半元音	不带音的擦音	带音的擦音
发音部位旧名	发音部位新名							
唇音	重唇音	双唇音	帮[p]b	滂[pʰ]p	並[b]b p	明[m]m		
	轻唇音	唇齿音	非[f]f	敷[fʰ]f	奉[v]f	微[ɱ]v		
舌音	舌头音	舌尖中音	端[t]d	透[tʰ]t	定[d]d t	泥[n]n		
	舌上音	舌面前音	知[ȶ] zh	彻[ȶʰ] ch	澄[ȡ] zh ch	娘[ȵ] n		
齿音	齿头音	舌尖前音	精[ts] j z	清[tsʰ] q c	从[dz] j q z c		心[s] x s	邪[z] x z
	正齿音	舌面前音	照[tɕ] zh	穿[tɕʰ] ch	床[dʑ] zh ch		审[ɕ] sh	禅[ʑ] ch sh
牙音		舌根音	见[k] g j	溪[kʰ] k q	群[g] g k j q	疑[ŋ] o n		
喉音		零声母	影[o]o					
		舌根音					晓[x]x h	匣[ɣ]x h
		半元音				喻[j]o		
半舌音		舌尖中边音				来[l]l		
半齿音		舌面鼻擦音				日[nʑ]r		

注：本表参照各家观点，把三十六字母与国际音标、现代汉语普通话的声母对照标出。

　　三十六字母的第一、二行"帮、滂、並、明""非、敷、奉、微"被称为唇音。唇音分两类："帮、滂、並、明"是双唇音，也叫重唇音；"非、敷、奉、微"是唇齿音，也叫轻唇音。其中唇齿音出现得较晚，在唐代末年才产生。

　　第三、四行"端、透、定、泥""知、彻、澄、娘"被称为舌音。舌音分为两类："端、透、定、泥"为舌尖中音，也叫舌头音；"知、彻、澄、娘"为舌面前音，也叫舌上音。实际上两者都是塞音。

　　第五、六行"精、清、从、心、邪""照、穿、床、审、禅"被称为齿音。齿音分为两类:"精、清、从、心、邪"称为舌尖前音,也叫齿头音;"照、穿、床、审、禅"为舌面前音,也叫正齿音。它们彼此间的关系类似于舌头音和舌上音,发音部位一个靠前,一个靠后。在现代语言学中,舌音和齿音的发音部位没有什么不同,都是硬腭或齿龈和舌尖或舌面所发出的,不同的是,舌音都是塞音,而齿音都是塞擦音或擦音。将同一位置的塞音和塞擦音或擦音归为不同类是古人的一贯做法。

　　第七行"见、溪、群、疑"被称为牙音。此名较为怪异,因为许多人搞不清牙音和齿音有何区别。其实这里的牙指舌根处的大牙,就是臼齿。古人审音不细,将舌根音的发音部位误认为是臼齿,于是就有了这个不确切的名字。因此,牙音的新名为舌根音。

　　第八、九、十行"影、晓、匣、喻"被称为喉音。"影"是零声母,属于声门擦音。"晓、匣"的发音位置其实与舌根音相同,但由于它们是擦音,因此没有与是塞音的牙音放在一起。"喻"基本上是一个半元音,类似于今天汉语的声母 y。

　　第十一、十二行的"日、来"分别被称作半齿音(舌尖中连音)和半舌音(舌面鼻擦音)。这两个称呼常会使人有些误会。原本两者分别被放在齿音(日)和舌音(来)里,但由于某些原因,音韵学家将它们从各自的位置取出来,合成了一个新的音种,称为舌音齿,其意思是从左边念是舌音,右边念是齿音。然而后人不明此理,以为两者和舌音、齿音的发音部位有所不同,便分别称之为半齿音和半舌音。不过将"日、来"单独列出也是有其根据的。按照现代语言学的观点,"日、来"属于无擦通音,音色接近元音,而与其他声母的情况不同。

　　各组内部声母的排列并不是随意的。除齿音、半齿音、半舌音外,每种音都由四个声母组成。这四母的排列正好是按照全清、次清、全浊、次浊来排列的。齿音略有不同,因为齿音没有次浊,排列方式为全清、次清、全浊、全清、全浊。

　　比照《守温残卷》的三十字母与之后的三十六字母,可以发现有几点不同:一是三十字母中只有重唇音"不、芳、並、明",三十六字母却加上了轻唇音"非、敷、奉、微",似乎说明《守温残卷》时代还没有轻唇音,但据张世禄、杨剑桥(1993)的研究,汉语轻重唇音的分化可能始于七世纪中叶,

《守温残卷》只有一组唇音声母，可能带有存古的性质。另外，三十六字母中增加了半舌音、半齿音两类，由五音变成七音。二是舌上音增加了"娘"母。三是正齿音增加了"床"母。四是三十字母将"日"母归入舌上音，而三十六字母则将其归入半齿音。五是三十字母中的"心、邪"二母为喉音（喉中音，清），在三十六字母中则归到齿头音，并且"邪"母由清音转为浊音。六是三十字母中属于牙音的"来"母在三十六字母中归到了半舌音。七是三十字母只从发音部位上进行了分类，虽然在喉音上分了清浊，却没有像三十六字母那样把各个部位的发音方法都进行分类。后出转精，也是必然的。这些大致能反映出唐宋之间声母系统的变化。

此外，三十六字母还可按照发音部位的大类分"系"，系下再分"组"，如"帮系"就是指"帮、滂、並、明"（帮组）和"非、敷、奉、微"（非组）两组唇音声母，而"见系"只有"见、溪、群、疑"四母，余可类推。

五、双声、准双声、旁纽双声、准旁纽双声、邻纽双声

（一）双声

双声是指两个字的声母相同。《切韵指掌图·原序》："同归一母则为双声。"如"带长铗之陆离兮"中的"陆离"，声母均为来母。

双声有着严格的时空限制。如"微妙"在先秦是双声，同隶明母，在中古也是双声，而在现代汉语中则不是。又如"憔悴""缤纷""容与""滑稽"等联绵词，在上古音中均为双声字，而在现代汉语中皆为非双声字。"憔悴"，皆为从母；"缤纷"，皆为滂母；"容与"，皆为喻母；"滑稽"，"滑"字从"骨"声，本属见母，后世转入匣母，在"滑稽"一词中保留古忽切的读音，"稽"上古音隶见母，"滑稽"双声。

有的字在普通话中是双声，而在古音中反而不是。如"威望"，在现代汉语中属双声字，可在上古，"威"属影母微部，"望"属明母阳部；"威"是零声母，而"望"的声母是［m］；一为喉音，一为唇音；一为全清，一为次浊。二者的发音部位和发音方法都相差甚远。

古音中的双声现象，早已为人所注意。正如钱大昕《音韵问答》中所说："字母出于唐季，不可言古人不识双声。自三百篇启双声之秘，而司马长卿扬子云益畅其旨，于是孙叔然制为反切，双声迭韵之理遂大显于世。"自南北朝

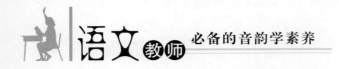

时，文人们对双声现象就有了深刻的认识并且已经能够熟练地运用。如《南史·谢庄传》记载："王玄谟问谢庄：'何谓双声叠韵？'答曰：'玄护为双声，碻磝为叠韵。'"王玄谟和桓护曾率兵北伐，在碻磝（古津渡，城名）打过败仗，谢庄用二人的名字和及其败兵之地来解释什么叫双声叠韵，以此跟他们开玩笑（当时"玄""护"双声，"碻""磝"叠韵，在今天普通话里既非双声，又非叠韵）。又如北魏杨炫之《洛阳伽蓝记》中记载："唯冠军将军郭文远游憩其中，堂宇园林匹于邦君。时陇西李元谦乐双声语，常经文远宅前过，见其门阀华美，乃曰：'是谁第宅？过佳！'婢春风出曰：'郭冠军家。'元谦曰：'凡婢双声。'春风曰：'伧奴慢骂。'元谦服婢之能，于是京邑翕然传之。"这里的对话用的都是双声词语。具体地说，"是谁"两字禅母，"第宅"两字定（澄）母，准双声，"过佳"两字见母，这句话是三组双声字；"郭冠军家"四个字都是见母。"凡婢"两字中古为並母，"双声"两字审组，这句话是两组双声字；"伧奴"两字泥纽，"慢骂"两字明纽，这句话也是两组双声字。这说明当时文人对声母的认识程度很深。另外，沈约提出诗律的"四声八病"中"八病"的"旁纽""正纽"也与对声母的认识有关。

（二）准双声

二字的声母在声母表中同在发音部位同类的同一直行，或舌齿同直行者为准双声。具体来说有下面几种情形：第一，舌头与舌面上下对直，如端照准双声，透穿准双声；第二，正齿与齿头上下对直，如庄精准双声，山心准双声；第三，舌齿同直行，庄初崇与照穿神对直，如庄照准双声，初透准双声。准双声举例如下。

著 [ṭǐa] 与彰 [ṭǐaŋ]："著"隶端母，"彰"隶照母；"著"为舌头音，"彰"为正齿音。二字处于同一直行，发音方法都是全清音，据此，"著"和"彰"为准双声。

少 [ɕǐau] 与小 [sǐau]："少"是指事字，是"小"的孳乳字。甲骨文"小"（小）是象形字，像微小的颗粒状物体。"少"（小）在"小"的基础上加了一点，故古时"少""小"通用，为同源字。徐中舒《甲骨文字典》："甲文中二字构形实同，应为一字。""少"隶书母，"小"隶心母；"少"为舌面音，"小"为齿头音。二字处于同一直行，都是清音，据此，"少"与"小"为准双声。

丛［dzĭwoŋ］与崇［dʒiwəm］："丛"隶从母，"崇"隶崇母；"丛"为齿头音，"崇"为正齿音。二字处于同一直行，都是全浊音，据此，"丛"和"崇"为准双声。

乃［nə］与而［njĭə］："乃"隶泥母，"而"隶日母；"乃"为舌头音，"而"为舌面音。二字处于同一直行，都是次浊音，据此，"乃"和"而"为准双声。

（三）旁纽双声

旁纽双声是指同一类声母之中相邻的声母，即同类同横行者。如牙音组"见、溪、群、疑"各母中之见母与溪母，其关系称为旁纽，它们所形成的双声关系，称为旁纽双声。旁纽双声举例如下。

皮［bĭa］与麻［mea］："皮"隶并母，"麻"隶明母，同为重唇音，旁纽双声。

人［njĭen］与实［djĭět］："人"隶日母，"实"隶船母，同为舌面音，旁纽双声。

超［tʰĭau］与跳［dĭau］："超"隶透母，"跳"隶定母，同为舌头音，旁纽双声。

跨［kʰoa］与骑［gĭa］："跨"隶溪母，"骑"隶群母，同为牙音，旁纽双声。

赭［ȶia］与赤［ȶʰĭak］："赭"隶章母，"赤"隶昌母，同为舌面音，旁纽双声。

早［tsəu］与夙［sĭəuk］："早"隶精母，"夙"隶心母，同为齿头音，旁纽双声。

（四）准旁纽双声

同类不同横行者为准旁纽双声，即专指舌头与舌面两行、正齿与齿头两行之不对直的声母。如透神准旁纽双声，端穿准旁纽双声，透照准旁纽双声。准旁纽双声举例如下。

拖［tʰa］与施［ɕia］："拖"隶透母，"施"隶书母；"拖"为舌头音，"施"为舌上音，为准旁纽双声。

跳［tʰiau］与跃［ʎĭauk］："跳"隶透母，"跃"隶余母；"跳"为舌头音，"跃"为舌上音，为准旁纽双声。

柴［dʒe］与薪［sɪen］："柴"隶崇母，"薪"隶心母；"柴"为正齿音，"薪"为齿头音，为准旁组双声。

（五）邻纽双声

王力《同源字典》："喉与牙，舌与齿为邻纽。鼻音与鼻音，鼻音与边音，也算邻纽。"据此，邻纽双声可分为三种情况：一是喉与牙邻纽，即喉音的"影、余、晓、匣"与牙音的"见、溪、群、疑"为邻纽双声，但王力在《汉语史稿》中把上古声母分为六类三十六母，其中喉牙合并为喉音，即"见、溪、群、疑、晓、匣、影"，这样它们之间也当属于旁组双声关系。如"英"与"迎"，"英"是影母字，"迎"是疑母字；"英"为喉音，"迎"为牙音，二字为喉牙邻纽双声。又如"盈"与"惊"，"盈"是余母字，"惊"是见母字，二字也是喉牙邻纽双声。二是舌与齿邻纽，即同属发音部位相近的舌齿音，不在同一横行，也不在同一竖行，如端纽与船纽，透纽与崇纽等，都属于邻纽双声。如"诚"与"信"，"诚"是禅母字，"信"是心母字；"禅"为舌上音，"心"为齿头音，二字为舌上齿头邻纽双声。三是鼻音与鼻音，鼻音与边音邻纽，即同属于鼻音的疑纽、泥纽、日纽、明纽与边音来纽，发音方法相同或相近，也属于邻纽双声。如"命"与"令"，"命"是明母字，"令"是来母字，为鼻音与边音邻纽双声。

第二节　与韵母有关的术语

一、韵母、韵、韵部、韵目、韵摄、韵类

韵母是汉语字音中声母、字调以外的部分，可分为韵头、韵腹、韵尾三部分。每个韵母都有韵腹，韵头和韵尾则不一定有。

汉语音韵学在这方面要比现代汉语复杂得多，与韵母有关的概念还有韵、韵部、韵目、韵摄、韵类等，它们各自的含义是怎样的呢？我们以杜甫的《登高》为例。

登高（杜甫）

风急天高猿啸哀，渚清沙白鸟飞回。

无边落木萧萧下，不尽长江滚滚来。

万里悲秋常作客，百年多病独登台。

艰难苦恨繁霜鬓，潦倒新停浊酒杯。

这首诗作于唐代宗大历二年（767 年）秋，诗人在夔州，逢重阳节，登高临眺，萧瑟的秋景激起了他的感慨。这首诗被《诗薮》称为"古今七言律第一"。

从用韵的角度看，这首诗首句入韵，"哀""回""来""台""杯"是韵脚字。用现代普通话来读，"哀""来""台"是入韵的，因为它们的韵母完全一致，但"回""杯"不入韵。不过在唐朝这首诗用韵上没有问题，它们的中古音分别为"哀"［ɒi］、"回"［ɣuɒi］、"来"［lɒi］、"台"［tʰɒi］、"杯"［puɒi］。这些韵脚字的韵腹（主要元音）和韵尾完全相同，而韵头（介音）不一致。"哀""来""台"没有韵头，"回""杯"有韵头［u］，这不影响诗歌的押韵。这说明诗歌押韵根据的是韵腹和韵尾，与韵头无关，也就是说古代的韵是不管有没有韵头或韵头是否相同，只要韵腹和韵尾相同就是同韵。

韵是以声调为纲，以韵腹和韵尾为依据对汉字读音进行的分类。它要求声调也必须相同，否则就应分为不同的韵。"哀""回""来""台""杯"韵脚字都为平声，这是它们同韵很重要的条件之一，它们在"平水韵"中都属于灰韵。唐代格律诗四声不能通押，平、上、去、入四声各自为韵，这与现代普通话中的韵是有所不同的，以韦应物的《滁州西涧》为例。

滁州西涧（韦应物）

独怜幽草涧边生，上有黄鹂深树鸣。

春潮带雨晚来急，野渡无人舟自横。

这首诗共有"生""鸣""横"三个韵脚字，尽管"生"没有韵头，"鸣""横"有韵头而互不相同，但由于它们的韵腹、韵尾及声调均相同（声调在中古均属平声），故可押韵，同属一部。

比如，"阳""养""漾"的韵腹和韵尾是一样的，均为［aŋ］，但在《广韵》中却分成了三个韵，就是因为声调不同。《广韵》就是按照平、上、去、入来分卷的。

韵部是韵腹和韵尾相同的大类。韵书把同韵的字收归到一起成为一部，归

纳的结果就叫韵部,简称"韵"。《广韵》的206韵就是206个韵部。同一韵部的韵母必须韵腹相同或相近,韵尾相同(在中古还必须声调相同);韵头异同或有无不论。如"江、扛、窗、邦、缸、降、双、庞、逄、腔、撞、幢、桩"等字,其韵腹与韵尾均为〔ɑŋ〕,所以"平水韵"把它们归到"江"部。

从各韵部中选取一个代表字,作为该韵部的标目,这个代表字就叫韵目。如《广韵》把"东、同、童、僮、铜"等许多同韵字汇成一个韵部,取"东"作代表,"东"便是这个韵部的韵目。《广韵》分为206部,便有206个韵目。"平水韵"分为106韵,就有106个韵目。韵书又把一韵之内声母相同的字归在一起,就成为一个小韵,同小韵的字都同音。

宋元等韵图把《广韵》中韵腹和韵尾相同或相近的韵归并为大类,叫作韵摄,简称"摄"(即统领之意)。如《登高》中"哀""回""来""台""杯"等韵脚字,按照《广韵》,"哀""来""台"属咍韵,而"回""杯"属灰韵,但由于它们的韵腹和韵味完全相同,所以将其归为蟹摄。又如,"元、寒、桓、删、山、先、仙"等七组韵部,韵腹比较接近,而且都收－n韵尾,所以归为山摄。韵摄与韵及韵部不同,它不考虑声调。如效摄,就包括了平声"豪、肴、宵、萧",上声"皓、巧、小、筱",去声"号、效、笑、啸"十二韵,其共同点是都收－u尾。《广韵》的206韵被归并为下述十六摄(见下表):通、江、止、遇、蟹、臻、山、效、果、假、宕、梗、曾、流、深、咸。韵摄的提出使复杂的韵部得到简化,便于人们了解同类韵部的特点及发展规律。

韵摄表

声调 韵摄	平声	上声	去声	入声
通摄	东、冬	董、肿	送、宋	屋、沃
江摄	江	讲	绛	觉
止摄	支、微	纸、尾	寘、未	
遇摄	鱼、虞	语、麌	御、遇	
蟹摄	齐、佳、灰	荠、蟹、贿	霁、泰、卦、队	
臻摄	真、文、元	轸、吻、阮	震、问、愿	质、物、月
山摄	寒、删、先	旱、潸、铣	翰、谏、霰	黠、屑

（续表）

声调 韵摄	平声	上声	去声	入声
效摄	萧、肴、豪	筱、巧、皓	啸、效、号	
果摄	歌	哿	个	
假摄	麻	马	祃	
宕摄	阳	养	漾	药
梗摄	庚、青	梗、迥	映、径	陌、锡
曾摄	蒸			职
流摄	尤	有	宥	
深摄	侵	寝	沁	缉
咸摄	覃、盐、咸	感、琰、豏	勘、艳、陷	合、叶、洽

韵类是指韵书中反切下字的分类，韵书中各韵的同韵字下都列了多个反切下字来代表被切字的韵母和声调，这些反切下字表示了每一个韵里的不同韵母，如《广韵》中东韵下的反切下字就分成"红东公"和"弓戎中融宫终"两类，有韵头上的区别。韵类要区别声调，比韵母的区别更细一些。韵类是关于韵的最小的概念。

二、中古"二呼"、近代"四呼"、洪音、细音

如前所述，古代的韵是不管有没有韵头（介音）或韵头是否相同的，但对于等呼来说，韵母前面的介音就显得尤为重要，甚至对声母和韵母的发展变化，介音也起了很大的作用。

在现代汉语中，韵头共有 i，u，ü 三个，而在中古时期却只有 [i] 和 [u] 两个。今天的 ü [y] 韵头在中古是没有的，它是由中古 [i] [u] 的合音 [iu] 演变而来的。中古时期汉语的韵母只有"二呼"——合口呼与开口呼，凡韵头是 [u] 或以 [u] 作主要元音的都叫合口呼，反之为开口呼。清代江永《音学辨微》："音呼有开口合口，合口者吻聚，开口者吻不聚也。"这实际上是根据韵头或韵腹发音时唇形的不同给韵母分的类。此外，这"二呼"又被分为四等。

中古"两呼四等"演变为近代"四呼"的途径大致是，中古开口一二等

变为近代开口呼，中古合口一二等变为近代合口呼，中古开口三四等变为近代齐齿呼，中古合口三四等变为近代撮口呼。"四呼"的形成，韵头出现〔i－〕〔u－〕〔y－〕，是比较晚的事情。清初潘耒《类音》把韵母分成开口、齐齿、合口、撮口四呼，并从音理上分析"四呼"的发音部位和唇形："凡音皆自内而外。初发于喉，平舌舒唇，谓之开口；举舌对齿，声在舌腭之间，谓之齐齿；敛唇而蓄之，声满颐辅之间，谓之合口；蹙唇而成声，谓之撮口。"

从现代汉语的角度分析，可知：

凡没有韵头，韵腹也不是 i，u，ü 的韵母叫开口呼，如干〔kɑn〕、坼〔tʰeɑk〕等。

以 i 作韵头或韵腹的叫齐齿呼，如激〔kiek〕、扬〔jǐɑŋ〕等。

以 u 作韵头或韵腹的叫合口呼，如关〔kuan〕、东〔toŋ〕等。

以 ü 作韵头或韵腹的叫撮口呼，如元〔yan〕、勋〔yn〕等。

这也是近代"四呼"的来源。

"呼"辨韵头的开合，而"等"辨韵母的洪细。所谓"等"，是韵图用来表示韵母区别的最重要方法，故韵图又叫等韵图。所以"等"是等韵学最重要的概念之一。古代音韵学里根据〔i〕介音的有无，以及主要元音发音时开口度的大小，把"两呼"各分为一、二、三、四等。江永说："一等洪大，二等次大，三四皆细，而四尤细。"换用现代语音学术语，所谓"洪、细"是指韵母中元音开口度大小和舌位的前后。元音开口度大、舌位较后的是洪音，开口度小、舌位较前的是细音。一、二等是没有〔i〕介音的韵母，开口度大，舌位较后，所以声音大，是洪音；三、四等是有〔i〕介音的韵母，开口度小，舌位较前，所以声音小，是细音。从一等到四等，主要元音的开口度逐渐变小，舌位逐渐前移。

"等"的概念最早见于《守温残卷》，但洪音、细音早在西晋就有了。西晋陆机《演连珠》之十六："臣闻赴曲之音，洪细入韵。"中古韵母系统发展到近代，"等"的差别逐渐消失，"呼"的细类也合为大类，中古"两呼四等"八个区别演变为"四呼"四个区别，中古合口细音〔iu－〕介音固化为近代〔y－〕介音。自明清等韵学家改开、合各四等为开、齐、合、撮四呼以后，也有人称开口呼为开口洪音，齐齿呼为开口细音，合口呼为合口洪音，撮口呼为合口细音。具体情况见下表。

等的相关知识介绍表

等	有无介音 [i]	主要元音		主要元音
		开口度	舌位	
一等	无	最大（洪大）	较后	[ɑ] [ə] [o] [u]
二等	无	次大（次大）	较前	[ɔ] [a] [æ] [ɐ]
三等	有	较小（细）	在前	[i]
四等	有	最小（尤细）	最前	[e]

三、阴声韵、阳声韵、入声韵

介绍完韵头和韵腹的情况，下面再分析一下韵尾。韵尾指的是汉语音节中位于主要元音之后的一个音位。古音韵的收尾有三种：第一种是元音收尾，第二种是鼻辅音 [m] [n] [ŋ] 收尾，第三种是清塞音 [p] [t] [k] 收尾。根据韵尾收尾的不同，可以把韵分为阴声韵、阳声韵、入声韵三种。这里特别要说明的是，阴声韵、阳声韵与声调中的阴平、阳平无关。

阴声韵是指无韵尾或有韵尾而韵尾是元音的韵母。如《广韵》中的肴韵、泰韵、灰韵、齐韵、鱼韵等，它们的韵母分别为 [iau] [ɣ] [uei] [i] [y] 等。王力归类的阴声韵包括之 [ə]、幽 [u]、宵 [o]、侯 [ɔ]、鱼 [a]、支 [e]、脂 [ei]、微 [əi]、歌 [ai] 部。

阳声韵是指以鼻音结尾的韵母，如 [ɑm] [ɑn] [ɑŋ]。王力归类的阳声韵包括蒸 [əŋ]、东 [ɔŋ]、冬 [uŋ]、阳 [aŋ]、耕 [eŋ]、真 [en]、文 [ən]、元 [an]、侵 [əm]、谈 [am] 部。

入声韵是指以清塞音 [p] [t] [k] 或喉塞音 [ʔ] 结尾的韵母。中古入声韵有 [p] [t] [k] 三种韵尾，如 [ap] [at] [ak]。王力归类的入声韵包括职 [ək]、锡 [ek]、铎 [ak]、屋 [ɔk]、沃 [ok]、觉 [uk]、物 [ət]、质 [et]、月 [at]、缉 [əp]、盍 [ap] 部。

现今，入声韵和 [－m] 尾阳声韵在普通话中已经没有了，但在很多南方方言中还保留着，如粤语、客家话、闽南话就保留了 [－m] 尾阳声韵，如"甘"，粤语、客家话都读作 [gam]，闽南话读作 [gɑm]，这与《广韵》的"甘" [kɑm] 在韵尾上是一致的。又如"心"，粤语读作 [sam]，客家话、闽南话读作 [sim]，这与《广韵》的"心" [sǐěm] 的韵尾是相同的。入声韵是

以 −p，−t，−k 收尾的韵母，在南方部分方言中还保留着，如"浴"，粤语读作［juk］，客家话读作［juk］，闽南话读作［yĭk］，这与《广韵》的"浴"［jĭwok］一样，都以［k］收尾，以破音作结。从发展的角度看，阴声韵、阳声韵、入声韵始终处于变化之中，以唐朝胡曾的《戏妻族语不正》一诗为例。

戏妻族语不正（胡曾）

呼十却为石，唤针将作真。

忽然云雨至，总道是天因。

这首诗中的"十"与"石"，"针"与"真"，"因"与"阴"，在当今的普通话中是同音字，在唐朝时期它们的音却各自不同。"十"［ʑĭəp］属禅母缉部，"石"［ʑĭɛk］是禅母铎部，它们虽都是入声字，但"十"是缉韵（p尾），"石"是铎韵（k尾）。"针"属章母侵部，"真"是章母真部，"针"收m尾，"真"收n尾。"阴"属影母侵部，"因"为影母真部，"阴"收m尾，"因"收n尾。这三组字说明了以下两种语音变化。

一是入声问题。古代汉语有平、上、去、入四个声调，到了元代时，根据周德清在《中原音韵》中的研究，官话平声在元代时分化为阴平和阳平，古代的入声在元代时分化到阴平、阳平、上声、去声四个声调当中，即全浊入声归阳平，次浊入声归去声，清声母入声字分派到阴平、阳平、上声、去声各调中去。这就是影响极大的"平分阴阳，入派三声"理论。现代汉语北方方言没有入声，以北京语音为标准音，以北方话为基础方言的普通话自然就没有入声，但江淮官话、吴、粤、湘（新派湘语）、闽、赣、客家等方言均保留入声。其中粤、闽、客三大方言中保留了［−t］［−k］［−p］三个辅音韵尾。一般认为，"入派三声"应是元代的事，但语言是渐进的，在入声消失之前，应该有［−t］［−k］［−p］三个辅音韵尾混用以及弱化的阶段。胡曾诗中的"石""十"韵尾［−p］［−k］的混用，说明入声已经开始弱化。现代汉语湘方言入声调的字都没有伴随塞声韵尾，即所谓"假入声"。入声内部无区别，只是自成一调，调值为24。湘方言的这个特点，也许在胡曾妻族发音的特点中已初见端倪，只不过当时在湘方言区部分地区的口语中已出现这种现象，但在书面语上还有一段漫长的路要走。

二是m尾的鼻音和n尾的鼻音混用，这也符合现代汉语湘方言的特点。现代湘方言只有一套鼻尾韵［n］。中古曾、梗摄与臻摄混同，有的连通摄也都混同。唐代以前，咸摄−m与山摄−n还是分得很清的，从唐代一直到清代

咸摄 – m 就逐渐合并到山摄 – n 了。

四、阴阳对转、旁转、旁对转

阴阳对转是指古音中阴声韵、阳声韵、入声韵之间相互转变。具体地说，上古的韵母部分为收塞音韵尾的入声韵、收鼻音韵尾的阳声韵和收零韵尾及元音韵尾的阴声韵，韵腹相同、韵尾属于相同发音部位的韵部之间的字有互相转移的现象，叫作阴阳对转。从现代语音学角度分析，这种现象属于韵尾的增加或失落。多数学者把上古入声归并在上古阴声韵中，所以入声韵与阳声韵、入声韵与阴声韵之间的相互转变，也泛称阴阳对转。如阳声 ang，an，am 失去鼻音韵尾 [– ng]，[– n]，[– m]，入声 [ak] [at] [ap] 失去塞音韵尾 [– k] [– t] [– p]，就变成阴声韵 [a]。反之，阴声韵增加鼻音韵尾或塞音韵尾，就转变为阳声韵或入声韵。阳声的鼻音韵尾变为塞音韵尾，就变成入声韵，反之亦然。

这种理论是由清代戴震提出，其弟子孔广森完善的。对转说的提出为正确解释古代韵文的异部通押和训诂学上的通假问题提供了理论依据。

除阴阳对转外，还存在旁转和旁对转现象。

旁转是指一个阴声韵变成另一个阴声韵，一个阳声韵变成另一个阳声韵，一个入声韵变成另一个入声韵的情况。从现代语音学角度分析，就是一个音节的收尾音不变，主元音的舌位高低发生了变化。如阳声韵中 ang 与 ong，主要元音 a 与 o 可以转变。相互转变的是主要元音，而对转是韵尾的相互转变。

有时对转和旁转同时发生，也就是说，既有韵尾的增加或失落，又有舌位高低的变化，通常称这种现象为旁对转。

下面我们引用王力的先秦古韵三十韵表来具体说明这种韵部之间的字互相转移的现象。为便于语文教师的识读和理解，韵表加上了国际音标，并在阴阳入的大类上再分成几个小类。具体见下表。

先秦古韵三十韵表

阴声韵		入声韵		阳声韵	
无韵尾	之部 [ə]	韵尾 – k	职部 [ək]	韵尾 – ŋ	蒸部 [əŋ]
	支部 [e]		锡部 [ek]		耕部 [eŋ]
	鱼部 [a]		铎部 [ak]		阳部 [aŋ]
	侯部 [ɔ]		屋部 [ɔk]		东部 [ɔŋ]
	宵部 [o]		沃部 [ok]		
	幽部 [u]		觉部 [uk]		冬部 [uŋ]
韵尾 – i	微部 [əi]	韵尾 – t	物部 [ət]	韵尾 – n	文部 [ən]
	脂部 [ei]		质部 [et]		真部 [en]
	歌部 [ai]		月部 [at]		元部 [an]
		韵尾 – p	缉部 [ɔp]	韵尾 – m	侵部 [əm]
			盍部 [ap]		谈部 [am]

按照古音韵的收尾的三种情况，把三十韵表分成三大类。第一大类是元音收尾，叫阴声韵。它又分成两小类：一是无韵尾，包括之、支、鱼、侯、宵、幽六个韵部；二是收元音 – i 韵尾，包括微、脂、歌三部。第二大类是清塞音收尾，叫入声韵。它分成三小类：一是收辅音 – k 韵尾，包括职、锡、铎、屋、沃、觉六部；二是收辅音 – t 韵尾，包括物、质、月三部；三是收 – p 韵尾，包括缉、盍二部。第三大类是鼻辅音收尾，叫阳声韵。它又分成三小类：一是收辅音 – ŋ 韵尾，包括蒸、耕、阳、东、冬五个韵部；二是收辅音 – n，包括文、真、元三个韵部；三是收韵尾 – m，包括侵、谈二部。

在上表中，同一横排的三个（或两个）韵部的主要元音是相同的，其差异就在于韵尾不同。如之部 [ə]、职部 [ək]、蒸部 [əŋ]，它们的元音相同，都是 [ə]。如果塞音韵尾脱落，就变成阴声韵了，这就叫阴入对转；如果塞音韵尾变成鼻音韵尾，就是阳入对转；没有韵尾的阴声韵加上了鼻音韵尾，就是阴阳对转。同理，支部 [e]、锡部 [ek]、耕部 [eŋ]，鱼部 [a]、铎部 [ak]、阳部 [aŋ] 也都可以这样转移。这样，韵表共有十一大类这样的对转关系。可见，所谓对转就是同一横排间三个（或两个）韵之间语音的转化关系。下面逐一证之：

改 [kə] / 革 [keək]："改"上古音在之部，属阴声韵；"革"在职部，

属入声韵。二字为之职阴入对转。

起 [kʰǐə] / 兴 [xǐəŋ]："起"上古音在之部,属阴声韵;"兴"在蒸部,属阳声韵。二字为之蒸阴阳对转。

踶 [die] / 蹢 [diek]："踶"上古音在支部,属阴声韵;"蹢"在锡部,属入声韵。二字为支锡阴入对转。

假 [kea] / 格 [keak]："假"上古音在鱼部,属阴声韵;"格"在铎部,属入声韵。二字为鱼铎阴入对转。

序 [zia] / 庠 [ziaŋ]："序"上古音在鱼部,属阴声韵;"庠"在阳部,属阳声韵。二字为鱼阳阴阳对转。

逆 [ŋǐɐk] / 迎 [ŋǐaŋ]："逆"上古音在铎部,属入声韵。"迎"在阳部,属阳声韵。二字为铎阳阳入对转。

觎 [owʎ] / 欲 [ʎǐwok]："觎"上古音在侯部,属阴声韵;"欲"在屋部,属入声韵。二字为侯屋阴入对转。

委 [iuai] / 婉 [iuan]："委"上古音在歌部,属阴声韵;"婉"在元部,属阳声韵。二字为歌元阴阳对转。

早 [tsəu] / 夙 [sǐəuk]："早"上古音在幽部,属阴声韵;"夙"在觉部,属入声韵。二字为幽觉阴入对转。

竖着看,表中同一竖行的韵,特别是相邻两行之间的韵,它们的主要元音发音非常接近,所以也可能发生语音转化,即旁转。例如:

头 [do] / 首 [çǐeu]："头"上古音在侯部,"首"在幽部,同为无韵尾的阴声韵,主要元音发音非常接近,侯幽旁转。

惄 [gǐə] / 跪 [gǐwe]："惄"上古音在之部,"跪"在支部,同为无韵尾的阴声韵,之支相邻,主要元音发音非常接近,之支旁转。

谷 [kǒk] / 壑 [xǎk]："谷"上古音在屋部,"壑"在铎部,同为韵尾 -k 的入声韵,屋铎相邻,主要元音发音非常接近,屋铎旁转。

殄 [dǐən] / 尽 [dzǐen]："殄"上古音在文部,"尽"在真部,同为韵尾 -n 的阳声韵,文真相邻,主要元音发音非常接近,文真旁转。

如果两个韵既非同一横排,又非同一竖行,但也发生了语音转化,这就是旁对转。旁对转一般是先旁转,后对转。旁转标志着发音舌位有高低的变化,对转意味着韵尾的增加或失落。例如:

搜 [ʃǐeu] / 索 [sǎk]："搜"上古音在幽部,"索"在铎部,由幽部转为

觉部是阴入对转，然后由觉部转为铎部是旁转，故二字为幽铎旁对转。

颇［phua］/偏［phǐen］："颇"上古音在歌部，"偏"在真部，由歌部转为脂部是旁转，然后由脂部转为真部是阴阳对转，故二字为歌真旁对转。

摩［mua］/扪［muən］："摩"上古音在歌部，"扪"在文部，由歌部转为微部是旁转，然后由微部转为文部是阴阳对转，故二字为歌文旁对转。

五、关于叶音说

叶音说的产生与发展与人们读《诗经》有关。《诗经》产生于先秦，随着时间推移，语音逐渐发生变化，南北朝以后的语音已经与《诗经》时代的语音有了明显的差别。但当时的人们并没有"世易时移，语音变化"的认识，只是在阅读《诗经》时感到韵律不谐。而人们采用的办法就是一旦遇到押韵不和谐之处，就临时改读成自己认为合适的读音，这种做法被称为叶音、叶韵（"叶"也作"协"）、取韵。如《诗经》中的《邶风·燕燕》第三章：

燕燕于飞，下上其音。之子于归，远送于南。瞻望弗及，实劳我心。

这首诗的韵脚字是"音""南""心"，南朝沈重感到"南"于韵不谐，所以按照当时的语音作注："协句，宜乃林反。"实际上，这三个字完全押韵，"音"上古音为［ǐəm］，影母侵部，《广韵》于金切；"南"上古音为［nəm］，泥母侵部，《广韵》那含切；"心"上古音为［sǐəm］，心母侵部，《广韵》息林切。这样"音""南""心"同为侵部，均为阳声韵，自然是押韵的。

叶音现象出现于南北朝时期，盛行于宋，"叶音说"这个名词是由朱熹提出的。朱熹的《诗集传》全面采用了叶音说。叶音说最大的问题是主观随意性强，即在没有确凿根据的情况下，强改字音以求押韵和谐，并非探明了韵字的本音，其结果是使一个字可产生许多的音，造成汉字读音的极大混乱。如《周南·关雎》第二章后四句：

求之不得，寤寐思服。悠哉悠哉，辗转反侧。

其韵脚字为"得""服""侧"。朱熹感到"服"字不押韵，在《诗集传》中改为"服，叶蒲北反"。实际上，"得"上古音为［tək］，端母职部，《广韵》多则切；"服"上古音为［bǐwək］，并母职部，《广韵》房六切；"侧"上古音为［tʃǐək］，庄母职部，《广韵》阻力切。三字同隶职部，为入声韵，自然也是押韵的。又如，《周南·关雎》第三章前四句：

参差荇菜，左右采之。窈窕淑女，琴瑟友之。

其韵脚字为"采""友"。朱熹《诗集传》："采，叶此履反。""友，叶羽己反。"这也是随意定音。"采"上古音为 [tsʰə]，清母之部，《广韵》"仓代切"；"友"上古音为 [ɣǐwə]，匣母之部，《广韵》云久切。二字同隶之部，为阴声韵。

叶音说的影响一直延续到明代。直至明末，陈第才开始批判叶音说，他在《屈宋古音义·跋》中说："余少受《诗》家庭，先人木山公尝曰：叶音之说吾终不信，以近世律绝之诗叶音者且寡，乃举三百篇尽谓之叶，岂理也哉！然所从来远，未易遽明尔，竖子他日有悟，毋忘吾所欲论著矣。余于是默识教言。"并在《毛诗古音考·序》中提出具有划时代意义的古今语音不同说："时有古今，地有南北，字有更革，音有转移。"明末清初的王夫之继承了陈第的思想，并在《叶韵辩》中指出了叶音说的十种弊端，并对此一一进行分析。随着顾炎武等人对上古音的深入研究，叶音说终于彻底被淘汰了。

第三节 与声调有关的术语

一、古今"四声"

声调是指音节在发音过程中音调的高低与升降。从物理声学的角度看，声调的高低升降就是音高的高低升降。普通话语音把音高分成低、半低、中、半高、高五度，分别用 1，2，3，4，5 来表示，这就是五度制标调法。五度制标调法是赵元任在 1930 年创立的，它能直观地呈现音调高低升降的变化。具体来说，就是建立一个坐标，用纵轴表示音高，用横轴表示音长，把声调的高低调值分为五度，分别用 1，2，3，4，5 来表示，其中 1 表示音高最低，2 表示次低，3 表示次中，4 表示次高，5 表示最高。现代汉语普通话有四个调类，《汉语拼音方案》规定了这四种调类符号：—（阴平）、／（阳平）、∨（上声）、＼（去声），阴平声高而平，阳平声是中升调，上声是降升调，去声是全降调。普通话声调具体见下图。

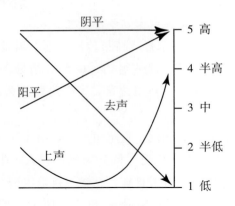

普通话声调图

调值是声调的实质，是指声音高低、升降、曲直、长短的形式。普通话四声的调值分别是 55，35，214，51。

现代汉语的"四声"指上述的阴平、阳平、上声、去声，而中古的"四声"指的是平声、上声、去声、入声。罗常培《汉语音韵学导论》："以'平上去入'为四声，自齐梁之际始。"《梁书·沈约传》："约撰《四声谱》，以为在昔词人累千载而不寤，而独得胸衿，穷其妙旨，自谓入神之作。高祖雅不好焉，帝问周舍曰：'何谓四声？'舍曰：'天子圣哲'是也，然帝竟不遵用。""天子圣哲"这四字正好代表平、上、去、入四个不同的声调，"然帝竟不遵用"说明"四声"在齐梁时还没有被大多数读书人所认识。

对"四声"发音的特点，主要有以下两种说法。

说法一：唐代释处忠《元和韵谱》对"四声"的调型描绘是"平声哀而安，上声厉而举，去声清而远，入声直而促"。

说法二：明代释真空《玉钥匙歌诀》对"四声"调型的描绘是"平声平道莫低昂，上声高呼猛烈强，去声分明哀远道，入声短促急收藏"。

综合两家说法，我们大致能知道四声的发声特点，即平声读时发音平和，声调平衡，尾音长；上声读音响亮，声调降升，声音短促，无尾音；去声读音婉转，尾音短，高昂；入声读音质朴而急，收音短促、低沉，无尾音。但这种对中古"四声"的描绘虽形象生动但不真切，据此根本无法构拟中古"四声"调值。所以谈中古"四声"，只能谈调类。唐宋以来，汉语在四声的基础上区分声母清浊对应的阴调和阳调形成八声，也就是"四声八调"。

二、中古"四声"到现代汉语"四声"

中古的"四声"发展到现代汉语的"四声",有一些规律可以探寻。

(一)平分阴阳

中古的平声调受声母清浊影响,分化成两个调,即阴平、阳平。凡中古的清声母字,包括全清与次清(如全清 [p] [f] [t] [ʈ] [ts] [tɕ] [k] [pʰ] [fʰ] [tʰ] [ʈʰ] [tsʰ] [tɕʰ] [kʰ] 等)的平声字变为阴平;凡中古次浊声母(如 [m] [m̥] [n] [nʑ] [ŋ] [j] 等)和全浊声母(如 [b] [v] [d] [ɖ] [dz] [dʑ] [g] [z] 等)的平声字变为阳平。如"孤",中古音见母模部,声母为 [k],属清声母,分化后变为阴平;"胡",中古音匣母模部,声母为 [ɣ],属浊声母,分化后变为阳平。唐末时日本延历寺安然所撰《悉昙藏》卷五记载:"平声直低,有轻有重。上声直昂,有轻无重。去声稍引,无轻无重。入声径止,无内无外。平中怒声,与重无别。"唐作藩认为,《悉昙藏》中的"平声直低,有轻有重"的轻重,就是两种不同的声调。平声的轻重就是清、浊声母字的声调不同。据此可以推断,平分阴阳的现象早在唐代就已经发生。而平分阴阳最终完成最迟在元代。元代周德清的《中原音韵》是第一部把平声字分为阴阳两调的北曲曲韵书,阴阳的名称就是他创造的。他的这种做法使我们清楚地知道平分阴阳在他那个时候的方言中已经取得了统治地位,因为语音理论一定是晚于语音实践的。

(二)浊上变去

中古上声变成两类,凡是属于全浊声母的在现代汉语里都变成去声,次浊上声仍为上声。如"杜"和"赌"中古都是上声字,但"杜"中古音隶定母姥部,上声字,声母是 [d],属全浊声母,到了现代就变成去声;而"堵"中古音隶端母鱼部,上声字,声母是 [t],属清音声母,现代就没有变,仍然读上声。又如"脑"中古是上声字,现代还是上声,因为中古隶泥母,属次浊声母。

浊上变去开始得很早,至少在唐代中期已普遍发生,韩愈《讳辩》:"周之时有骐期,汉之时有杜度,此其子宜如何讳?将讳其嫌遂会其姓乎?将不讳其嫌者乎?""杜"在中古是上声字,"度"在《广韵》中是去声字,而韩愈认为"杜""度"同音,这说明"杜"已变成去声。唐作藩在《汉语语音史

教程》中分析白居易《琵琶行》部分诗句的用韵情况。

自言本是京城女，家在虾蟆陵下住 [ɖǐu]。

十三学得琵琶成，名属教坊第一部 [bəu]。

曲罢曾叫善才服，妆成每被秋娘妒 [tu]。

五陵年少争缠头，一曲红绡不知数 [ʃǐu]。

钿头银篦击节碎，血色罗裙翻酒污 [u]。

今年欢笑复明年，秋月春风等闲度 [du]。

弟走从军阿姨死，暮去朝来颜色故 [ku]。

门前冷落鞍马稀，老大嫁作商人妇 [bǐəu]。

其中"部""妇"二字原本是全浊上声，这里与去声字"住""妒""数""污""度""故"押韵，表明它们已演变为去声。

（三）去声不变

与古代相比，现代的去声并未发生变化。

（四）入派三声

从《中原音韵》中可以发现，当时的入声分配是很有规律的，如全浊字母的字全部变阳平，次浊字母的字全部变去声，清母变上声。因为没有派入阴平的入声，所以叫入派三声。在普通话中，很多字如"屋""郭""托""滴"等被派到了阴平里，所以被称作入派四声。

入声的变化与消失是一个比较缓慢的过程，入声丢失是在入声韵尾丢失以后发生的。在入声消失之前，应该有一个 [-t] [-k] [-p] 三个辅音韵尾混用以及弱化直至最后完全丢失的阶段，许多上古入声字，到了中古已变成去声。如"借"，上古音精母铎部 [tsiak]，入声字；而到了《广韵》中，则变成精母祃部 [dzǐa]，去声字。"介"，上古音见母月部 [keat]，入声字；《广韵》见母怪部 [kɐi]，去声字。"厕"，上古音为初母职部 [tʃʰǐə]，入声字；《广韵》初母志部 [tʃʰǐə]，去声字。"避"，上古音匣母锡部 [ɣek]，入声字；《广韵》匣母卦部 [ɣai]，去声字。这是入声韵尾丢失的实例。又如，白居易《琵琶行》："浔阳江头夜送客，枫叶荻花秋瑟瑟。""客""瑟"相押。"客"，《广韵》隶溪母陌部，拟音 [kʰɐk]；"瑟"，《广韵》隶山母栉部，拟音 [ʃet]，这是两个入声韵的韵尾（-k，-t）混押。唐代词人词中押入声韵大都还是三类入声分押的，但到了宋代，混押的现象多了起来。李清照词一

向格律谨严，但《声声慢》也出现了入声韵尾［k］［t］混押的现象。

寻寻觅觅［miek］，冷冷清清，凄凄惨惨戚戚［tsʰiek］。乍暖还寒时候，最难将息［sǐək］。三杯两盏淡酒，怎敌他，晚来风急［kǐəp］！雁过也，正伤心，却是旧时相识［çǐək］。

满地黄花堆积，憔悴损，如今有谁堪摘［ʈæk］？守着窗儿，独自怎生得黑［xək］！梧桐更兼细雨，到黄昏、点点滴滴［tiek］。这次第，怎一个，愁字了得［tək］！

"急"，《广韵》见母缉部，韵尾为［p］，其他韵脚字韵尾为［k］，［k］［p］混押。

在《中原音韵》中，入派三声的情况是全浊入声归为阳平，次浊入声归为去声，清母入声归上声。

全浊入声归为阳平例举：

"读"：《广韵》定母屋部，入声，现在为阳平。

"绝"：《广韵》从母薛部，入声，现在为阳平。

"习"：《广韵》邪母缉部，入声，现在为阳平。

次浊入声归为去声例举：

"烈"：《广韵》来母薛部，入声，现在为去声。

"蔑"：《广韵》明母屑部，入声，现在为去声。

"涅"：《广韵》泥母屑部，入声，现在为去声。

清母入声归上声例举：

"百"：《广韵》帮母陌部，入声，现在为上声。

"笃"：《广韵》端母沃部，入声，现在为上声。

"渴"：《广韵》溪母曷部，入声，现在为上声。

而到了十七世纪初年，徐孝《重订司马温公等韵图经》的韵表中把中古的全浊入声归为阳平，次浊入声归为去声，清入归为阴阳上去四声。由十四世纪的"清母归上声"到十七世纪的"清入归为阴阳上去四声"，由入派三声到入派四声，说明清母入声演变的复杂性。

那么，如何区别古入声字呢？

（1）普通话中 b，d，g，j，zh，z 六个声母的阳平字，几乎都是古入声字。例如：

b：拔跋白帛薄荸别蹩脖舶伯百勃渤博驳

d：答达得德笛敌嫡跌迭叠碟牒独读牍渎毒夺铎掇

g：格阁蛤胳革隔葛国虢

j：及级极吉急击棘即脊疾集籍夹嚼洁结劫杰竭截局菊掬橘决诀掘角厥橛脚镢觉爵绝

zh：札扎铡宅择翟着折蜇轴竹妯竺烛筑逐浊镯琢啄濯啄拙直值殖质执侄职

z：杂凿则择责贼足卒族昨

（2）以 ue 为韵母的字，除了"嗟""瘸""靴"三字以外，其他都是古入声字。例如：

yue：曰约哕月刖玥悦阅钺乐跃龠钥瀹爚粤岳鸷

nue：虐疟

lue：略掠

jue：噘撅决抉缺诀玦掘桷崛厥蕨厥橛蹶獗谲镢珏孓觉爵嚼爝绝矍攫屩

que：缺阙却悫确榷悫埆鹊雀

xue：薛穴学雪血削

（3）韵母 e 与 d，t，n，l，z，c，s 七个声母相拼，不论什么声调，都是古入声字。例如：

de：得德

te：特忒慝腾螣

ne：讷

le：勒肋泐乐

ze：则择泽责喷赜笮迮舴仄昃帻箦

ce：侧测策册厕（注："厕"，上古音为初母职部，拟音 $[tʃʰĭək]$，入声字，中古音转为初母志部，去声字，拟音 $[tʃʰĭə]$）

se：瑟色塞啬穑涩璱

（4）韵母 uo 与 k，zh，ch，sh，r 五个声母相拼时，都是古入声字。例如：

kuo：阔括廓鞟扩蛞适

zhuo：桌捉涿着酌浊镯琢啄濯擢卓焯倬拙斫鷟浞

chuo：戳绰歠啜辍惙龊婥

shuo：说妁朔搠槊铄硕

ruo：若郚箬蒻蒻

（5）韵母 ie 与 b，p，m，d，t，n，l 七个声母相拼时，都是古入声字，只有"爹"（《广韵》知母麻韵，平声）是个例外。例如：

bie：鳖憋别蟞瘪

pie：撇氕

mie：灭蔑篾蠛

die：碟牒喋蹀谍鲽跌迭眣眰垤耋经叠

tie：帖贴怗铁餮

nie：捏陧聂镊臬镍涅蘖孽啮苶

lie：列冽烈裂洌猎躐捩劣巤迾

（6）韵母 a 与 l，f，z，c，s 五个声母相拼都是古入声字。例如：

la：拉辣邋瘌剌

fa：法伐罚阀乏筏垡发

za：杂匝扎咋砸拶

ca：擦嚓

sa：撒萨卅飒掰靸

（7）韵母部分收鼻音韵尾（-n，-ng）都不是古入声字。

（8）zi，ci，si 三个音节的字，都不是古入声字。

根据以上的分析，中古四声与普通话四声的对应规律，可用下图加以总结。

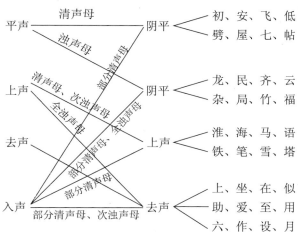

中古四声与普通话四声对应规律图

三、平仄

所谓平仄，指的是声调的长短律和高低律。平即平声，仄即上、去、入声，"仄"字的本意就是倾侧，就是不平，上、去、入三声的调型都不是平的，所以叫仄声。平、上、去、入四个声调，既有音长的不同，又有音高的区别。王力《汉语诗律学》："平声是长的，不升不降的；上、去、入三声都是短的，或升或降的，这样自然就分为平仄两类了。"所以，平仄就是长短调的交替和高低调的交替。古人在旧体诗赋及骈文的创作中，有意或无意地协调不同的声调，而平声与仄声相互调节，就可以使诗歌具有抑扬长短的韵律，给人以音乐性的美感。

四、舒促

舒指平、上、去三声。促指入声，因其发音短促而得名。

舒声韵，简称舒声、舒调，与促声韵相对，读音舒缓，没有韵尾或元音、鼻音韵尾的字。阴声韵和阳声韵都是舒声韵。阴声韵都是元音，声音舒缓。阳声韵虽有辅音韵尾，但是它的辅音是浊鼻辅音，发音时声带颤动，鼻腔也参与共鸣，容易延长。

促声韵，简称促声、促调，与舒声韵相对。它读音短促，有塞音韵尾。以［-p］［-t］［-k］收尾的音节都是促声韵。促声韵的音节在主要元音之后紧接塞音，发音时有阻碍，声音必然短促，不能延长。

第四节　古代常用注音方法

汉字是表意文字，每一个汉字都是形、音、义的结合体，这就有别于完全音素化的拼音文字。虽然汉字绝大部分是形声字，但是人们还是不能通过文字符号本身直接读出正确的音来。因此，古人在注音方面想了许多办法，比较常用的有譬况法、读若法、直音法和反切法。

一、譬况法

譬况法是指具体描述某个字的发音情貌的方法。一般分为以口势譬况、以舌位譬况、以送气急缓和声调长短譬况等。北齐颜之推《颜氏家训·音辞》："逮郑玄注六经，高诱解《吕览》《淮南》，许慎造《说文》，刘熙制《释名》，始有譬况假借以证音字耳。"明代杨慎《丹铅杂录·古人多譬况》："秦汉以前，书籍之文，言多譬况。"《公羊传·庄公二十八年》："《春秋》伐者为客，伐者为主。"何休注："伐人者为客，读伐长言之，齐人语也。见伐者为主，读伐短言之，齐人语也。"这是以声调的长短譬况。"长言""短言"大约是声调的区别。《淮南子·修务训》："胡人有知利者，而人谓之駤。"东汉高诱注："駤读似质，缓气言之者，在舌头乃得。"这是以送气急缓和发音部位譬况，"舌头"大约是指舌尖中音 t〔tʰ〕。《淮南子·地形训》中说："其地宜黍，多旄犀。"高诱注："旄读绸缪之缪，急气言乃得之。"这是以读若法和譬况法综合言之，"缓气言""急气言"大约是指声音的洪细。《释名·释天》："天，以舌腹言之。"这是以发音部位言之，"舌腹"大约指舌根音 h〔x〕。《释名·释天》："风，横口合唇言之。"这是以发音部位和发音方法言之。譬况法只是说明某字发音应该怎样，实际上还不能算是真正的注音方法，因此后来就渐渐地被废弃了。

二、读若法

读若法是指用同音字或音近字给被注字注音，不加以描写的方法。《说文解字》的注音全是读若法，如"媪，女老称也，读若奥""埻，射臬也，读若准"等。

有时"读若"也写成"读如""读近"等。例如：

《吕氏春秋·孟春记》："蛰虫始振。"高诱注："蛰读如《诗》'文王之什'。"

《吕氏春秋》："崔杼之子相与私阋。"高诱注："阋，读近鸿，缓气言之。"

用读若法注音简便易懂，但缺点是不够精准，有时读音只是大致相似，况且随着时间的推移，一些用来做注的字读音发生了变化，后人很难根据注音把握该字的准确读法。另外，通过对《说文解字》"读若（读如）"的分析，发现"读若（读如）"还可说明同源字、异体字、古今字、通假字，这些功能与注音混杂，音同与音近难分，正是这种注音方法的最大不足。

三、直音法

直音法是指选用一个与被注字读音完全相同的汉字来注音的方法。例如：

《汉书·高帝纪》："单父人吕公善沛令。"孟康注："单，音善；父，音甫。"

《离骚》："偭规矩而改错。"洪兴祖注："偭音面。"

《周礼》："拔茅茹。"郑玄注："茅，音苗。"

陈澧在《切韵考》中指出："今直音与古人读若不同，古人读若取其近似，今直音，非确不可。"直音法与读若法相比，是注音方法的一个进步。因为直音指明注音字与被注音字同音，看了注音字立即就能读出被注音字的准确读音。由此可见，直音法比读若法更为精准确切。

直音法产生于汉末。唐代颜师古所注的《汉书》，征引二十三家注，各家都有直音，可见直音法在我国被使用了很长一段时间，时至今日，一些工具书中也偶有用之。但其缺点非常明显：如果某字比较独特、冷僻，没有同音字或注音字也是冷僻字时，就会让人无法得知其读音。如"然"的同音字只有"燃、蚺、髯"三个字，它们都比"然"字生僻，用其中任何一个为"然"字注音，都难以帮助认读。不过，尽管直音法存在这样的缺点，但自后汉以来，仍然经常有人采用，历经近两千年而不衰。古人对直音法变通的方法是，当遇到一个字没有同音字或虽有同音字但很冷僻的情况时，就采用一个与被注音字同声韵而不同声调的字作注音字。例如：

《唐韵》："剑，检去声。"（注：这是用"去声"定"剑"的声调）

《九经字样》："抽，丑平。买，埋上。"（注：平，指平声；上，指上声）

《字汇》："快，倩两切，夬去声。"（注：这是把反切与直音结合起来使用）

以上各例就是唐代唐玄度所说的"但纽四声，定其音旨"。

四、反切法

反切法是我国古代给汉字注音的方法之一，汉语音韵学的发展便是建立在反切法广泛运用的基础之上。反切法最初也称"反"或"翻"，后来叫"切"，为反复切摩之意。它是用两个汉字来为一个汉字注音，前面的字为反切上字（简称切上字或上字），取其声母；后面的字为反切下字（简称切下字或下

字），取其韵母和声调。声母、韵母、声调取出来之后一组合，就是那个汉字的读音，被注音字叫作被反切字（简称被切字）。如"贡，古送切"，就是用"古"的声母、"送"的韵母和声调为"贡"注音。它较之譬况法、读若法、直音法，是更为科学的标音方法，也标志着汉语语音学的开始。在使用拉丁字母注音之前，反切法是中国古代最主要和使用时间最长的注音方法。

（一）反切法的起源

反切法始见于东汉末期，盛行于魏晋，颜之推《颜氏家训·音辞篇》："孙叔言创尔雅音义，是汉末人独知反语，至于魏世，此事大行。"唐代陆德明《经典释文》也说："孙炎始为反语，魏朝以降渐繁。"孙炎是三国时期魏国经学家、训诂学家，陆德明认为是他发明了反切法。实际上在孙炎之前，就有人运用反切注音。例如：

《史记·陈涉世家》："夥颐！涉之为王沈沈者。"东汉应劭注："沈，音长含反。"

《汉书·张良传》："鲰生说我：拒关，毋内诸侯。"东汉服虔曰："鲰，音七垢反。"（颜之推注）

孙炎虽然不是反切法的发明者，但他对反切法的整理、完善、推广有极大的贡献。

（二）反切法的规则

反切上字与被反切字的声母相同，反切下字与被反切字的韵母和声调相同。在拼合过程中反切上字取声母，舍弃其韵母；反切下字取韵母和声调，舍弃其声母。简而言之，上字取声，下字取韵；上定清浊，下定四声。例如：

"红"，胡笼切 h（ú）＋（l）óng→hóng

"照"，之少切 zh（ī）＋（sh）ào→zhào

"判"，普半切 p（ǔ）＋（b）àn→pàn

反切法的基本原理很简单，极容易掌握。因为古人制反切，皆取"音和"，即反切上字与被反切字的声母相同，反切下字与被反切字的声调及韵母相同。但自宋代以后反切法逐渐难学了，这不是它本身出了问题，而是由于语音发生了变化。《切韵》产生于隋末，书中所用反切法多数采用南北朝韵书和经书注音，换而言之，《切韵》及《切韵》系统韵书的反切法，反映的是隋末唐初及这以前的语音，用宋代或宋代以后的语音拼读隋末的反切，自然会使人感到隔膜。有宋人不知"时有古今，地有南北，字有更革，音有转移"的道理，对反切音读不通便谓之"类隔切"。宋代《四声等子》："凡类隔切字，取唇重、唇轻，舌头、舌上，齿头、正齿三音中的清浊同者，谓之类隔。"类指声类，隔者隔碍之谓。如《广韵》："绵，武延切。""绵"是重唇明母字，"武"是轻唇微母字，明微类隔。"贮，丁吕切。""贮"是舌上音知母字，"丁"是舌头音端母字，知端类隔。"鰤，仕垢切。""鰤"是齿头从母字，"仕"是正齿崇母字，从崇类隔。实际上，上古音没有轻唇音、舌上音，正齿二等也归于齿头音，因此上举三例类隔切，在隋朝以前，都应是音和切。钱大昕在《舌音类隔之说不可信》一文中证明了舌上音古归舌头音，后人的类隔切在古人是音和切。他还说："后儒不识古音，谓之类隔，非古人意也。"

既然语音已经发生了变化，今人读唐宋的反切也不能完全顺利地切出字音来了。要想准确拼读中古反切，势必要学习从中古音到现代音的语音演变历史，掌握变读规律，只有这样才能顺利拼读中古反切。下面谈一下今人运用反切法的变读规律。

类隔变读规律一：反切上字声母为 g，k，h，反切下字韵母为齐齿呼、撮口呼，即细音，则被反切字声母 g 变读为 j，k 变读为 q，h 变读为 x。这是因为中古音精组（精 [ts]、清 [tsʰ]、从 [dz]、心 [s]、邪 [z]）和见组（见 [k]、溪 [kʰ]、群 [g]、疑 [ŋ]、晓 [x]、匣 [ɣ]）等齐齿、撮口两呼的字在现代汉语中应分别改为 j，q，x。例如：

见母 [k]："绛"，古巷切 g (ǔ) + (x) iàng→jiàng

"鸡"，古豀切 g (ǔ) + (j) ī→jī

溪母 [kʰ]："启"，康礼切 k (āng) + (l) ǐ→qǐ

"磬"，苦定切 k (ǔ) + (d) ìng→qìng

晓母 [x]："馨"，呼形切 h (ū) + (x) íng → xīn

"孝"，呼教切 h (ū) + (j) iào →xiào

匣母 [ɣ]："学"，胡觉切 h (ú) + (j) úe→xué

"狭"，侯夹切 h (oú) + (j) iá→xiá

类隔变读规律二：反切上字声母为 j，q，x，反切下字韵母为开口呼、合口呼，即洪音，被切字的声母改为 g，k，h 或 z，c，s，这是因为中古音见组开、合两呼的字，在现代汉语中读 g，k，h；而精组开、合两呼的字，在现代汉语中读 z，c，s。例如：

见母〔k〕："恭"，九容切 j（iǔ）＋（r）óng →gōng

"规"，居隋切 j（ū）＋（s）uí→guī

溪母〔kʰ〕："喟"，丘愧切 q（iū）＋（k）uì→kuì

"窥"，去随切 q（ù）＋（s）uí→kuí

群母〔g〕："狂"，渠王切 q（ú）＋（o）uáng→kuáng

"揆"，求癸切 q（iú）＋（g）uǐ→kuí

晓母〔x〕："鼾"，许干切 x（ǔ）＋（g）ān→hān

"毁"，许委切 x（ǔ）＋（w）ěi→huǐ

精母〔ts〕："醉"，将遂切 j（iāng）＋（s）uì→zuì

"紫"，将此切 j（iāng）＋（c）ǐ→zǐ

清母〔tsʰ〕："仓"，七冈切 q（ī）＋（g）āng →cāng

"操"，切刀切 q（iē）＋（d）āo→cāo

从母〔dz〕："从"，疾容切 j（í）＋（r）óng→cóng

"惨"，七感切 q（ī）＋（g）ǎn → cǎn

心母〔s〕："桑"，息郎切 x（ī）＋（l）áng→sáng

"赛"，先代切 x（iān）＋（d）ài→sài

邪母〔z〕："遂"，徐醉切 x（ú）＋（z）uì→suì

"松"，祥容切 x（iáng）＋（r）óng→sōng

类隔变读规律三：反切上字声母为 z，c，s，反切下字韵母为齐齿呼、撮口呼，即细音，则被反切字声母 z 变读为 j，c 变读为 q，s 变读为 x。这种变化的原因与规律二相同。例如：

精母〔ts〕："精"，子盈切 z（ǐ）＋（o）íng →jīng

"镌"，子泉切 z（ǐ）＋（q）uán →juān

清母〔tsʰ〕："千"，苍先切 c（āng）＋（x）iān →qiān

"诠"，此缘切 c（ǐ）＋（o）uán →quán

从母〔dz〕："荐"，在甸切 z（ài）＋（d）iàn →jiàn

"齐"，徂嵇切 c（ú）＋（j）ī→qí

心母〔s〕："先"，苏前切 s（ū）＋（q）ián →xiān

"西"，素鸡切 s（ù）＋（j）ī →xī

邪母〔z〕："徐"，似鱼切 s（ì）＋（o）ú →xú

"详"，似羊切 s（ì）＋（o）iáng →xiáng

类隔变读规律四：反切上字声母为 zh，ch，sh，r，反切下字韵母为齐齿呼、撮口呼，即细音，则被反切字韵母齐齿呼变读为开口呼，撮口呼变读为合口呼。这是因为知系的知、庄、章、日（除止摄开口外）各组字，被反切字要求洪音韵母，如果反切下字今读细音，应该改为相应的洪音。例如：

知母〔ʈ〕："展"，知演切 zh（ǐ）+（o）iǎn →zhǎn

彻母〔ʈʰ〕："敕"，褚力切 ch（ǔ）+（l）ì→chì〔ɿ〕

澄母〔ɖ〕："除"，直鱼切 zh（í）+（o）ú→chú

初母〔tʃʰ〕："楚"，创举切 ch（uàng）+（j）ǔ →chǔ

崇母〔dʒʰ〕："巢"，锄肴切 ch（ú）+（o）iáo →cháo

类隔变读规律五：反切上字是见、晓、影、精（除止摄开口外）、泥、帮各组字，反切下字声母为 zh，ch，zh，r，即知、庄、章、日各组字，它们的韵母是开口呼或合口呼，即洪音，被反切字的韵母要相应地改为齐齿呼或撮口呼，即细音，才能拼合成被反切字的今读。例如：

见组

见母〔k〕："饥"，居脂切 j（ū）+（zh）ī〔ɿ〕→jī

溪母〔kʰ〕："企"，去智切 q（ù）+（zh）ì〔ɿ〕→qǐ

疑母〔ŋ〕："遇"，虞树切 o（ú）+（sh）ù →yù

精组

精母〔ts〕："晋"，即刃切 j（í）+（r）èn → jìn

从母〔dz〕："净"，疾政切 j（í）+（zh）èng →jìng

帮组

帮母〔p〕："痹"，必至切 b（ì）+（zh）ì〔ɿ〕→bì

明母〔m〕："面"，弥战切 m（í）+（zh）àn →miàn

类隔变读规律六：反切上字声母为 b，p，m，反切下字韵母为有 u 或 ü 介音，则被反切字韵母去掉 u 介音，改为开口洪音；或把 ü 介音变读为 i 介音，变为齐齿细音。例如：

帮母〔p〕："簸"，布火切 b（ù）+（h）uǒ →bǒ

"边"，布玄切 b（ù）+（x）uán →biān

滂母〔pʰ〕："潘"，普官切 p（ǔ）+（g）uān →pān

"喷"，普魂切 p（ǔ）+（h）ún →pēn

明母〔m〕："蛮"，莫还切 m（ò）+（h）uán →mán

"敏"，眉殒切 m（éi）+（o）ǔn →mǐn

类隔变读规律七：当反切上字是全浊声母时，若（1）反切下字声调为古仄声，被反切字声母一律变读为不送气声母；（2）反切下字声调为古平声，被反切字声母一律变读为送气声母。

这是由于中古语音的全浊声消失而引起的变化。凡中古全浊声母的字，在现代普通话里念平声的都要送气（擦声不在此例），念仄声的都不送气。例如：

群母〔g〕

平："忌"，渠记切 q（ú）+（j）ì→jì

仄："俭"，巨险切 j（ù）+（x）iǎn →jiǎn

定母〔d〕

平："同"，徒红切 t（ú）+（h）óng →tóng

仄："豆"，田候切 t（ián）+（h）óu →dòu

澄母〔ɖ〕

平："沉"，除深切 ch（ú）+（sh）ēn →chén

仄："阵"，直刃切 zh（í）〔ʅ〕+（r）èn →zhèn

从母〔dz〕

平："秦"，匠邻切 j（iàng）+（l）ín →qín

仄："藏"，徂浪切 c（ú）+（l）àng →cáng

类隔变读规律八：反切上字的声母若是重唇音，而反切下字声母是轻唇音，变读为轻唇音；反之，反切上字的声母若是轻唇音，而反切下字声母为重唇音，变读为重唇音。换言之，反切上下字均为帮组字，由反切下字声母今读的轻唇和重唇，确定被切字声母的轻唇和重唇。例如：

帮母〔p〕："悲"，府眉切 f（ǔ）+（m）éi →bēi

　　　　　　"褊"，方缅切 f（āng）+（m）iǎn →biǎn

滂母〔pʰ〕："忿"，匹问切 p（ǐ）+（o）uèn →fèn

　　　　　　"醅"，芳杯切 f（āng）+（b）ēi →pēi

並母〔b〕："阪"，扶板切 f（ú）+（b）ǎn →bǎn

　　　　　　"谝"，父绵切 f（ù）+（m）ián →piàn

明母〔m〕："靡"，文彼切 o（uén）+（b）ǐ→mǐ

　　　　　　"明"，武兵切 o（ǔ）+（b）īng →míng

类隔变读规律九：反切上字若是清声母，则反切下字声调为阳平的要变读为阴平；反之，反切上字若是浊声母，反切下字声调为阴平的要变读为阳平。这是中古声调以声母的清浊为条件而分化的。今音的阴阳是由中古的清浊变来的。凡中古的清声母字，包括全清与次清的平声字变为阴平；凡中古次浊声母和全浊声母的平声字变为阳平。简而言之，阳浊阴清。例如：

清声母

晓母［x］："兴"，虚陵切 x（ū）＋（l）íng →xīng

影母［o］："谙"，乌含切 o（ū）＋（h）án →ān

心母［s］："心"，息林切 x（ī）＋（l）ín →xīn

见母［k］："居"，九鱼切 j（iǔ）＋（o）ú →jū

溪母［kʰ］："刊"，苦寒切 k（ǔ）＋（h）án →kān

浊声母

匣母［ɣ］："侯"，户钩切 h（ù）＋（g）ōu →hóu

疑母［ŋ］："吴"，五乎切 o（ǔ）＋（h）ū →ú

定母［d］："坛"，徒干切 t（ú）＋（g）ān →tán

泥母［n］："能"，奴登切 n（ú）＋（d）ēng →néng

从母［dz］："存"，徂尊切 c（ú）＋（z）ūn →cún

类隔变读规律十：反切上字是全浊声母，反切下字声调为上声的要变读为去声。这是因为中古全浊的上声字在现代普通话中都念成去声。例如：

匣母［ɣ］："厚"，胡口切 h（ú）＋（k）ǒu →hòu

群母［g］："巨"，其吕切 q（í）＋（l）ǔ →jù

定母［d］："杜"，徒古切 t（ú）＋（g）ǔ →dù

澄母［ɖ］："朕"，直稔切 zh（í）［ʅ］＋（r）ěn →zhèn

从母［dz］："静"，疾郢切 j（í）＋（o）ǐng →jìng

邪母［z］："叙"，徐吕切 x（ú）＋（l）ǔ →xù

第四章

上古音

在音韵学上，把汉语语音发展的历史大致划分为三个阶段，即上古音系统、中古音系统、近代音系统。其中，上古音系统是指上古汉语时期（从西周初年到汉末）的汉语语音，它以《诗经》为代表。

第一节　上古声母

一、关于上古汉语声母演变的几个重要结论

（一）古无轻唇音

凡轻唇之音，古读皆为重唇。《诗》"凡民有丧，匍匐救之"，《檀弓》引《诗》作"扶服"，《家语》引作"扶伏"；又"诞实匍匐"，《释文》"本亦作'扶服'"；《左传》昭十二年（按：此处"昭十二年"有误，《左传》原书为"昭十三年"）"奉壶饮冰，以蒲伏焉"，《释文》"本又作'匍匐'。'蒲'本亦作'扶'"；昭二十一年"扶伏而击之"，《释文》"本或作'匍匐'"；《史记·苏秦传》："嫂委蛇蒲服"、《范雎传》："膝行蒲服"、《淮阴侯传》："俛出袴下蒲伏"、《汉书·霍光传》："中孺扶服叩头"，皆"匍匐"之异文也。

古音"负"如"背"，亦如"倍"。《史记·鲁周公世家》"南面倍依"，《汉书·徐乐传》"南面背依"，"倍"与"背"同，即负扆也。《书·禹贡》"至于陪尾"，《史记》作"负尾"，《汉书》作"倍尾"。《汉书·宣帝纪》"行幸负阳宫"，李斐曰："负音倍。"《东方朔传》"倍阳、宣曲尤幸"，师古曰："倍阳即蒷阳也。"《释名》："负，背也，置项背也。"

古读"附"如"部"。《左传》"部娄无松柏"，《说文》引作"附娄"，云："附娄，小土山也。"（今人称培塿。）《诗》"景命有仆"，《传》："仆，附也。"《广雅》："薄，附也。"

"符"即"蒲"字。《左传》"取人于萑苻之泽"，《释文》："苻音蒲。"《晋书》："蒲洪孙坚，背有草'付'字，改姓符。"

古读"佛"如"弼"，亦如"勃"。《诗》"佛时仔肩"，《释文》："佛，'毛'符弗反，大也。郑音'弼'，辅也。"《学记》"其求之也佛"，《正义》："佛者佛戾也。"《释文》："本又作拂，扶弗反。"《曲礼》"献鸟者佛其首"，《注》："佛，戾也。"《释文》"作'拂'，本又作'佛'，扶弗反"。《晋书》

"赫连勃勃",《宋书》作"佛佛"。乞伏氏亦作"乞佛"。（古音"伏""佛"皆重唇。）"佛"亦作"㐏",《说文》:"㐏,大也,读若'予违汝弼'。"

古读"弗"如"不"。《广韵》"不"与"弗"同分勿切。《说文》:"吴谓之'不律',燕谓之'弗',秦谓之'笔','笔''弗'声相近也。"

古读"弗"如"弼"。《孟子》:"入则无法家拂士。"《史记·夏本纪》:"女匡拂予。"

《论语》"色勃如也",《说文》两引,一作"孛",一作"艴"。《广韵·十一没部》"艴,艴然不悦,蒲没切。"此古音。又八物部:"艴,浅色,敷勿切。"此齐梁以后之音。

古读"蕃"如"卞"。《汉书·成帝纪》引《书》"于蕃时雍"。"于蕃"即"于变"也,《孔宙碑》又云:"于卞时雍"。"卞""变""蕃"皆同音。

古读"藩"如"播"。《周礼·大司乐》"播之以八音",注:"故书'播'为'藩'。杜子春云:'播'当为'藩',读'后稷播百谷'之'播'。"《尚书大传》"播国率相行事",郑《注》:"播"读为"藩"。

古读"偾"如"奔"。《礼·射义》"偾军之将",注:"'偾'读为'偾',覆败也。"《诗·行苇传》引作"奔军之将"。

古读"汾"如"盆"。《庄子·逍遥游篇》"汾水之阳",司马彪、崔譔本皆作"盆水"。

古读"纷"如"豳"。《周礼·司几筵》:"设莞筵纷纯",郑司农云:"'纷'读为'豳'。"

古读"甫"如"圃"。《诗》"东有甫草",《韩诗》作"圃草",薛君《章句》:"圃,博也,有博大茂草也。"郑《笺》云:"甫草,甫田之草也,郑有圃田。"《释文》:"郑音'补'。"《左传》"及甫田之北竟",《释文》:"甫,布五反,本亦作'圃'。"

古音"鲂"如"鳑"。《说文》:"'鲂'或作'鳑'。"《春秋》"晋侯使士鲂来乞师",《公羊传》作"士彭",是"鲂"非轻唇也。

古读"芜"与"蔓"通。《释草》"蔓菁",《释文》云:"'蔓'音'万',本又作'芜',音'无'。"

古读"膴"如"模"。《诗》"民难膴膴",《笺》:"膴,法也。"《释文》:"徐云:郑音'模',又音'武'。《韩诗》作'靡媒'。"《诗》"周原膴膴",《文选注》引《韩诗》作"腜腜",莫来切。"模""腜"声相近。《说文》:

"膴读若模。"

"凤"即"朋"字。《说文》"朋""鹏"皆古文"鸟"字,朋象形,凤飞群鸟从以万数,故以为"朋党"字。《字林》:"鹏,朋党也。古以为'凤'字。"《庄子·逍遥游篇》"其名为鹏",《释文》:"崔音'凤',云'鹏即古凤字,非来仪之凤也'。"宋玉对楚王问云:"鸟有凤而鱼有鲲。凤皇上击九千里,绝云霓,负苍天,足乱浮云,翱翔乎杳冥之上。夫蕃篱之鹞,岂能与之料天地之高哉?"与《庄子》说正同,可知"凤"即"鹏"也。

古读"反"如"变"。《诗》"四矢反兮",《韩诗》作"变"。《说文》"汳水即汴水。"《广韵》以"汳""汴"为二字:"汳",芳万切,在愿韵;"汴",皮变切,在线韵。由不知古无轻唇。

古读"冯"为"凭"。本从"冰"得声。《易》"用冯河",《诗》"不敢冯河",《论语》"暴虎冯河",《春秋》"宋公冯",皆皮冰反。吾衍谓《孟子》诸"冯"、冯妇之"冯"皆皮冰反。按《水经注》:"皇舅寺是太师昌黎凭晋国所造。"考《魏书》冯熙字晋国,文明太后兄也,封昌黎王。是魏时读"冯"姓皮冰反,故或作"凭"也。

古读"房"如"旁"。《广韵》:"阿房,宫名,步光切。"《释名》:"房,旁也,在堂两旁也。"《史记·六国表》秦始皇二十八年"为阿房宫",二世元年"就阿房宫"。宋本皆作"旁","旁""房"古通用。

古读"务"如"牟"。《荀子·成相篇》:"天乙汤论举当,身让卞隋举牟光",即"务光"也。《左传》"莒公子务娄",徐音"莫侯反"。

(节选自钱大昕《十驾斋养新录》,江苏古籍出版社)

1. 结论简介

古无轻唇音是由清代历史学家、汉语学家钱大昕首先提出的汉语声母演变规律。所谓古无轻唇音是指三十六字母中的非 [f]、敷 [fʰ]、奉 [v]、微 [ɱ] 在上古是不存在的。上古时期的唇音声母只有帮组重唇音声母,即帮 [p]、滂 [pʰ]、並 [b]、明 [m],没有非组轻唇音声母,即没有唇齿音声母非 [f]、敷 [fʰ]、奉 [v]、微 [ɱ]。轻唇音是在唐末宋初时期从帮、滂、並、明四母中分化出来的。对钱大昕的这一观点,胡安顺《音韵学通论》做了深入的分析,现转述部分文字并参以己意。

(1)非母 [f] 古读作帮母 [p]。例如:

《论语》:"且在邦(帮母)域之中矣。"《释文》:"'邦'或作'封'(非母）。""而谋动干戈于邦内。"《释文》："郑本作'封内'。"

《诗经》："彼（帮母）交匪敖。"《春秋》襄二十七年《传》引作"匪（非母）交匪敖"。《诗》："彼交匪纾。"《荀子·劝学篇》引作"匪交匪纾"。

《释名》："法（非母），逼（帮母）也，人莫不欲从其志，逼正使有所限也。"

形声字：非（非母）——悲（帮母）；分（非母）——扮（帮母）；反（非母）——版（帮母）；甫（非母）——补（帮母）；发（非母）——拨（帮母）。

另外，非母 [f] 亦可古读作並母 [b]。例如：

《尚书》："方（非母）告无辜于上。"《论衡》引作"旁"（並母）。

（2）敷母 [fʰ] 古读作滂母 [pʰ]。例如：

《诗经》："铺（滂母）敦淮濆。"《释文》："《韩诗》作'敷'。"

形声字：孚（敷母）——脬（滂母）。

另外，敷母 [fʰ] 亦可古读作帮母 [p]。例如：

《诗经》："敷政优优。"《左传》引作"布（帮母）政"。

敷母 [fʰ] 亦可古读作並母 [b]。例如：

《史记·天官书》："星茀（敷母）于河戍。"《索引》云"茀（敷母）音佩（並母），即孛（並母）星也"。

（3）奉 [v] 古读作並母 [b]。例如：

《史记·五帝本纪》："东至蟠（並母）木。"《吕氏春秋》："东至扶（奉母）木。"

《周易·系辞下》"古者庖（並母）牺氏之王天下也"，孔安国《尚书·序》"古者伏（奉母）牺氏之王天下也"。

形声字：冯（奉母）——凭（並母）；伏（奉母）——垘（並母）；凡（奉母）——芃（並母）。

（4）微母 [ŋ] 古读作明母 [m]。例如：

《释名》："望（微母），茫（明母）也，远视茫茫也。"

《左传·文公十八年》："其宰公冉务（微母）人。"《春秋事语》作"其宰公襄目（明母）人"。

《老子》："大器晚（微母）成。"帛书《老子》："大器免（明母）成。"

形声字：文（微母）——闵（明母）；亡（微母）——氓（明母）；无

（微母）——橆（明母）；未（微母）——昧（明母）。

胡安顺的分析还是很细致的。下面我们进一步对现代汉字中的形声字进行分析，也可以证明钱大昕的观点。现代汉字中的形声字，其声旁相当一部分已不能准确地表达字的读音，其中声旁为轻唇音，而由其组成的形声字的声母读作双唇，亦可证实古无轻唇音。例如：

甫（非母 $[f]$）：（帮母）逋铺补博搏（滂母）怖（滂母）（並母）捕簿薄晡
　　　　　　　　（帮母）圃菁（滂母）尃铺痛溥浦（並母）蒲匍葡醋埔脯

发（非母 $[f]$）：（帮母）拨（滂母）泼钹袯

番（非母 $[f]$）：（帮母）藩播嶓（滂母）潘（並母）皤鄱蟠磻

反（非母 $[f]$）：（帮母）板版扳蝂阪坂饭皈（並母）阪叛贩鲅

非（非母 $[f]$）：（帮母）悲辈（並母）排徘俳棑装腓

分（非母 $[f]$）：（帮母）砏颁扮放玢邠（滂母）盼衯（並母）盆葐贫

亡（微母 $[ŋ]$）：（明母）忙盲芒茫氓邙硭牤衁

未（微母 $[ŋ]$）：（明母）妹昧寐魅沬眛抹

文（微母 $[ŋ]$）：（明母）闵玟㟿㟿

2. 论证方法

钱大昕的古无轻唇音的说法主要是运用了考据法，这是我国传统文化中最基本的论证方法，即对上古典籍中大量的通假异文、注音、声训材料及形声字现象进行归纳整理，然后提出基本观点，其逻辑方法是归纳法。

论证一：通假异文

凡同一书的不同版本，或不同的书记载同一事物而字句互异，包括通假字和异体字，都称异文。例如：

《尚书·禹贡》有古泽名"孟猪"，《左传·僖二十八年》作"孟诸"，《周礼·夏官·职方氏》作"望诸"，《史记·夏本纪》作"明都"，《汉书·地理志》作"盟诸"。

以上例子说明唇音的分合以及舌音与齿音的关系。又如：

封域/邦域；附娄/部娄；伏羲/庖羲；芜青/蔓青；汾水/盆水。

异体字：稃、桴声符不同。（孚，奉母；包，帮母）

论证二：古代注音

古代注音即东汉魏晋时给先秦西汉典籍所作的注音，以及《说文解字》中用的读若法、直音法和反切法。例如：

方法1：读若法

《说文解字·女部》："娓，读若媚。"《肉部》："膴，读若谟。"（膴，微母）

方法2：直音法

"茀"音"佩"。（茀，敷母；佩，並母）

"服"音"庖"。（服，奉母；庖，並母）

"闵"音"文"。（闵，明母；文，微母）

方法3：反切法

如阜，府移切；不，甫救切；《释文》："补莫切。"《春秋》："宋公冯。"皆皮冰反。

论证三：同源词

同源词指的是音义相关，由同一语源孳生的词或词素。例如：

《说文解字》："晚，莫也。"《诗毛传》："莫，晚也。""莫""晚"声相近。

论证四：声训材料

这是指通过语音分析词义，用声音相同或相近的字来解释字义，推求字义的来源，说明其命名的缘由。例如：

《释名·释州国》："邦，封也，封有功。"

《尔雅·释言》："靡，无也。"

《诗经·采薇》："靡室靡家。"郑玄笺："靡，无也。"

论证五：形声字

形声字是由两个文或字复合成体，其中的一个文或字表示事物的类别而另一个表示事物的读音。例如：

《史记·鲁世家》"平公子文公"，世本作"愍公"，"愍"与"闵"同，"闵"亦从"文"声。《广韵·十七真部》府巾切有"份邠邠汾砏"，武巾切有"旼汶忞旼"。《二十文部》无分切有"蟁闻闽闉"，符分切有"坟歕轒濆燌豮羵鼢橨鑝蘠轒"。

论证六：一字两读

这里指的是古地名、国名、姓氏的读音。例如：

费：旧读 bì，春秋鲁季孙氏封邑。"费"属敷母。

阿房宫：音 ē，páng，gōng，秦宫名。"房"属奉母。

逢泽：音 péng zé，古泽薮名。"逢"属奉母。

论证七：方言

钱大昕既采用了地域方言，又列举了古今方言为证。例如：

湖南衡山"浮（起）""孵（鸡崽）""（黄）蜂"的声母分别读"袍""抱""烹"。

湖南东安的"冯、逢、缝"等读"彭"。

江西、湖南方音读"无"如"冒"，即"毛"之去声。

论证八：译音

释氏书多用"南无"字，读如"曩模"，梵书入中国，翻译多在东晋时，音犹近古，沙门守其旧音不改，所谓"礼失而求诸野"也。

方言与译音这两条证据特别重要，因为前六条材料证明三十六字母中的轻唇、重唇音在上古只有一类，但证明不了古无轻唇音。符定一在二十世纪三十年代就写过《古有轻唇音说》，来反驳钱大昕的观点。学界之所以会认同古无轻唇音的结论，就是因为钱大昕又从活的语言即方言入手来证明。在现代方言中可以找到只有双唇音而没有轻唇音的方言，却找不到只有轻唇音而没有重唇音的方言。第八条以译音为旁证材料，也极有说服力。这样书面语和活的方言互为佐证，古无轻唇音可谓定论。如"番"字，现今作 fān，但读广东省的地名"番禺"的"番"字时，却又是保留其中古音，读作 pān。可见用作姓氏、地名时，较能保留其中古音。

3. 中学课文释例

（1）通假字释例。

例 1 "赴"通"报"

《孔雀东南飞》："吾今且赴府，不久当还归。"

"赴"借为"报"，前往的意思。"报"，帮母幽部；"赴"，滂母屋部。帮滂旁纽双声，幽屋旁对转。本诗还有一句："卿但暂还家，吾今且报府。""报府"即赴府。《礼记·少仪》："毋拔来，毋报往。"注："报，读为赴疾之赴。"《礼记·乐记》："礼有报而乐有反。"注："读为褒，犹进也，亦赴字。赴、报双声。"《说文通训定声》："报，假借为赴。"按：古无轻唇音，"赴"古读重唇音，与"报"音近。

例2 "拂"通"弼"

《孟子·告子》:"入则无法家拂士。"

"拂"借为"弼",辅佐的意思。"拂",中古为轻唇音,上古为重唇音,滂母物部;"弼",并母物部。滂并旁纽双声,物部叠韵。《汉书·盖宽饶传》:"乃欲以太古久远之事匡拂天子。"颜师古注:"匡,正也。拂读曰弼。"

例3 "不"通"否"

《史记·廉颇蔺相如列传》:"秦王以十五城请易寡人之璧,可予不?"

"不"借为"否",表示疑问。"否",古无轻唇音,凡轻唇音读重唇音,"否"的声母古读为重唇音,故"不""否"同隶帮母之部,为双声叠韵字。

例4 "冯"通"凭"

《赤壁赋》:"浩浩乎如冯虚御风。"

"冯"通"凭"。"冯",中古音声母为轻唇音,而上古音为并母蒸部,声母为重唇音。"凭",亦为并母蒸部,属同音假借。

(2)声转义通释例。

所谓声转义通指的是以声音为枢纽,广泛运用了因声求义之法。因声求义的产生建立在词的声音和意义之间有着密切关系的基础之上。词是声与义的统一体。推求声、韵相同相近的字词在意义上的共通之处,是系联同源字、推求其共同语源的方法之一。

例1 负/背

《齐桓晋文之事》:"斑白者不负戴于道路。"

"负",即背,背东西。"负",《广韵》为房九切,可见唐宋后声母为轻唇音,上古为重唇音,与"背"音近。"负",上古音为并母之部,"背"为帮母职部,帮并旁纽,之职阴入对转。声转义通,为同源词。《愚公移山》:"命夸娥氏二子负二山,一厝朔东,一厝雍南。""负山"即"背山"。《廉颇蔺相如列传》"决负约不偿城"中的"负约"即"背约","负荆请罪"即"背着荆条请罪"。《孔雀东南飞》:"誓天不相负。"即"誓天不相背"。《苏武传》:"律前负汉归匈奴,幸蒙大恩,赐号称王,拥众数万,马畜弥山,富贵如此。""负汉"即"背汉""叛汉"。"负""叛""背"上古皆重唇音。

例2 毋/无/勿/弗/不/亡/未/非/靡

这是一组否定副词,它们的语音如下:

毋/无:明母鱼部,《广韵》武夫切

勿：明母物部，《广韵》文弗切

弗：帮母物部，《广韵》分弗切

不：帮母之部，《广韵》甫鸠切

亡：明母阳部，《广韵》武方切

未：明母物部，《广韵》无沸切

非：帮母微部，《广韵》甫微切

靡：明母歌部，《广韵》文彼切

从《广韵》反切上字来看，它们在中古均为轻唇音，而在上古又均为重唇音。王力在《汉语史稿》中分析了上古汉语的否定副词，指出"不""毋""弗""勿"在语音上有着非常明确的对应规律，即"勿""弗"同属上古音物部，"不"属之部，"毋"属鱼部。声母上，按照古无轻唇音的观点，它们在上古都是重唇音，都可由于声转而通用。《察今》："澭水暴益，荆人弗知。"注："不，与弗同。"王力《同源字典》认为，"不""弗"之物通转，为同源词；"毋""无"同音，为同源词；"无""亡""罔"鱼阳对转，为同源词；"无""莫"鱼铎对转，为同源词；"无""靡"鱼歌通转，为同源词。除韵部外，它们在声母上又都是重唇音，并且分布在帮、明两个声纽里，声音上的系联是清楚的。

例3 文/汶

《屈原列传》："人又谁能以身之察察，受物之汶汶者乎！"

司马贞《索隐》："汶汶者，音闵。汶汶犹昏暗也。""汶"为形声字，现代音为 mén，以"文"得声。"文"，《广韵》无分切，为轻唇音，按古无轻唇音的观点，"文"的上古音应为重唇音。"汶"的上古音为明母文部，与"文"同音。现代人读形声字，部分声旁已不能准确表音，这是因为语音发生了变化。

例4 暮（莫）/晚

《离骚》："惟草木之零落兮，恐美人之迟暮。"

"莫"与"暮"是古今字。"暮"是晚的意思。《说文解字》："晚，莫也。"《广韵》："晚，暮也。""暮"，上古音明母铎部，《广韵》莫故切；"晚"，上古音明母元部，《广韵》无远切。按照古无轻唇音的理论，"晚"的声母应读重唇音，这样，"晚""暮"就同隶于明母，韵部铎元通转。如《采薇》："岁亦莫止。"《笺》："莫，晚也。"

因声求义、声近义通是清人对训诂学的重大发展，由于这一方法的出现，使古籍中的许多千年疑窦涣然冰释，文通理顺。但因声求义，一声之转不是万能的，首先，它必须有所依傍，即要有确凿的文献材料作证据，否则就是沙上建塔、空中楼阁。其次，通假字本字与借字的声韵以及同源字的声韵都应相同或相近。所谓相同，是指声、韵全同；所谓相近，是指声、韵都比较接近，即声母的发音部位相同，如同为唇音或牙音等，韵母符合旁转或对转的条件。

王力在《同源字典·同源字论》中指出："值得反复强调的是，同源字必须是同音或音近的字。这就是说，必须韵部、声母都相同或相近。"王力的这一观点对于因声求义中各个方面的声、韵限制都是适用的。

（3）《诗经》《楚辞》用韵释例。

《采薇》

采薇采薇，薇亦作止。

薇：《广韵》无非切，微母，轻唇音；上古音明母微部〔mǐwəi〕，重唇音。

君子所依，小人所腓。

腓：《广韵》符非切，微母，轻唇音；上古音明母微部〔bǐwəi〕，重唇音。

今我来思，雨雪霏霏。

霏：《广韵》芳非切，非母，轻唇音；上古音帮母微部〔pʰǐwəi〕，重唇音。

《关雎》

求之不得，寤寐思服。

服：《广韵》房六切，奉母，轻唇音；上古音并母职部〔bǐwək〕，重唇音。

《氓》

信誓旦旦，不思其反。

反：《广韵》府远切，非母，轻唇音；上古音帮母元部〔pǐwan〕，重唇音。

《伐檀》

坎坎伐辐兮，置之河之侧兮。

辐：《广韵》方六切，非母，轻唇音；上古音帮母职部〔pǐwək〕，重唇音。

《离骚》

忽奔走以先后兮，及前王之踵武。

武：《广韵》文甫切，微母，轻唇音；上古音明母鱼部［mǐwo］，重唇音。

不吾知其亦已兮，苟余情其信芳。

芳：《广韵》敷方切，敷母，轻唇音；上古音滂母阳部［pʰǐwaŋ］，重唇音。

《湘夫人》

登白蘋兮骋望，与佳期兮夕张。

望：《广韵》巫访切，微母，轻唇音；上古音明母阳部［mǐwaŋ］，重唇音。

桂栋兮兰橑，辛夷楣兮药房。

房：《广韵》符方切，奉母，轻唇音；上古音並母阳部［bǐwaŋ］，重唇音。

白玉兮为镇，疏石兰兮为芳。

芳：《广韵》敷方切，敷母，轻唇音；上古音滂母阳部［pʰǐwaŋ］，重唇音。

《涉江》

乘鄂渚而反顾兮，欸秋冬之绪风。

风：《广韵》方戎切，非母，轻唇音；上古音帮母冬部［pǐwəm］，重唇音。

（二）古无舌上音

古无舌头舌上之分。知、彻、澄三母以今音读之，与照、穿、床无别也，求之古音则与端、透、定无异。《说文》"冲读若动"。《书》"惟予冲人"，《释文》直忠切；古读"直"如"特"；冲子犹童子也。字母家不识古音，读"冲"为"虫"，不知古读"虫"亦如"同"也。《诗》"蕴隆虫虫"，《释文》："直忠反。徐徒冬反。《尔雅》作'爞爞'。郭都冬反。《韩诗》作'烔'，音徒冬反。"是"虫"与"同"音不异。（《春秋》成五年"同盟于虫牢"，杜《注》"陈留封邱县北有桐牢"，是"虫""桐"同音之证。）

古音"中"如"得"。《周礼·师氏》"掌王中失之事"，《注》："故书'中'为'得'。杜子春云：'当为得，记君得失，若《春秋》是也。'《三仓》云：'中，得也。'"（《史记索隐》）《史记·封禅书》"康后与王不相中"，

《周勃传》"勃子胜之尚公主，不相中"，小司马皆训为"得"。《吕览》"以中帝心"，注："中犹得。"

古音"直"如"特"。《诗》"实为我特"，《释文》："《韩诗》作'直'，云相当值也。"《孟子》"直不百步耳"，"直"，但也。"但""直"声相近。《吕览·尚廉篇》"特王子庆忌为之赐而不杀耳"，《注》："特，犹直也。"《檀弓》"行并植于晋国"，《注》："'植'或为'特'。"《王制》"天子犆礿"，《注》："犆犹一也。"《释文》犆音特。《玉藻》"君羔幦虎犆"，《注》："读如'直道而行'之'直'。"《士相见礼》"丧俟事不犆吊"，定本作"特"。《穀梁传》"犆言同时"，本亦作"特"。

古音"竹"如"笃"。《诗》"绿竹猗猗"，《释文》："《韩诗》'竹'作'薄'，音徒沃反。"（今北音定母去声字多误入端母，古音当不甚远。《诗》"麟之定""定之方中"，皆丁佞反。）与"笃"音相近，皆舌音也。"笃""竺"并"从竹"得声。《论语》"君子笃于亲"，汗简云："古文作'竺'。"《书》"曰笃不忘"，《释文》云："本又作'竺'。"《释诂》"竺，厚也"，《释文》云："本又作'笃'。"按《说文》："竺，厚也。""笃厚"字本当作"竺"。经典多用"笃"，以其形声同耳。

古读"沈"如"潭"。《史记·陈涉世家》"夥颐，涉之为王沈沈者"，应劭曰："沈沈，宫室深邃之貌。沈音长含反。"与"潭"同音。韩退之诗"潭潭府中居"，即"沈沈"也。

"侄""娣"本双声字。《公羊释文》"侄"大结反、"娣"大计反，此古音也。《广韵》"侄"有徒结、直一两切。今南北方音皆读直一切，无有作徒结切者。古今音有变易，字母家乃谓舌头舌上交互出切，此昧其根源而强为之词也。

古读"陈"如"田"。《说文》："田，陈也。"齐陈氏后称田氏。陆德明云："陈完奔齐，以国为氏。"而《史记》谓之田氏。是古"田""陈"声同。《吕览·不二篇》"陈骈贵齐"，陈骈即田骈也。

古读"涿"如"独"。《周礼·壶涿氏注》："故书'涿'为'独'。杜子春云：独读为'浊其源'之'浊'，音与'涿'相近，书亦或为'浊'。"

古人多舌音，后代多变为齿音，不独知、彻、澄三母为然也。如《诗》"重穋"字《周礼》作"穜稑"，是"重""穜"同音。陆德明云："禾边作'重'是'重穋'之字，'禾'边作'童'是'穜穋'之字，今人乱之已久。"

予谓古人"重""童"同音。《峄山碑》"动"从"童"，《说文》"董"从"童"。《左传》"予发如此种种"徐仙民作"董董"。古音不独"重穋"读为"穜"，即"穜藝"字亦读如"穜"也。后代读"重"为齿音，并从"重"之字亦改读齿音，此齐梁人强为分别耳，而元朗以为相乱，误矣。（《易》"憧憧往来"，徐仙民音"童"，京房本作"憧"。）

今人以"舟""周"属照母，"輈""啁"属知母，谓有齿舌之分，此不识古音者也。《考工记》"玉楖雕矢磬"，《注》："故书'凋'或为'舟'。"是"舟"有"雕"音。《诗》"何以舟之"，《传》云："舟，带也。"古读"舟"如"雕"，故与"带"声相近。"彫""雕""琱""鵰"皆从周声，"调"亦从"周"声，是古读"周"亦如"雕"也。《考工记》"大车车辕挚"，《注》："挚，輈也。"《释文》："輈音周，一音吊，或竹二反。"陆氏于"輈"字兼收三音："吊"与"雕"有轻重之分，而同为舌音，"周""挚"声相近故又转为竹二反。今分"周"为照母，"竹"为知母，非古音之正矣。

（节选自钱大昕《十驾斋养新录》，江苏古籍出版社）

1. 结论简介

古无舌上音是钱大昕得出的又一重要结论。所谓古无舌上音，是指三十六字母中的知、彻、澄三母在上古时尚未产生，大约到了六世纪，这组音才从端、透、定中分化出来。换言之，舌上音知、彻、澄三母，上古归入端、透、定一组。下面是这项结论的部分证据。

（1）知母［ȶ］古读作端母［t］。例如：

《檀弓》："洿其宫而猪（知母）焉。"《注》："猪，都（端母）也。南方谓都为猪。"

《尚书·禹贡》："大野既猪（知母）。"《史记》作"既都（端母）"。

《七发》："逾岸出追。"李善《注》："追（知母），古堆（端母）字。"

《诗经》："追琢（知母）其章。"《传》："追，凋（端母）也。"

形声字：竹（知母）——笃（端母）；追（知母）——碓（端母）。

（2）彻母［ȶʰ］古读作透母［tʰ］。例如：

《诗经》："左旋右抽（彻母）。"《释文》云："抽，敕由反，《说文解字》作'掏（透母），他（透母）牢反'。"

（3）澄母［ȡ］古读作定母［d］。例如：

《诗经》："其镈斯赵（澄母）。"《释文》："徒（定母）了反。"

《诗经》："俟我于堂（定母）兮。"《笺》云："堂当作'枨'（澄母）。"

《周礼》廪人注："故书廪为'坛'（定母）。杜子春读'坛'为'廛'（澄母）。"

形声字：兆（澄母）——桃（定母）。

以上材料证明三十六字母中的舌头音、舌上音在上古只有一类，或者只有舌头音没有舌上音，或者只有舌上音没有舌头音。之所以得出古无舌上音的结论，重要根据之一是在现代方言中可以找到只有舌头音没有舌上音的方言，而找不到只有舌上音没有舌头音的方言。

2. 论证方法

与古无轻唇音的论证方法一样，钱大昕同样是根据上古典籍中大量的通假异文、注音、声训材料及形声字现象提出来的。

论证一：通假异文

《诗经》云："既伯既祷。"后郑云："祷读如伏诛之诛，今侏大字也。"按《说文》引《诗》"既祃既祷"，"祷"与"祠"文异义同。

《诗经》"滮池北流"，《说文解字》引作"淲沱"。

论证二：古代注音

方法1：直音法

《释文》："辀音周，一音吊，或竹二反。"

方法2：读若法

《说文解字·水部》："冲读若动。"

方法3：反切法

《经典释文》："虫，徐邈音徒冬反。""赵，徒了反。""竹，徒沃反。""侄，大结反。""追，多雷反，又对回反。"

论证三：声训材料

《诗经》："陟其高山。"《笺》："陟，登也。""登""得"声相近。《说文解字·阜部》："陟，登也。"

论证四：形声字

"雕、琱、鹏"皆从"周"声，"调"亦从"周"声，是古读"周"亦如"雕"也。

"动"从"重"声，"澄"从"登"声。

形声字：登——橙、澄、证、撜；兆——窕、佻、桃、逃、跳、挑、眺；

卓——掉、悼、淖；召——迢、笤、苕、貂；重——动、董、恸、湩；占——点、玷、店。

论证五：一字两读

《广韵》"侄"有徒结、直一两切。

论证六：方言

湖南衡山方言"里（头）"读"底"，"（费）力"读"里"。

闽南方言"猪"的声母为 [d]，"陈"的声母为 [t]。

论证七：译音

《汉书·西域传》："无雷国，北与捐毒接。"师古曰："捐毒即身毒、天毒也。"《张骞传》："吾贾人转市之身毒国。"邓展曰："毒音督。"李奇曰："一名天竺。"《后汉书·杜笃传》："摧天督。"注："即天竺国。"然则"竺""笃""毒""督"四文同音。

3. 中学课文释例

（1）通假字释例。

例1　"提"通"摘"（zhì）

《荆轲刺秦王》："是时，侍医夏无且以其所奉药囊提轲。秦王方还柱走，卒惶急不知所为。左右乃曰：'王负剑！王负剑！'遂拔以击荆轲，断其左股。荆轲废，乃引其匕首提秦王，不中，中柱。"

注："提，掷击"。将"提"释为掷击，是"提"通"摘"的缘故。"提"，上古音为定母支部 [die]，《广韵》杜奚切，中古音为定母齐部；"摘"，上古音为定母锡部 [dǐek]，《广韵》直炙切，中古音为澄母昔部。"提""摘"中古音声母不同，但按照古无舌上音的理论，"提""摘"在上古音声母相同，都隶定母，韵部支锡阴入对转。张守节《正义》："提，侄帝反。"司马贞《索隐》："摘与掷同，音持益反。"张守节、司马贞都是唐人，这说明"摘""掷"在唐朝已变成舌上音，属澄母。

例2　"绌"通"黜"

《屈原列传》："屈原既绌，其后秦欲伐齐，秦与楚从亲。"

"绌"通"黜"，罢黜的意思。"绌"与"黜"，《广韵》丑律切，彻母术部 [tʰǐuet]，声母属舌上音。而上古音"绌"与"黜"同隶透母物部 [tʰǐwət]，属舌头音。这说明上古音的透母到了中古已由舌头音分化为舌上音。

例3　"直"通"但"

《寡人之于国也》："不可，直不百步耳，是亦走也。"

"直"通"但"，"直"上古音为定母职部〔dǐək〕，《广韵》除力切，澄母职部。"但"，定母元部〔dan〕，《广韵》徒案切，定母翰部。"直"在中古属澄母，为舌上音，而在上古则属定母，为舌头音。"直""但"为定母双声通假。《庄暴见孟子》："直好世俗之乐耳。"《唐雎不辱使命》："安陵君受地于先王而守之，虽千里不敢易也，岂直五百里哉？"《与高司谏书》："是直可欺当时之人，而不可欺后世也。"上三例，"直"均通"但"，只是的意思。

例4　"住"通"驻"

《赤壁之战》："瑜请得精兵数万人，进住夏口。"

"住"与"驻"，中古皆为舌上音，"住"澄母遇部〔ʤǐu〕；"驻"知母遇部〔ʈǐu〕，遇部叠韵，知澄旁纽，属舌上音。而在上古音中，"住"定母侯部〔dǐwo〕，"驻"端母侯部〔tǐwo〕，侯部叠韵，端定旁纽，属舌头音。《三国志·诸葛亮传》："前锋破，退还，住绵州。"

（2）声转义通释例。

例　超/跳

《齐桓晋文之事》："挟泰山以超北海，语人曰：'我不能'。"

《崤之战》："三十三年春，秦师过周北门，左右免胄而下。超乘者三百乘。"

《促织》："手裁举，则又超忽而跃。"

上三例中的"超"皆释作"跳"。《说文解字》："超，跳也。"语音上，中古音"超"隶彻母宵部〔tʰǐɛu〕，属舌上音，但"超"上古音隶透母宵部〔tʰǐau〕，属舌头音。"跳"隶定母宵部〔dǐau〕。透定旁纽，宵部叠韵。由于同属舌头音，韵部相同，声近而义通，"超""跳"均有跳跃的意思。

（3）由舌头音推论卷舌音释例。

不少学生由于受方言的影响，对普通话的舌上音（卷舌音）发音很困难。利用古无舌上音的原理，即钱大昕所说的"古无舌头、舌上之分，知、彻、澄三母以今音读之，与照、穿、牀无别也。求之古音，则与端、透、定无异"，由形声字带有舌头音（d，t）的偏旁来推论字的卷舌音，也许是一条途径。

途径1：形声字声旁为d，t。

亶：（shan）擅膻嬗羶；（chan）澶；（zhan）亶颤鳣鱣毡。

单：（shan）禅掸椫；（chan）蝉蝉婵阐；（zhan）战。

乇：（cha）侘姹侘坨奼；（zha）咤挓烂咤；（zhai）宅；（zhe）乇。

途径2：同声旁字为 d，t。

周：（zhou）啁赒椆惆翢睭㙇；（chou）稠绸惆绸。

者：（zhe）锗赭；（zhu）著猪诸煮渚箸潴鸇褚楮；（she）奢阇赊；（shu）署暑薯曙睹糌潴。

召：（zhao）昭照招诏沼炤佋姂；（chao）超怊弨招；（shao）邵绍韶苕劭卲招招。

卓：（zhao）罩棹；（zhuo）桌卓焯倬啅；（chuo）绰踔连。

真：（zhen）镇缜稹禛嗔填寘；（chen）嗔瞋；（shen）慎。

寺：（zhi）痔峙洔；（shi）诗侍恃峙埘莳；（chi）持。

占：（zhan）战毡站粘沾霑觇惉坫赻蛅；（zhen）砧枮；（chan）觇；（shan）苫笘炶黏疝。

至：（zhi）致侄郅室桎蛭铚挃姪屋銍桎径。

隹：（zhui）锥椎骓醮；（zhai）翟；（zhi）稚雉只薙；（zhuo）濯攉篧穛；（chu）雏。

耑：（zhui）惴；（chuai）踹揣；（chuan）喘遄篅；（zhuan）颛。

汤：（chang）肠畅场旸；（sha）殇觞汤。

（4）《诗经》《楚辞》用韵释例。

《蒹葭》

溯游从之，宛在水中坻。

坻：《广韵》直尼切，澄母，舌上音；上古音定母脂部〔dǐei〕，舌头音。

《氓》

夙兴夜寐，靡有朝矣。

朝：《广韵》陟遥切，知母，舌上音；上古音端母宵部〔tǐau〕，舌头音。

《采薇》

行道迟迟，载渴载饥。

迟：《广韵》直尼切，澄母，舌上音；上古音定母脂部〔dǐei〕，舌头音。

《国殇》

带长剑兮挟秦弓，首身离兮心不惩。

惩：《广韵》直陵切，澄母，舌上音；上古音定母蒸部〔dǐəŋ〕，舌头音。

《静女》

爱而不见，搔首踟蹰。

蹰：《广韵》直珠切，澄母，舌上音；上古音定母侯部〔dǐwo〕，舌头音。

《硕鼠》

乐国乐国，爰得我直。

直：《广韵》除力切，澄母，舌上音；上古音定母职部〔dǐək〕，舌头音。

《伐檀》

不稼不穑，胡取禾三百廛兮？

廛：《广韵》直连切，澄母，舌上音；上古音定母元部〔dǐan〕，舌头音。

《湘夫人》

登白薠兮骋望，与佳期兮夕张。

张：《广韵》陟良切，知母，舌上音；上古音端母阳部〔tǐaŋ〕，舌头音。

《涉江》

吾方高驰而不顾，驾青虬兮骖白螭。

螭：《广韵》丑知切，彻母，舌上音；上古音透母歌部〔tʰǐa〕，舌头音。

船容与而不进兮，淹回水而凝滞。

滞：《广韵》直例切，澄母，舌上音；上古音定母月部〔dǐat〕，舌头音。

哀吾生之无乐兮，幽独处乎山中。

中：《广韵》陟弓切，知母，舌上音；上古音端母冬部〔tǐwəm〕，舌头音。

（三）娘日二纽归泥

古音有舌头泥组，其后支别，则舌上有娘组，半舌半齿有日组。于古皆泥组也。

何以明之？涅从日声。《广雅·释诂》："涅，泥也。""涅而不缁"，亦为"泥而不滓"。是日、泥音同也。入之声今在日组，古文以入为内。《释名》曰："入，内也。内使还也。"是则入声同内，在泥组也。任之声今在日组，《白虎通德论》《释名》皆云："男，任也。"又曰："南之为言，任也。"《淮南·天文训》曰："南吕者，任包大也。"是古音任同男、南，本在泥组也。

然、而、如、若、尔、耳，此六名者，今皆在日组。而之声类有耐，《易·屯》曰："宜建侯而不宁。"《淮南·原道训》曰："行柔而刚，用弱而强。"

郑康成、高诱皆读而为能，是古音而同耐、能，在泥纽也。如从女声，古音与奴、挈同。音转如奈。《公羊·定八年·传》："如丈夫何？"解诂曰："如，犹奈也。"又转如能，《大雅》："柔远能迩。"笺曰："能，犹伽也。"奈、能与如皆双声，是如在泥纽也。若之声类有诺，称若，称乃，亦双声相转，是若本在泥纽也。《释名》曰："尔，昵也。""泥，迩也。"《书》言"典祀无丰于昵"，以昵为祢。

奭、若、儒、柔，此四名者，今皆在日纽。

人、仁之声，今在日纽。人声之年，为奴颠切。仁声之佞，为乃定切。此则人、仁本音如佞，在泥纽也。冉之声今在日纽，那从冉声，则冉、那以双声相转，在泥纽也。举此数事，今日纽者，古音皆在泥纽。其他以条例比况可也。

今音男女在娘纽，尔女在日纽。古音女本如帑，妻帑、鸟帑，其字则一。《天文志》颜师古说："帑，雌也。"是则帑即女矣。尔女之音，展转为乃，有泥纽，无娘纽也。其他亦各以条例比况可也。

问曰："声音者，本乎水土，中乎同律，发乎唇肳，节族自然。今日古无娘、日，将迫之使不言耶？其故阙也？"答曰："凡语言者，所以为别。日纽之音，进而呼之则近来，退而呼之则近禅。娘纽之音，下气呼之则近影，作气呼之则近疑。古音高朗而切，不相疑似，故无日、娘纽矣。今闽广人亦不能作日纽也。"

（节选自章太炎《国故论衡》，上海古籍出版社）

1. 结论简介

这是章太炎继钱大昕之后得出的结论。所谓"娘日二纽归泥"是指中古三十六字母中的娘母［ȵ］、日母［ȵʑ］二母在上古都读作泥母［n］。清代邹汉勋曾有《论娘泥日一声》，始发其端，章太炎继踵其后，完善了"娘日归泥说"，其证据主要有以下几点。

（1）娘母［ȵ］归泥母［n］。例如：

《尚书》言"典祀无丰于昵（娘母）"，以昵为祢（泥母）。《释兽》"长脊而泥"，以泥为（泥母）。是古尔（日母）声字皆如泥，在泥纽也。

今音泥、昵为泥纽，尼、昵在娘纽。仲尼（娘母），《三苍》作仲跜（泥母），《夏堪碑》曰仲泥（泥母）。足明尼声之字古音皆如跜、泥，有泥纽，无娘纽也。

（2）日母［ȵʑ］归泥母［n］。例如：

人、仁之声，今在日组。人声之年（泥母），为奴颠切。仁声之佞（泥母），为乃定切。此则人、仁本音如佞，在泥组也。

形声字："扔、仍"中古在日母，"乃、鼐"在泥母；

"腻"中古在泥母，"贰"在日母；

"女"中古在泥母，"如、汝"在日母；

"若、箬、偌、鰙"中古在日母，"诺、喏、锘、逽"在泥母；

"儿、呢"中古在日母，"倪、霓、猊、鲵、睨"在泥母；

"弱、蒻、篛"中古在日母，"搦、糯、㮈、溺"在泥母；

"而"中古在日母，"耐"在泥母。

章太炎的"娘日归泥说"，学界有所争议。"娘母归泥"没有问题，因为《切韵》时代还没有娘母，中古以后，泥母分化为三：泥、娘、日。泥组一般只拼一、四等韵，娘组一般只拼二、三等韵，二者互补，所以上古音中合一是可行的。至于"日母归泥"，对此争议很大，不少学者认为"日"与"泥"在上古是分立的。在《广韵》中，日组只拼三等韵，泥母可出现在一、二、三、四等韵前面，如果它们在上古是同一个声母，那么就必须说明它们同在三等韵前分化的原因。如果"娘日"皆归泥母，那么，日组只拼三等韵与可拼二、三等的娘纽在三等韵上就形成对立，如果把它们同归于"泥"，那么这两个声纽都拼三等韵的字后来如何泾渭分明地分化成两支就成了问题，也就是说由于读音完全一样，后来就没有分化条件了。因此"娘"归"泥"没有问题，"日"仍应当独立，这就是音理上的考虑。不过，即使日母、泥母各自独立，但由于二母在上古音均属舌音，从形声材料分析，日、泥两个声母在上古时期的关系确实很密切，"如""汝"都是用"女"字作声符的，"女"属于泥母，"如""汝"属于日母；"匿""诺"都是用"若"作声符的，"匿""诺"属泥母，"若"属日母。声近而义通的语音条件还是具备的。

2. 论证方法

这一结论同样是章太炎根据上古典籍中大量的通假异文、注音、声训材料及形声字现象提出来的。

论证一：通假异文

仲尼（娘母），《三苍》作仲跜（泥母），《夏堪碑》曰仲泥（泥母）。

《管子·水地》："夫水，淖弱（日母）以清。"《庄子·逍遥游》："淖约（影母）若处子。"

论证二：古代注音

方法1：反切法

"弱"，而勺切（日母）。"袅"，奴鸟切（泥母）。"溺"，《说文解字》而灼切（日母），《广韵》奴吊切（泥母）。

方法2：反切法、直音法

"昵"今音尼质切，为娘纽字。古"尼""昵"皆音"泥"。

论证三：形声字

"如"从"女"声，古音与"奴""孥"同。音转如奈。《公羊·定八年传》："如丈夫何？解诂曰："如，犹奈也。"

奱声之煖，音乃管切。奱声之媛，音奴困切。是奱本在泥纽也。弱声之袅，音奴鸟切。弱声之溺，或以为尿，音奴吊切。

论证四：声训材料

"入"之声今在日组，古文以"入"为"内"。《释名》曰："入，内也。内使还也。"是则"入"声同"内"，在泥纽也。

"任"之声今在日组，《白虎通德论》《释名》皆云："男，任也。"又曰："南之为言，任也。"《淮南·天文训》曰："南吕者，任包大也。"是古音"任"同"男""南"，本在泥纽也。

3. 中学课文释例

（1）通假字释例。

例1 "女"通"汝"

《论语十则》："诲女知之乎？"

注："女，通汝，人称代词，你。""女"，《广韵》尼吕切，中古音泥母雨部；"汝"，《广韵》人渚切，中古音日母雨部。"泥""日"在上古音同属鼻舌音，按照章太炎日母归泥的理论，"女""汝"同归泥母，又同属雨部，属同音假借。"汝"又以"女"得声，其自然应同音。

例2 "而"通"能"

《逍遥游》："故夫知效一官，行比一乡，德合一君，而征一国者，其自视也，亦若此矣。"

注："而，通能，才能。""能"隶泥母之部，"而"隶日母之部。按照日纽归泥的观点，"而""能"均隶泥母，之部叠韵，属同音假借。"能"，才能、能力的意思。韩愈《张中丞传后叙》："呜呼，而谓远之贤而为之邪？"句中第一个"而"当训释为"能"，能够的意思，这句话可译为"能够说许远这样贤明的人却会做这样的事吗？"

例3　"而"通"如"

《论语·为政》："人而无信，不知其可也。"

"而"借为"如"，如果的意思。"而"，日母之部；"如"，按照娘日归泥的观点："奈、能与如皆双声，是如在泥纽也。""而"，日母上古音归泥母，则"而""如"均隶泥母。韵部之鱼旁转。《信陵君窃符救赵》："吾攻赵，旦暮且下；而诸侯敢救者，已拔赵，必先移兵击之。"《左传·襄公三十年》："子产而死，谁其嗣之？"而借为"如"还有如同、像的意思。如《察今》："军惊而坏都舍。"《周易·明夷象传》："君子以莅众，用晦而名。"虞注："而，如也。"

（2）声转义通释例。

例1　"乃"之音转

《庖丁解牛》："合于桑林之舞，乃中经首之会。"

"乃"，"而"的意思。"乃"，泥母；"而"，日母。日母归泥。

《逍遥游》："彭祖乃今以久特闻。"

"乃今"，如今。"乃"，泥母；"如"，日母。日母归泥。

《触龙说赵太后》："老臣今者殊不欲食，乃自强步，日三四里，少益嗜食，和于身也。"

"乃"，"仍"也。"仍"，日母；"乃"，泥母。上古音同，日母归泥。

例2　"而"之音转

《冯婉贞》："诸君无意则已，诸君而有意，瞻余马首可矣。"

王引之《经传释词》释"而"："而，犹如也。"黄侃批注："此'而'为'如'之借。""而"，日母之部；"如"，日母鱼部。上古音日母归泥，之鱼旁转。

《赤壁之战》："况操自送死，而可迎之邪？"

裴学海《古书虚字集释》卷七："而，犹宁也。""宁"，泥母；"而"，古读若"耐",与"宁"一声之转。"而可迎之邪"犹"岂可迎之邪"。

例3　如何/若何/奈何

《诗经·伐柯》："伐柯如何？匪斧不克。取妻如何？匪媒不得。"

《殽之战》："以闲敝邑，若何？"

《廉颇蔺相如列传》："取吾璧，不予我城，奈何？"

这三个句子中的"如何""若何""奈何"为固定结构，其义相同。"如""若""奈"一声之转，"如""若"，日母；"奈"，泥母。日母归泥，上古皆同声母。"如""若"韵部为鱼铎对转，"如""奈"韵部为鱼月通转。

例4　沃若/率尔/跃如

《诗经·氓》："桑之未落，其叶沃若。"

《子路曾皙冉有公西华侍坐》："子路率尔而对。"

《孟子·尽心上》："君子引而不发，跃如也。中道而立，能者从之。"

"沃若"犹"沃然"。"若"，日母铎部；"然"，日母元部。上古音都应归泥母，韵部铎元通转。"率尔"犹"率然""尔"。《孔雀东南飞》有"君尔妾亦然"句，"尔""然"对举，"尔"亦"然"也。"尔"，日母脂部；"然"，日母元部。上古音都应归泥母，韵部为脂元旁通转。"跃如"，犹"跃然"也。"如"，日母鱼部；"然"，日母元部。上古音亦应归到泥母，韵部为鱼元通转。

例5　入/内/纳/讷/呐/枘/汭

《鸿门宴》："君为我呼入，吾得兄事之。"

《过秦论》："商君佐之，内立法度，务耕织。"

《出师表》："陛下亦宜自谋，以咨诹善道，察纳雅言，深追先帝遗诏。"

《林教头风雪山神庙》："只听得差拨口里讷出一句'高太尉'三个字来。"

《荀子·非相》："其辩不若其呐也。"

《楚辞·九辩》："圜凿而方枘兮，吾固知其龃龉而难入。"

《孙子》："客绝水而来，勿迎之水汭，令半济而击之，利。"

"入""内""纳""讷""呐""枘""汭"七个字，从声母上可分为三组："入""枘""汭"属日母；"内""纳""汭"属泥母；"呐"属娘母。按照娘日归泥的理论，它们上古音均隶泥母。另外，除了"入"字，其他字都是以"内"为声旁，同时又兼有"内"的进入的意思。如"入"，《说文解字》："入，内也。""内"，《说文解字》："内，入也。自外而入也。""纳"，有收藏、收入、接受的意思。"讷"，从言，从内，表示有话在肚里，难以说出来。"呐"，《说文解字》："从口，从内，内亦声。"意谓讲话迟钝或口吃，好像在口内存留。"枘"，从木，内声，本义为榫头，插入卯眼的木栓，又有动词"楔入"的意思。"汭"，《说文解字》："汭，水相入也。"这些词，以声为枢纽，通过语音分析词义，用声音相同或相近的字来解释字义，进而推求字义的来源。

例6　女/汝/而/若/尔/乃

这一组词在古代汉语中均为第二人称代词。语音上，"女""乃"，泥母；"汝""而""若""尔"，日母。按照日母归泥的理论，"而""汝""若""尔"上古音同归泥母。韵部上，"女"与"汝"同隶鱼部，叠韵；"乃"与"而"同隶之部，叠韵。"汝"，鱼部；"尔"，歌部，鱼歌通转。"汝"，鱼部；"若"，铎部，鱼铎对转。"汝"，鱼部；"而"，之部，鱼之旁转。《项羽本纪》："吾翁即若翁，必欲烹而翁，则幸分我一杯羹。"《汉书·项籍传》："吾翁即汝翁，必欲烹乃翁，幸分我一杯羹。""若""而""汝""乃"，其义为一。可以说，古代汉语中常用的第二人称代词，语音上被泥母一以贯之了。

古无轻唇音、古无舌上音、娘日归泥这三种上古音声类研究成果对中学语文语音教学、推广普通话和文言词语教学，都是大有用处的。上古声类研究成果还有以下几种，下面做简要介绍。

（四）喻三归匣母，喻四归定母

"喻三归匣母，喻四归定母"是近代音韵学家曾运乾提出的音韵学概念。他在《喻母古读考》中提出："喻于二母（近人分喻母三等为于母）本非影母浊声：于母古隶牙声匣母，喻母古隶舌声定母。"意思是说中古的喻母 $[j]$ 在上古一分为二，喻母三等（或称于母、云母）归入匣母 $[\gamma]$，喻母四等（或称以母）归入定母 $[d]$。

喻三归匣这一结论已被大多数人接受。按王力的结论，喻三在《切韵》时还没有从匣母分出来。喻三归匣之所以可以成立，还因为三十六字母中的匣母只和一、二、四等韵相拼，喻三只与三等韵相拼，三等韵是喻三从匣母中分化出的条件。

如古读"瑗"（喻三母）如"奂"，《春秋》左氏经襄二十七"陈孔奂"，《公羊传》作"陈孔瑗"。"奂"，胡玩切，匣母。

又如《卖柑者言》："出之烨然，玉质而金色。"注："烨，从火华声。"今音"烨"，喻三于母；古音从华声。华，匣母。

形声字：云（喻三母［j］）芸耘酝纭沄枟伝妘/魂（匣母［ɣ］）；爰（喻三母［j］）缓媛援瑗褑湲嗳猨椻/缓锾（匣母［ɣ］）

喻四归定的观点还没有被大多数学者所接受。一部分学者认为喻四在上古应当归定，即与定读成一个声母；一部分学者则认为喻四在上古只是与定母读音接近，但还不是一个声母。但从形声材料分析，上古时期喻四［j］与定母［d］等舌头（帮组）的关系比较密切。如"地"（定母）、"荑"（定母）、"稻"（定母）、"代"（定母）、"移"（端母）、"偷"（透母）分别以"也""夷""舀""弋""多""俞"（均喻四，或称以母）作声符。《木兰辞》："不闻机杼声，唯闻女叹息。"吕叔湘《中国文法要略》："但、特、惟等字，也都是'只是'的意思。""但""特"的古声母都是［d］，"惟"的古声母是［j］即喻纽四等字。

（五）照二归精，照三归知（照三归端）

"照二归精，照三归知"是近代学者黄侃提出的。"照二归精"，即中古汉语的庄［tʃ］（照二）、初［tʃʰ］（穿二）、崇［dʒ］（床二）、生［ʃ］（审二）四声母，上古应归于齿头音精［ts］、清［tsʰ］、从［dz］、心［s］四声母。《黄侃论学杂著》："由精而变者，曰庄；由清而变者，曰初；由从而变者，曰床；由心而变者，曰邪，曰疏。"如"则"，中古是精母字，而从"则"得声的"测""侧""厕"都是中古照系二等字；"且"，中古是清母字，而从"且"得声的"粗""组""祖""徂"是中古精系字，"阻""沮""俎"等是中古照系二等字。

"照三归知"（照三归端），即中古汉语的照系三等［tɕ］［tɕʰ］［dʑ］［ɕ］［ʑ］，上古归于知组（端组），即舌音［t］［tʰ］［d］［n］。由于钱大昕已证明了古无舌上音，所以黄侃提出的照系三等字归知系实际上等于归端系。如古读"舟"如"雕"，"专"如"嵩"，"支"如"鞮"。"舟""专""支"是中古照系三等，而"雕""专""鞮"是上古端系。"雕""调"皆从"周"得声，古读"周"如"雕"。"周"是中古照系三等，而"雕"是上古端系。"嗔""瞋""填""阗"用"真"字作声符，"嗔""瞋""真"属于照三，"填""阗"属于端组；"轸""诊""疹""殄"同声符，"轸""诊""疹"属于照三，"殄"字属于端组。

这样看来，上古时期照二与精组、照三与端组的关系确实很密切，上古照二组归精组是完全可能的。但黄侃对自己的观点没有做充分的论证，精组分化出照二组的条件也还没有找到。照三归知也有争议，其原因在于照三组字音来源复杂，并非都来自知组（端组），如"枢，昌朱切""杵，疑古切"都是中古照三组字，而"枢"从"区"得声，"杵"从午得声，"区""午"都是见组字。

根据以上论述，我们可以用表的形式总结一下上古声母的研究结论。

上古声母的研究结论表

时代	语言学家	作品	主要结论	学术界评价
清	钱大昕	《古无轻唇音》	古无轻唇（非敷奉微）	定论
清	钱大昕	《舌音类隔之说不可信》	古无舌上（知彻澄娘）	定论
近代	章太炎	《古音娘日二组归泥说》	娘日归泥	娘归泥定论，日归泥争议
近代	曾运乾	《喻母古读考》	喻三归匣，喻四归定	喻三归匣定论，喻四归定争议
近代	黄侃	《音略》	照二归精，照三归端	有争议

二、上古声母研究的材料、方法及结论

与上古韵部研究相比，上古声母研究一直是个薄弱环节。除了上面提到的古无轻唇音、古无舌上音、喻三归匣已成定论以外，对许多问题都没有达成一致意见，尤其是关于复辅音声母的讨论日益激烈。另外，清代研究古韵分部用力甚勤的学者，不太下功夫研究声母。对上古声母进行系统的研究，一直到钱大昕才开始。

我们可将上面所提到的钱、章、曾、黄几家研究上古声母所使用的材料归纳为以下几种：（1）形声偏旁；（2）通假字及异文；（3）声训；（4）读若；（5）反切；（6）联绵词；（7）方言；（8）外汉对音（主要是梵汉对音）。其方法一般是通过这些材料反映的事实证明中古的某些声母在上古是否存在，然

后从中古声母中去掉那些被证明在上古不存在的声母，剩下的便是上古的声母，这是一种逆推方法。应该说，上古声母的研究比上古韵部或中古声母的研究要困难得多，我们不能再借助韵文（体现为押韵）来研究声母，因为在声母问题上，上古韵文不能作为研究依据，能够利用的只有形声偏旁。所以在这些材料当中，《说文解字》所收录的形声字就成了研究上古声母的最重要材料。《说文解字》共收 9353 个字，其形声字的数量，据清代王筠统计是 7697 个，据朱骏声统计是 7700 个，约占总数的 82.3%。

除了形声偏旁外，还有一些辅助的证据，如异文（"伏羲""庖羲"）、古读（古读"猪"如"都"、古读"尘"如"坛"）、声训（"邦，封也""法，逼也"）、方言等。这样经过几代音韵学家的研究探索、爬梳整理，终于将上古声母系统基本勾勒了出来。

对于上古声母到底有哪些这一问题，学术界主要分为两大派。一派是以黄侃为代表的考古派，即基本上只从材料出发，不考虑分化的条件。黄侃把上古声母定为十九纽，具体情况见下表。

上古声母十九纽表

唇音	帮（非）	滂（敷）	并（奉）	明（微）	
舌音	端（知章）	透（彻昌书）	定（澄船禅）	泥（娘日）	来
齿音	精（庄）	清（初）	从（崇）	心（邪生）	
牙音	见	溪（群）	疑		
喉音	影（以云）	晓	匣		

另一派是以王力为代表的审音派，审音派认为章组与端组、日母与泥母、喻四与定母、庄组与精组在上古只是音近而不是全同。王力在《汉语史稿》《汉语音韵》等书中将上古的声母数确定为三十二，在《汉语语音史》中又增加了一个俟母。具体情况见下表。

上古声母三十三组表

喉		影 [0]						
牙		见 [k]	溪 [kʰ]	群 [g]	疑 [ŋ]		晓 [x]	匣 [ɣ]
舌齿	舌头	端 [t]	透 [tʰ]	定 [d]	泥 [n]	来 [l]		
	舌面	章 [ȶ]	昌 [ȶʰ]	船 [ȡ]	日 [ȵʑ]	余 [ʎ]	书 [ɕ]	禅 [ʑ]
	正齿	庄 [ʧ]	初 [ʧʰ]	崇 [ʤ]			生 [ʃ]	俟 [ʒ]
	齿头	精 [ts]	清 [tsʰ]	从 [dz]			心 [s]	邪 [z]
唇		帮 [p]	滂 [pʰ]	並 [b]	明 [m]			

三、上古声母常用字

上表把上古三十二个声母按传统的发音部位分类（喉、牙、舌、齿、唇）排列出来，下面列举常用字，以供参考。收在同一声母下的字，按今音的韵母次序排列。

（一）喉音

1. 影母

阿鸦鸭押压亚轧握洼蛙挖恶遏厄扼轭窝涡倭斡握渥幄龌沃谒噎约猗漪伊医衣依揖一壹倚椅缢殪翳懿肄意邑悒浥忆亿臆抑益乌呜污屋淤迂纡于妪郁彧哀埃唉蔼霭矮爱暖瑷隘偎煨葳威猥委畏慰尉熬坳袄媪奥懊澳夭妖幺窈要欧鸥瓯殴呕忧优庵幽黝幼庵谙鹌安鞍暗闇按案淹阉腌焉鄢嫣烟燕阏胭奄掩偃蝘厌餍晏堰燕咽宴豌弯湾碗宛婉菀畹腕惋蜎冤鸳渊苑怨恩音阴瘖因姻茵湮埋殷饮隐荫印蕴愠酝益汪枉鹰膺莺樱鹦英婴撄缨萦娄罃影应映翁瓮雍壅邕拥

（二）牙音

2. 晓母

哈虾瞎花化呵喝豁赫吓火伙货霍藿歇蝎胁血靴酗义牺曦巇嘻嬉僖禧熹熙希稀晞歆吸喜戏饩呼虎浒琥岵笏虚嘘吁许诩栩酗煦畜蓄旭咍海醢黑灰麾挥辉晖徽悔毁贿晦诲喙讳卉蒿薅好郝楔器晓孝吼休朽嗅憨鼾喊罕汉掀险猃显宪献欢唤焕涣奂轩喧暄萱垧烜咺绚衅焮昏婚阍荤熏曛勋训夯香乡享响飨向荒肓慌谎亨兴馨兄凶匈汹胸

3. 匣（中古的匣母和喻三）母

霞瑕遐暇狭峡洽匣狎侠辖下夏厦华骅滑猾桦画话划何河菏禾和龢合盒盍阖

曷貉劾核贺褐鹤活祸获镬或惑获谐鞋携协挟颉絜械薤蟹邂学穴兮奚傒檄系胡湖糊葫胡弧狐壶瓠乎蝴斛縠鷇户沪扈怙祜互护孩骸亥害骇淮怀槐坏回茴汇溃会绘惠蕙慧蟪豪毫号壕浩皓颢昊镐肴淆效校侯喉猴厚后候堠酣含函涵颔邯寒韩撼菡憾旱汗捍翰瀚舰槛咸衔嫌闲娴贤弦舷陷馅限苋见现县桓貆还环寰鬟圜缓浣换幻患宦豢完丸纨皖莞玄悬泫眩炫衔痕很恨浑魂混圂溷行航杭降项巷黄簧璜皇煌惶遑凰蝗篁晃幌恒衡蘅桁横茎形型刑陉荥杏荇幸萤荧弘簧宏闳竑红洪鸿虹讧曰越钺粤樾熠于盂竽雩雨宇禹羽芋域汇为帷韦违围帏逶闱伟炜苇纬卫位胃渭谓猬尤邮疣有友又右佑宥囿侑炎员圆圜袁园猿辕爰援垣远院瑗媛云耘芸陨殒韵运晕王往旺莹荣

4. 见母

家加枷嘉稼佳夹荚颊铗假贾毆甲稼嫁架驾价瓜刮剐寡挂卦歌哥戈鸽割葛阁格骼隔革个各柯锅郭国虢帼馘果裹过括皆阶秸喈街揭结劫孑羯洁解介界芥疥届戒诫偕厥蹶蕨决诀抉谲攫觉珏催鸡稽笄羁畸饥肌几基箕萁姬机讥饥激击急级汲伋吉棘亟殛麂己给戟计继击蓟髻寄冀骥纪记既暨季姑沽辜蛄孤觚古估牯股瞽贾蛊骨汩谷縠故固锢雇顾忽惚居车裾拘驹俱橘菊鞠掬举苣矩据锯倨踞句屦该垓赅改概溉盖丐乖拐怪夬会侩浍桧脍绘瑰圭闺规龟归诡轨晷簋癸鬼剑桂贵高膏篙皋羔糕缟杲搞告诰绞狡佼姣矫皎缴皦脚角教校较叫徼枭勾钩沟狗苟垢彀够构购媾姤鸠纠究赳九久玖韭灸救厩疚甘柑泔干肝竿感敢捍赣旰缄监兼缣蒹艰间奸肩坚减碱检简柬拣蹇茧鉴监剑谏涧建见官棺观冠鳏关管贯灌罐盥惯涓鹃蠲卷眷畎跟根艮亘今金襟巾斤筋矜锦紧谨禁劲衮鲧滚昆琨鲲均钧君军冈刚纲钢缸肛港岗疆僵彊姜缰江襁讲降绛光广矿更庚羹耕梗鲠耿埂竞京荆惊经泾景警儆颈刭境敬竟镜劲径胲公工功攻弓躬宫恭供龚拱巩贡共垧扃炯

5. 溪母

掐恰夸姱跨胯珂轲科窠蝌颗壳可课克刻客阔廓鞟怯愜箧契锲阙缺阕却确悫搋溪敧欺崎启棨綮绮企起杞屺芑岂乞跂器弃呿气泣枯刳骷窟哭苦库裤酷喾祛胠区躯驱屈诎曲去墟开揩凯恺铠垲闿慨楷锴忾蒯块快哙盔亏窥魁奎睽傀喟恢诙考烤靠犒敲巧窍抠口叩扣寇丘邱蚯堪戡龛勘看刊坎埳侃瞰阚谦悭愆搴褰牵嗛遣缱遣欠歉纤宽款犬劝券恳垦肯钦嵚衾坤髡捆阃困康糠慷抗伉亢羌腔匡筐旷圹纩框眶坑铿砼卿轻倾顷庆磬馨空孔恐控芎穹

6. 群母

桀杰竭碣茄伽掘倔崛瘸屐极技妓伎芰骑暨忌悸期局巨拒距炬讵遽醵剧具俱

惧瞿衢渠跪柜乔桥侨荞翘臼舅咎旧柩求球逑裘仇虬俭件键健钳箝黔钤干虔茕倦圈卷蜷拳权仅廑瑾馑近琴芩禽擒勤懃芹窘郡群强狂竞鲸黥勍擎檠共琼蛩穷邛

7. 疑母

牙芽衙涯崖讶迓瓦蛾鹅俄娥峨讹额饿愕颚莩鄂噩鳄我卧业虐疟月刖岳乐倪霓麑猊輗蜺拟逆宜仪疑嶷蚁艺刈诣羿谊义议劓屹鹬吴蜈吾梧鼯五伍午仵忤误悟晤寤兀鱼渔禹隅愚虞娱语御驭遇寓玉狱皑呆碍艾外危桅鬼巍伪魏敖熬螯獒骜翱傲尧咬偶耦藕岸岩严颜言研妍俨眼验雁彦谚唁砚阮玩顽元沅鼋原源愿吟银垠龈卬昂凝迎喁颙

（三）舌音

8. 端（中古端、知两母）母

答搭耷妲鞑打得德多掇朵氏低羝堤滴嫡镝的底抵邸柢帝蒂谛嚏都督堵赌覩肚笃妒蠹呆戴带堆碓对刀舠岛捣祷倒到刁貂雕凋琱钓吊鸟兜斗抖陡耽眈酖湛担丹单箪殚胆疸旦掸颠巅癫滇点典玷店坫垫殿端短断锻敦墩顿当珰党挡登灯等凳丁钉叮顶鼎订东冬董懂冻栋札咤阼蛰辄哲磔谪卓桌涿琢啄辍知蜘絷觯征智致轾质置窒猪诛蛛株邾竹筑竺贮着驻注摘追缀朝着罩嘲啁肘昼沾鳣邅展辗站转传珍贞祯镇瑱张长涨帐胀桩征症中忠衷冢

9. 透（中古透、彻两母）母

他它塔獭踏榻闼挞忒慝忑拖脱托妥唾柝橐拓魄箨择贴帖铁餮梯踢剔体替屉涕剃薙惕逖倜突秃土吐兔菟台胎态太汰泰推腿退蜕帨叨滔掏鞱绦弢绦饕讨佻挑桃跳粜偷透贪坍滩摊瘫忐毯坦探炭叹添天忝腆脲瑱湍疃吞汤镗倘躺烫趟听厅汀町莛通桶捅统痛诧彻撤掣螭魑郗痴笞耻饬敕褚楮黜怵畜慉拆虿超抽瘳丑觇谄侦琛郴椿伥昶畅怅凼瞠撑蛏柽頳逞骋忡宠

10. 定（中古定、澄两母）母

达大特夺铎舵驮堕惰度踱陀驼沱跎酡鼍跌叠碟牒蝶谍迭氎垤绖耋笛迪敌狄荻翟籴涤籴弟悌娣第睇递棣禘缔地啼蹄绨稊荑题提醍独读渎犊渎椟毒杜肚度渡镀徒屠途涂荼图突凸待怠殆迨绐代袋岱黛玳逮隶苔台抬骀队兑颓导道稻蹈盗悼畴涛焘桃逃咷陶淘掉调蕈条调迢苕窕挑豆逗痘荳窦头投淡啖惔澹诞但惮蛋覃潭谭坛昙谈痰坛檀祖簟垫电奠殿淀甸佃敁钿淀甜恬田填阗殄断段缎团抟囤沌盾钝遁遯屯豚臀荡宕砀唐糖塘螗棠堂螳邓滕腾誊藤滕锭定亭停廷庭霆蜓艇挺梃动洞恫峒同铜桐筒童僮瞳潼彤佟侗择辙蛰着浊濯擢掷池驰篪踟迟墀坻持术逐舳

蠋躅杼宁苎绝箸柱住除储躇厨橱蹰翟绹坠椎槌锤棹召赵肇兆晁朝潮轴妯纣宙胄酎绌绸稠筹俦畴踌湛绽缠廛躔篆传椽朕焻阵沉陈尘橙丈杖仗长苌肠场撞幢郑澄惩枨呈程醒重仲冲虫

11. 泥（中古泥、娘两母）母

纳衲那讷挪懦糯诺捏聂镊蹑湟泥尼呢怩你腻昵匿溺奴孥驽努弩怒女钮乃奶耐鼐奈柰馁内猱谎谀饶呶脑恼闹淖袅尿褥纽扭狃钮男南楠喃难赧黏拈鲇年碾捻撵念暖嫩囊娘酿能宁佞泞农依脓浓

12. 来母

拉邋腊蜡辣剌乐勒仂捋罗萝锣箩逻骡螺脶裸摞洛落骆络猎鬣躐烈列裂劣略掠犁黎藜鲡离篱漓蓠缡罹骊鹂梨厘狸嫠牦礼澧醴蠡李里理鲤俚娌例厉励砺蛎丽俪隶戾唳荔詈利痢茢吏立粒笠苙栗力历沥枥砾栎鬲卢炉颅泸芦鲈垆鸬轳庐胪鲁卤虏掳路赂露潞璐辂鹭禄碌鹿麓簏辘陆戮录驴闾吕侣旅膂缕褛屡履虑律绿来莱涞睐赉赖癞籁濑勒雷擂累嫘蕾磊累垒耒诔酹颣类泪肋捞劳痨牢醪唠老涝烙酪落燎僚辽撩缭疗聊寥蓼了廖料镣楼耧娄蝼搂嵝漏陋镂瘘流硫旒刘浏留榴瘤琉柳绺馏溜六蒌岚蓝篮褴阑兰拦澜览揽懒滥缆烂廉镰帘奁帝濂连涟鲢联怜莲敛脸殓练炼栋恋銮鸾峦栾卵乱林淋琳霖临邻磷鳞麟嶙辚璘凛廪懔赁吝蔺遴论仑轮伦纶抡郎廊狼琅榔琅莨郎浪良凉量粮梁粱两纲亮谅辆冷陵凌菱绫鲮灵铃伶零龄玲聆翎瓴羚囹领岭令龙笼咙聋胧珑隆窿陇垄弄

13. 余（喻四）母

耶爷也野冶夜叶页曳拽掖液腋悦阅跃钥沦移迻夷姨痍彝怡贻诒胰颐圯遗迤匜已以苡杝裔易异溢镒逸佚轶泆佾亦奕弈译绎驿峄怿斁埸疫役予余异舆欤俞榆逾渝愉瑜臾腴萸庾与寙誉豫预愈裕喻谕吁聿乔遹鹬育毓昱煜鬻欲浴峪维惟唯摇谣窑遥瑶姚舀鹞耀曜药攸悠由油游犹莸輶蚰酉莠牖卣羑诱柚釉盐檐阎延筵蜓蜒涎沿琰剡演衍兖艳滟焰鸢缘淫霪寅夤蝾引蚓尹胤匀允孕羊洋佯祥阳杨扬疡炀养痒恙样漾蝇盈楹赢嬴瀛营茔郢颖颕媵融容熔溶蓉庸佣墉甬勇涌俑踊桶用佣

14. 章（照三）母

遮折者赭蔗柘鹧浙拙酌灼斫焯支枝肢卮栀祗脂祇之芝汁织只执职摭跖纸咫帜枳旨指止趾址沚芷制贽至挚絷鸷志痣识帜桎蛭质锧觯炙诸朱珠侏铢烛煮渚主尘嘱瞩纛注炷蛀铸祝锥佳赘惴昭招召沼照诏周赒舟州洲粥帚咒詹瞻占毡鹯旃栴占战颤专砖颛针剸箴真甄枕诊疹畛轸缜稹振震赈谆准章樟漳彰璋鄣掌障瘴正征钲整拯证症政终螽钟锺盅种肿众

15. 昌（穿三）母

车扯撑绰啜鸥蚩嗤媸侈齿尺炽叱赤斥出处杵触枢姝吹炊弨丑臭襜襜阐川穿
喘舛串钏嗔瞋称春蠢昌倡猖阊菖鲳敞厂氅唱偁秤充冲憧铳

16. 船（床三）母

蛇舌射麝实食蚀示谥秫赎术述船神葚唇漘盾吮顺乘塍绳渑剩

17. 书（审三）母

奢赊舍赦摄设说烁铄翅啻施尸鸤箸诗湿失识豕弛矢屎始世势试弑式轼拭饰
室适释爽书舒抒纾输叔菽暑鼠黍庶恕戍倏束水税帨烧少收手首守兽狩苫膻扇煽
陕闪深身申伸呻绅娠审沈哂矧舜瞬商伤殇觞赏晌饷升声胜圣春

18. 禅母

畲折社涉硕匙豉时埘莳鲥十什拾宽石誓逝噬筮氏是视嗜市恃侍殊受孰熟淑
署薯蜀属墅曙竖树澍谁垂睡瑞韶勺芍绍邵劭召仇酬受绶授寿售蟾禅蝉单婵澶刬
赡善膳鄯嬗擅遄忱谌晨辰宸臣甚肾慎蜃纯莼醇淳鹑常尝偿嫦裳徜上尚承丞成
城盛

19. 日母

惹热若箬弱日驲儿而腼鲕尔迩耳洱饵珥二贰刵如茹儒濡汝乳孺入辱褥缛蓐
蕤蕊芮枘蜹饶荛扰绕柔揉鞣蹂肉髯然燃胹染冉苒廿软壬任人仁稔忍荏妊纴刃认
韧仞轫闰润瓤攘穰穰壤让仍礽戎绒茸

（四）齿音

20. 精母

匝则作左佐做嗟接睫节疖姐借爵赀觜訾资姿咨粢谘兹滋孳孜紫姊秭子梓恣
跻赍甾积即鲫挤脊祭际稷济霁鲫稷迹迹绩租卒鏃足祖组蹙灾栽哉宰载再嘴最醉
樵遭糟早蚤枣澡藻躁灶焦蕉椒鹪僬剿醮醋雀簪攒赞尖歼煎笺剪翦戬僭箭溅荐钻
纂缵镌褊綷津尽浸进晋揖缙尊樽遵俊骏峻僬臧赃葬将浆桨奖蒋酱增曾憎赠罾缯
甑精晶旌睛菁井棕鬃宗瑽纵踪总粽综

21. 清母

擦搓磋蹉撮瑳挫锉刭错措厝切且妻鹊雌此泚玼刺次妻凄萋七漆戚砌缉葺粗
醋猝簇蔟蹴促疽趄趋取娶趣猜采彩菜蔡崔催漼璀淬啐脆毳翠操糙草悄愀俏峭秋
楸湫鳅秋参骖餐惨憯粲灿璨签佥迁千仟阡浅牷桦倩蒨茜佥窜爨悛诠铨痊荃侵骎
亲寝村忖寸竣仓苍舱沧鸧伧枪抢跄锖蹡清青鲭蜻请聪璁骢囱匆忽葱枞

22. 从母

杂砸昨凿坐座祚胙阼柞酢作瘥嵯捷截藉绝嚼爝渍眦眥自字牸疵瓷茨慈磁集辑疾蒺籍瘠荠剂寂齐脐蛴族徂俎聚在才财材裁贼罪摧萃悴瘁皂造曹槽嘈嘈樵谯憔诮就鹫酋遒蟝暂瓒蚕惭残渐践贱饯荐潜钱前隽泉全尽秦存奘藏臓匠墙嫱樯蔷赠曾层静靖婧靓净情晴丛琼淙从

23. 心母

撒飒卅萨塞娑襄梭莎锁琐索些楔写泻卸薛削雪伺斯撕厮私司丝思缌偲死赐四泗驷肆笥栖西犀息熄悉蟋膝惜析淅晰皙媳昔腊锡洗玺徙细苏酥素诉愬溯速肃夙宿粟胥须篓戍絮壻恤腮鳃塞赛粹虽绥睢髓碎岁祟邃燥臊骚搔扫嫂鞘消宵霄硝销逍萧箫潇小筱笑肖啸修羞宿秀锈绣三伞散姗珊暹纤孅铦仙籼鲜先跹癣狖铣跣洗线霰酸狻算蒜宣瑄选渲心辛新薪信匈孙狲荪飧损笋隼浚浚峻荀询洵恂汛讯巽逊迅桑丧颡嗓松菘淞嵩悚竦耸怂送宋

24. 邪母

邪斜谢榭词祠辞兕似祀巳杞姒耜汜寺嗣饲夕习袭隰席俗徐序叙绪续屿随隋遂隧燧穗囚泗袖岫涎羡旋璇碹烬寻浔旬循巡驯殉徇详祥翔庠象像橡诵颂讼

25. 庄(照二)母

查扎札鲊眨诈榨抓爪责帻簀仄昃侧捉鲰淄辎菑锱缁滓第栉斋窄债笮邹驺绉斩醡盏簪榛蓁溱庄装妆壮诤

26. 初(穿二)母

栅叉差插察岔刹侧测策册龊厕初刍楚础钗揣龊抄钞炒吵搋铲刬忏羼篡囟拴涮参谶衬龀疮窗闯创怆

27. 崇(床二)母

闸铡苲乍镯俟士仕柿事锄雏寨砦豺侪柴巢骤愁栈馋谗巉孱潺撰馔岑涔状床崇

28. 生(审二,亦称山母)母

洒沙纱鲨杉杀煞铩傻刷涩瑟啬穑色缩所朔槊数师狮虱史使驶梳疏蔬漱筛骰晒衰帅率蟀梢捎筲鞘稍潲搜飕馊艘廋溲瘦产掺衫芟山删潸讪汕疝森参诜駪渗霜孀双爽生牲笙甥省

(五)唇音

29. 帮(中古帮、非两母)母

巴疤八霸波播钵拨剥博驳伯跛簸迫憋别逼彼鄙匕比妣笔蔽蓖闭壁裨俾臂泌

秘闟毖庇瘭畀毕必碧璧辟壁补卜布濮谱圃摆百柏拜杯碑卑悲北贝辈背臂鞴褒包胞苞剥宝保堡葆褓鸨饱报豹爆臕镰标飙彪表班斑颁般搬板版扮半绊砭鞭编鳊边笾蝙贬穸褊扁匾变偏遍奔贲本畚彬斌邠幽宾滨濒殡鬓傧摈帮邦浜榜膀膀谤崩绷迸槟冰兵禀秉丙炳邴昺柄饼并摒发法发福蝠幅辐府腑俯斧甫脯黼付咐赋傅富腹复非扉绯飞匪筐诽废痱沸否缶藩蕃反返贩畈分吩粉粪奋喷方坊枋仿防航放风封葑讽

30. 滂（中古滂、敷两母）母

葩怕帕坡颇泼叵破粕魄撇瞥睥批砒坯披丕伾秠纰劈霹嚭匹癖媲濞譬屁僻醅怖铺扑仆菩普溥浦璞朴拍湃派胚醅沛霈配抛泡炮飘漂缥剽剖攀潘番盼判泮篇偏翩骗片喷缤姘品聘滂雾雱胖烹澎怦砰抨傅敷孵郛荸稃麸郭俘孚拂佛抚拊赴讣副覆蝮妃霏菲騑斐肺费泛芬纷氛雾芳妨仿彷访捧丰沣酆峰蜂锋烽

31. 並（中古並、奉两母）母

拔跋魃茇耙杷琶罢爬钹勃渤泊箔帛舶薄婆都别蹩鼻敝毙陛髀婢避比篦弼愎鼙皮疲埤脾裨陴毗貔枇琵蚍否痞圮辟薜铠哺捕部簿步埠蒲菩脯葡匐仆瀑曝白稗败排徘徘牌倍蓓背悖焙被备培陪赔裴邳佩鞴抱鲍暴袍咆庖匏跑瓟殍荸瘢瓣办伴拌盘蟠磻叛畔辨辩弁昪卞汴忭辫便缠梗骈谝笨盆膑贫频濒苹颦嫔牝傍棒蚌旁膀彷庞朋鹏彭膨篷蓬病并凭冯凭平坪评苹瓶屏洴乏伐阀罚佛符苻夫蚨扶芙凫浮蜉桴萄罘涪服鹏伏茯袱釜腐辅父附驸鲋赙妇负阜缚复复馥鳆肥淝腓翡吠帆凡烦繁蘩燔璠膰藩蕃樊矾范犯梵饭焚汾棼蚡粉坟愤忿分份防房鲂肪冯逢缝风奉俸

32. 明（中古明、微两母）母

麻麻马玛骂祃摸魔磨摩磨馍模谟膜末抹沫没殁莫寞漠墨默陌貊貉灭蔑篾迷谜縻糜弥猕麇米靡弭密蜜宓谧觅幂汨姥母拇亩牡暮慕墓募幕木沐目穆牧睦苜埋霾买卖迈劢麦脉梅枚媒煤莓玫眉嵋湄楣霉每浼美袂妹昧媚魅寐猫毛氂旄牦茅矛蝥卯昴茆冒帽瑁耄貌茂贸懋督耄苗描藐渺秒眇庙妙缪谋眸侔牟某谬蛮瞒蹒谩鳗馒蔓满慢嫚缦漫幔墁曼绵棉眠免勉娩冕缅愐沔偭沔渑丐晅面门扪闷潣岷缗闽旻闵悯敏愍泯偭皿忙芒茫邙尨庞盲虻氓莽蟒漭薨萌盟蒙艨朦檬猛懵孟梦明鸣名铭冥溟瞑蓂瞑螟茗酩命袜巫诬无毋芜武鹉舞忤庑侮务雾鹜鹙婺物勿微薇尾娓未味晚挽万蔓曼文纹蚊雯闻吻刎紊问扶碶亡忘罔网惘辋魍妄望

第二节　上古韵母

一、上古韵母研究的材料和方法

上古韵母研究的材料主要是《诗经》《楚辞》以及上古其他韵文的入韵字和汉字的形声系统。

上古韵母的研究是从韵部开始的。因为后人读《诗经》时，发现有的篇章读起来不协韵。例如，《关雎》的第一章和第二章头四句的韵脚"鸠""洲""逑""流""求"都是《广韵》尤韵字，到今天用普通话读也还押韵，但后面的就不押韵了，"服"和"侧"、"采"和"友"、"芼"和"乐"不仅主要元音不同，而且韵尾也不同。再如，《硕鼠》第二章的韵脚字是"鼠""麦""汝""德""汝""国""国""直"，读起来有些拗口，实际上本章诗是鱼部和职部互押。

音韵学家考求古韵部的主要方法是系联法，即把韵文中押韵的韵脚字归类，凡是能够押韵的韵脚字串成一串，每一串就基本属于一部。主要资料是《诗经》，再扩大就是《楚辞》和其他韵文。具体步骤是先掌握《诗经》押韵的规律、韵脚字的位置，然后用系联法将《诗经》韵脚字分析归纳为若干组，有多少组就说明上古有多少韵部，然后对《楚辞》《易经》等其他先秦韵文进行系联以验证《诗经》分部的正确性，并扩大各部的归字，最后还要和《广韵》加以比较。

（一）《诗经》押韵的规律、韵脚字的位置及系联

与《楚辞》相比，《诗经》的用韵情况要复杂得多。以《静女》为例，其三章的押韵各不相同。

静女其姝，俟我于城隅。爱而不见，搔首踟蹰。

第一章为隔句韵，一韵到底，押侯部韵。

静女其娈，贻我彤管。彤管有炜，说怿女美。

第二章为句句韵，但有换韵。第一、二句押元部，第三句押微部，第四句押脂部，微脂合韵。

自牧归荑，洵美且异。匪女以为美，美人之贻。

第三章为交韵式，即奇句和奇句押韵，偶句和偶句押韵。第一、三句押脂部，第二句押职部，第四句押之部。二四句协韵，之职阴入对转，通韵。如果句末是语气词，要用语气词的前一字为韵，这是《诗经》韵脚字位置的惯例。

这首诗基本囊括了诗经押韵的方式，即一韵式、隔韵式、交韵式，可谓十分复杂。

又如《氓》的第三章：

桑之未落，其叶沃若。于嗟鸠兮，无食桑葚！于嗟女兮，无与士耽！士之耽兮，犹可说也。女之耽兮，不可说也！

其中"落""沃"押入声铎韵，"葚""耽"押阳声文韵，"说""说"押入声月韵。这一章转韵三次。它们不是交替出现，而是先后出现的。这属于转韵式。

另外，还要知道韵脚字的位置，如《硕鼠》第一章：

硕鼠硕鼠，无食我黍！三岁贯汝，莫我肯顾。逝将去汝，适彼乐土。乐土乐土，爰得我所。

这一章通章押鱼韵，为句句韵。韵脚字的位置为每句的句尾。

再如《氓》的第五章：

三岁为妇，靡室劳矣，夙兴夜寐，靡有朝矣。言既遂矣，至于暴矣。兄弟不知，咥其笑矣。静言思之，躬自悼矣。

"劳""朝""笑"押宵韵，"暴""悼"押药韵，药宵通韵，阴入对转。

搞清了押韵的规律和韵脚字的位置之后，接下来就可以对韵脚字进行系联，从而归纳出《诗经》的韵部来。如《氓》第五章中的"劳""朝""笑"押韵，为一个押韵单位。

《硕鼠》第三章：

硕鼠硕鼠，无食我苗！三岁贯汝，莫我肯劳。逝将去汝，适彼乐郊。乐郊乐郊，谁之永号！

"苗""劳""郊""郊""号"押韵，为一个押韵单位。

这样，由两首诗中的"劳"字系联起一组的韵脚字，即"劳""朝""笑""苗""劳""郊""郊""号"，既然它们能互相押韵，主要元音就一定相同，也就是说一定在一个韵部中，因此可以将它们归纳为一组。用这样的办法继续系联，就形成一个韵部。"劳"组为阴声韵宵部。

又如《采薇》第五章后四句：

四牡翼翼，象弭鱼服。岂不日戒，狎狁孔棘。

"翼""服""戒""棘"押韵，为一个押韵单位。

《关雎》第三章：

求之不得，寤寐思服。悠哉悠哉，辗转反侧。

"得""服""侧"押韵，为一个押韵单位。

这样，《采薇》《关雎》部分诗句的韵脚字由"服"系联在一起，即将"翼""服""戒""棘""得""服""侧"归纳为一组。再继续系联，就形成一个韵部，"服"组为入声韵职部。

（二）形声系统

段玉裁在《古十七部谐声表》中提出了"同谐（形）声者必同部"的主张，这条规则的提出把上古韵部划分工作大大推进了一步。因为此前，音韵学家只能根据《诗经》押韵划分韵部，但是《诗经》韵脚用字是有限的，现在有了"同谐（形）声必同部"的规则，那些没有出现在《诗经》，但是与《诗经》韵脚用字有形声关系的汉字都可以系联起来，这样上古韵部就都可以确定了。如《氓》中的"信誓旦旦，不思其反"中的"反"在元部，从"反"得声的"板""版""扳""饭""贩""畈""阪""叛""販"等字也是元部的字；"其"在之部，从"其"得声的"淇""棋""期""欺""基""箕""祺""骐"等字也是之部的字。

另外，《说文解字》也是研究上古韵部的重要材料，汉字的形声字在《说文解字》中已达到82%以上，系联其形声字大有可为。

二、前人考证上古韵部的经过与成果

研究上古韵部，萌芽于南宋的吴棫、郑庠。他们从继承、提倡错误的叶音说到整理出古韵系统而不自觉地否定叶音说，为上古韵部研究开了头。明代陈第明确提出语音的变化理论，彻底推翻了叶音说，使上古韵部研究进入一个崭新阶段。清代是上古韵部研究的鼎盛时期，先后出现的古韵学家有二三十人之多，其中最著名的有顾炎武、江永、段玉裁、戴震、孔广森、王念孙和江有诰

等，他们研究先秦时期的古韵及相关语音材料，考韵审音，不断突破，在古韵分部上成果迭出，从而建立、完善了上古韵部。清代以后研究上古韵部的学者主要有章炳麟、黄侃、王力等人。古韵分部至此基本定型。具体情况见下表。

上古韵部成果表

时代	学者	著作	观点	贡献（特点）
南宋	吴棫	《毛诗叶韵补音》	将上古韵部分为九部	1. 与《广韵》做比较以推上古音 2. 运用了韵语、异文、声训、形声字等材料
南宋	郑庠	《诗古音辨》	就《广韵》求出古音之通合，把二百零六韵分为六部	
明代	陈第	《毛诗古音考》	首次提出今古音不同的历史观点	破除叶音说
清代	顾炎武	《音学五书》	把上古韵部分为十部，他是古音学的奠基人。	1. 比较全面地论述了古音学的相关问题，初步建立古音学理论 2. 运用离析唐韵的方法归纳古韵 3. 入声配阴声
清代	江永	《古韵标准》	在顾炎武基础上将上古韵部分为十三部	1. 注重审音 2. 入声韵部独立
清代	段玉裁	《六书音均表》	将上古韵部分为十七部	1. 脂之支分部 2. 真文分部 3. 侯部独立 4. 同谐（形）声者必同部
清代	戴震	《声类表》	将上古韵部分为九类二十五部	1. 把段玉裁脂部再加以分析，使祭泰夬废四部独立为霭部 2. 明确承认上古有入声 3. 一声之转
清代	孔广森	《诗声类》	将上古韵部分为十八部	1. 东冬分部 2. 明确了阴声和阳声的名称，建立了阴阳对转的理论

108

（续表）

时代	学者	著作	观点	贡献（特点）
清代	王念孙	《毛诗群经楚辞古韵谱》	将上古韵部分为二十一部，晚年赞同孔广森冬部，总数为二十二部	1. 从段玉裁第十二部（真部）中分出了一个至（质）部 2. 肯定了戴震的脂部，将脂霭两部合为祭部 3. 又从侵部中分出缉部，从覃（谈）部中分出盍部
清代	江有诰	《音学十书》	将上古韵部分为二十一部	不用王念孙质（至）部独立之说，而采用孔广森冬部独立之说
清代	夏炘	《诗经廿二部古韵表集说》	将上古韵部分为二十二部	
近代	章太炎	《成均图》	将上古韵部分为二十三部	从脂部中分出入声队部
近代	黄侃	《音略》	将上古韵部分为二十八部	
现代	王力	《汉语史稿》《古代汉语》	认为《诗经》时代为二十九部，战国时代为三十部，即把黄氏的灰部分为脂微部	1. 将微部从脂部分出 2. 认为战国后冬侵分部

三、上古韵部的基本结论

根据上面的介绍，上古韵部分部的异同大致就是这些，下面具体介绍王力在其主编的《古代汉语》中提出的十一类三十部的观点。下表为上古韵部音值。

王力上古韵部音值表

	阴声韵	入声韵	阳声韵
第一类	之部 [ə]	职部 [ək]	蒸部 [əŋ]
第二类	幽部 [u]	觉部 [uk]	冬部 [uŋ]
第三类	宵部 [ɑ]	药部 [ɑk]	
第四类	侯部 [ɔ]	屋部 [ɔk]	东部 [ɔŋ]
第五类	鱼部 [a]	铎部 [ak]	阳部 [aŋ]
第六类	支部 [e]	锡部 [ek]	耕部 [eŋ]
第七类	歌部 [ɐi]	月部 [ɐt]	元部 [ɐn]
第八类	脂部 [ei]	质部 [et]	真部 [en]
第九类	微部 [əi]	物部 [ət]	文部 [ən]
第十类		缉部 [ip]	侵部 [im]
第十一类		叶部 [æp]	谈部 [æm]

四、《诗经》《楚辞》篇目韵例分析

（一）《采薇》

采薇采薇 [mǐwəi]，（微部）

薇亦作 [tsak] 止。（铎部）

曰归曰归 [kǐwəi]，（微部）

岁亦莫 [mak] 止。（铎部）

靡室靡家 [keɑ]，

猃狁之故 [kɑ]。

不遑启居 [kǐɑ]，

猃狁之故 [kɑ]。（鱼部）

采薇采薇 [mǐwəi]，（微部）

薇亦柔 [ȵǐu] 止。（幽部）

曰归曰归 [kǐwəi]，（微部）

心亦忧 [ǐəu] 止。（幽部）

忧心烈烈 [lǐăt]，

载饥载渴 [kʰăt]。（月部）

我戍未定 [dieŋ]，

靡使归聘 [pʰɪeŋ]。（耕部）

采薇采薇 [mǐwəi]，（微部）

薇亦刚 [kɑŋ] 止。（阳部）

曰归曰归 [kǐwəi]，（微部）

岁亦阳 [ʎǐɑŋ] 止。（阳部）

王事靡盬 [kɑ]，

不遑启处 [tʰɪa]。（鱼部）

忧心孔疚 [kǐwə]，

我行不来 [lə]。（之部）

彼尔维何？维常之华 [xoɑ]。

彼路斯何？君子之车 [ȶʰɪa]。（鱼部）

戎车既驾，四牡业业 [ŋǐap]。

岂敢定居？一月三捷 [tsǐap]！（叶部）

驾彼四牡，四牡骙骙 [gǐwei]。（脂部）

君子所依 [ǐei]，（微部）

小人所腓 [ǐwəi]。（微部）（微脂合韵）

四牡翼翼 [ʎǐək]，

象弭鱼服 [bǐwək]。

岂不日戒 [keək]，

玁狁孔棘 [kǐək]。（职部）

昔我往矣，杨柳依依 [ǐei]。

今我来思，雨雪霏霏 [pʰǐwəi]。（微部）

行道迟迟 [dǐei]，

载渴载饥 [kǐei]。（脂部）

我心伤悲 [pǐəi]，

莫知我哀［əi］！（微部）（脂微合韵）

（二）《关雎》

关关雎鸠［kǐəu］，
在河之洲［tɕǐəu］。
窈窕淑女，君子好逑［gǐəu］。（幽部）

参差荇菜，左右流［lǐəu］之。
窈窕淑女，寤寐求［gǐəu］之。（幽部）

求之不得［tək］，
寤寐思服［bǐwək］。
悠哉悠哉，辗转反侧［tʃʰǐək］。（职部）

参差荇菜，左右采［tsʰə］之。
窈窕淑女，琴瑟友［ɣǐwə］之。（之部）

参差荇菜，左右芼［mau］之。（宵部）
窈窕淑女，钟鼓乐［lauk］之。（药部）（宵药通韵，阴入对转）

（三）《蒹葭》

蒹葭苍苍［tsʰaŋ］，
白露为霜［ʃǐaŋ］。
所谓伊人，在水一方［pǐaŋ］。
溯洄从之，道阻且长［dǐaŋ］。
溯游从之，宛在水中央［ǐaŋ］。（阳部）

蒹葭萋萋［tsʰiei］，（脂部）
白露未晞［xǐəi］。（微部）
所谓伊人，在水之湄［mǐei］。（脂部）
溯洄从之，道阻且跻［tsiei］。（脂部）
溯游从之，宛在水中坻［diei］。（脂部）（脂微合韵）

蒹葭采采［tsʰə］，
白露未已［ʎǐⱴ］。
所谓伊人，在水之涘［ʥǐə］。
溯洄从之，道阻且右［ɣǐwə］；
溯游从之，宛在水中沚［ȶǐə］。（之部）

（四）《氓》

氓之蚩蚩［ȶǐə］，
抱布贸丝［sǐə］。
匪来贸丝［sǐə］，
来即我谋［mǐwə］。
送子涉淇［gǐə］，
至于顿丘［kʰǐwə］。
匪我愆期［gǐə］，
子无良媒［muə］。
将子无怒，秋以为期［gǐə］。（之部）

乘彼垝垣［ɣǐwan］，
以望复关［koan］。
不见复关［koan］，
泣涕涟涟［lǐan］。
既见复关［koan］，
载笑载言［ŋǐan］。
尔卜尔筮，体无咎言［ŋǐan］。
以尔车来，以我贿迁［tsʰǐan］。（元部）

桑之未落［lɑk］，
其叶沃若［ŋǐak］。（铎部）
于嗟鸠兮，无食桑葚［ʥǐəm］！
于嗟女兮，无与士耽［təm］！（侵部）

士之耽兮，犹可说 [tʰuat] 也。

女之耽兮，不可说 [tʰuat] 也！（月部）

桑之落矣，其黄而陨 [ɣǐwən]。

自我徂尔，三岁食贫 [bǐən]。（文部）

淇水汤汤 [ɕǐaŋ]，

渐车帷裳 [zǐaŋ]。

女也不爽 [ʃǐaŋ]，

士贰其行 [ɣeaŋ]。（阳部）

士也罔极 [gǐək]，

二三其德 [tək]。（职部）

三岁为妇，靡室劳 [lau] 矣，

夙兴夜寐，靡有朝 [tǐau] 矣。（宵部）

言既遂矣，至于暴 [bùuk] 矣。（药部）

兄弟不知，咥其笑 [sǐau] 矣。（宵部）

静言思之，躬自悼 [dauk] 矣。（药部）（药宵通韵，阴入对转）

及尔偕老，老使我怨 [ǐwau]。

淇则有岸 [ŋan]；

隰则有泮 [buan]。

总角之宴 [ian]，

言笑晏晏 [ean]。

信誓旦旦 [tan]，

不思其反 [pǐwan]（元部）

反是不思 [sǐə]，

亦已焉哉 [taə]。（之部）

（五）《静女》

静女其姝 [tʰǐwo]，

俟我于城隅 [ŋǐwo]。

爱而不见，搔首踟蹰［ḏǐwo］。（侯部）

静女其娈［lǐwan］，
贻我彤管［kuan］。（元部）
彤管有炜［ɣǐwəi］，（微部）
说怿女美［mǐei］。（脂部）（微脂合韵）

自牧归荑［diei］，（脂部，与本节第三句协韵）
洵美且异［ʎǐək］。（职部）
匪女之为美［mǐei］，（脂部）
美人之贻［ʎǐə］。（之部）（本节二、四句协韵，之职阴入对转，通韵）

（六）《硕鼠》
硕鼠硕鼠［çǐa］，
无食我黍［çǐa］！
三岁贯汝［ŋǐa］，
莫我肯顾［ka］。
逝将去汝［ŋǐa］，
适彼乐土［tʰa］。
乐土乐土［tʰa］，
爰得我所［ʃǐwa］。（鱼部）

硕鼠硕鼠［çǐa］，（鱼部）
无食我麦［meək］！（职部）
三岁贯汝［ŋǐa］，（鱼部）
莫我肯德［tək］。（职部）
逝将去汝［ŋǐa］，（鱼部）
适彼乐国［kuək］。（职部）
乐国乐国［kuək］，（职部），
爰得我直［dǐək］。（职部）

硕鼠硕鼠［çǐa］，（鱼部）

无食我苗［mǐau］！（宵部）

三岁贯汝［n̠ǐa］，（鱼部）

莫我肯劳［lau］。（宵部）

逝将去汝［n̠ǐa］，（鱼部）

适彼乐郊［keau］。（宵部）

乐郊乐郊［keau］，（宵部）

谁之永号［ɣau］！（宵部）

（七）《离骚》（节选）

长太息以掩涕兮，哀民生之多艰［keən］。（文部）

余虽好修姱以靰羁兮，謇朝谇而夕替［tʰiei］。（质部）（文质合韵）

既替余以蕙纕兮，又申之以揽茞［tʰǐə］。

亦余心之所善兮，虽九死其犹未悔［xuə］。（之部）

怨灵修之浩荡兮，终不察夫民心［sǐəm］。

众女嫉余之蛾眉兮，谣诼谓余以善淫［ʎǐəm］。（侵部）

固时俗之工巧兮，偭规矩而改错［tsʰǎk］。

背绳墨以追曲兮，竞周容以为度［dɑk］。（铎部）

忳郁邑余侘傺兮，吾独穷困乎此时［zǐɤ］也。

宁溘死以流亡兮，余不忍为此态［tʰə］也！（之部）

鸷鸟之不群兮，自前世而固然［pǐan］。

何方圜之能周兮，夫孰异道而相安［an］？（元部）

屈心而抑志兮，忍尤而攘诟［ko］。

伏清白以死直兮，固前圣之所厚［ɣo］。（侯部）

悔相道之不察兮，延伫乎吾将反［pǐwan］。

回朕车以复路兮，及行迷之未远［ɣǐwan］。（元部）

步余马于兰皋兮，驰椒丘且焉止息［sǐɤk］。

进不入以离尤兮，退将复修吾初服［bǐwək］。（职部）

制芰荷以为衣兮，集芙蓉以为裳［zǐaŋ］。

不吾知其亦已兮，苟余情其信芳［pʰǐaŋ］。（阳部）

高余冠之岌岌兮，长余佩之陆离［lǐa］。

芳与泽其杂糅兮，唯昭质其犹未亏［kʰǐwa］。（歌部）

忽反顾以游目兮，将往观乎四荒［xuaŋ］。

佩缤纷其繁饰兮，芳菲菲其弥章［tǐaŋ］。（阳部）

民生各有所乐兮，余独好修以为常［zǐaŋ］。（阳部）

虽体解吾犹未变兮，岂余心之可惩［dǐəŋ］？（蒸部）（阳蒸旁转，合韵）

（八）《湘夫人》

帝子降兮北渚［tǐa］，

目眇眇兮愁予［ʎǐa］。

袅袅兮秋风，洞庭波兮木叶下［ɣea］。（鱼部）

登白薠兮骋望［mǐwaŋ］，

与佳期兮夕张［tǐaŋ］。

鸟何萃兮苹中，罾何为兮木上［zǐaŋ］。（阳部）

沅有芷兮澧有兰［lan］，

思公子兮未敢言［ŋǐan］。

荒忽兮远望，观流水兮潺湲［ɣǐwan］。（元部）

麋何食兮庭中，蛟何为兮水裔［ʎǐat］？

朝驰余马兮江皋，夕济兮西澨［zǐat］。

闻佳人兮召予，将腾驾兮偕逝［zǐat］。

筑室兮水中，葺之兮荷盖［kat］。（月部）

荪壁兮紫坛，播芳椒兮成堂［daŋ］。

桂栋兮兰橑，辛夷楣兮药房［bǐwaŋ］。（阳部）

罔薜荔兮为帷，擗蕙櫋兮既张［tǐaŋ］。

白玉兮为镇，疏石兰兮为芳［pʰǐwaŋ］。

芷葺兮荷屋，缭之兮杜衡［ɣeaŋ］。（阳部）

合百草兮实庭，建芳馨兮庑门［muən］。

九嶷缤兮并迎，灵之来兮如云［ɣǐwən］。（文部）

捐余袂兮江中，遗余褋兮澧浦［pʰua］。

搴汀洲兮杜若，将以遗兮远者［tǐa］。

时不可兮骤得，聊逍遥兮容与［ʎǐy］。（鱼部）

（九）《国殇》

操吴戈兮披犀甲 [keap]，

车错毂兮短兵接 [tsǐap]。（叶部）

旌蔽日兮敌若云 [ɣǐwən]，

矢交坠兮土争先 [siən]。（文部）

凌余阵兮躐余行 [ɣeaŋ]，

左骖殪兮右刃伤 [ɕǐaŋ]。（阳部）

霾两轮兮絷四马 [mea]，

援玉枹兮击鸣鼓 [ka]。

天时怼兮威灵怒 [na]，

严杀尽兮弃原野 [ʎia]。（鱼部）

出不入兮往不反 [pǐwan]，

平原忽兮路超远 [ɣǐwan]。（元部）

带长剑兮挟秦弓 [kǐwəŋ]，

首身离兮心不惩 [dǐəŋ]。

诚既勇兮又以武，终刚强兮不可凌 [lǐəŋ]。

身既死兮神以灵，魂魄毅兮为鬼雄 [ɣǐwəŋ]。（蒸部）

五、上古韵部常用字

（一）之部（ə）

兹滋孳孜淄辎缁锱菑子秄梓滓字牸慈鹚词祠辞伺司丝思缌偲箈似祀姒耜寺嗣饲俟涘竢之芝止趾址沚芷痔峙庤時治志痣答痴蚩媸嗤持耻齿诗时塒莳鰣史使驶始士仕事恃市侍而胹耳饵珥刵鄙坏丕伾駓邳嚭否痞圮拟厘貍李里理俚鲤悝吏姬箕基朞己纪记跽忌欺其萁期旗其淇祺骐麒琪綦起屺杞芑熙嘻僖熹徙屣葸喜禧枲医疑嶷怡诒贻饴颐矣已以苢部不菩母拇亩晦芣罘负妇悔鹏郁埋薶霾殆迨怠绐待胎苔台骀抬态乃奶耐来莱贲睐灾哉栽宰载再在才材财裁采彩菜鳃腮豺茬该垓赅改咍咳孩骸海亥骇挨埃唉碍杯倍蓓胚醅培陪赔佩媒煤禖梅莓每龟悝灰恢诙悔贿晦海洧鲔剖掊谋某否郁久玖灸疚旧枢丘邱蚯裘邮尤訧疣有友羑又右佑祐宥囿侑敏能

（二）职部（ək）

德得特慝忒勒则侧厕恻测塞色稽啬革克刻劾核踣墨默国馘幅或惑戒诫械织职直值殖植置帜陟騭炽饬敕食蚀饰识式轼试弑拭奭逼匿昵力亟殛棘极稷冀骥息熄媳异翼意薏忆臆噫弋翊翌牧服鹏伏茯福辐蝠幅菖匐副富域蜮昱煜彧麦代袋岱贷赛北背备邶贼黑

（三）蒸部（əŋ）

崩绷朋鹏棚梦冯登蹬等嶝镫凳磴隥邓瞪腾滕縢膝藤誊䲢棱增憎曾矰罾缯鄫甑赠层蹭僧征症烝蒸拯证称偁澄惩乘塍承丞橙升胜绳渑乘剩胜仍亘恒冰掤凭凝陵绫菱凌兢兴膺鹰应蝇膡肱弓躬薨弘宏絃闳竑翃铋泓穹芎熊雄朕肯孕

（四）幽部（u）

笛迪涤牡郅荸秤俘孚浮蜉桴阜戮铸倏鯈戊务鹜雾婺旭轨暑箓褒包苞胞枹雹宝保堡葆裒饱报抱菢鲍刨泡袍炮庖咆匏砲茅矛蟊卯昴茆冒帽瞀椒懋袤茂岛祷捣导道稻蹈帱绦滔韬慆焘涛陶匋绹萄骶讨牢醪老嫪糟遭枣蚤皂造糙曹槽漕嘈草骚搔慅扫皋考烤犒好皓浩暤翱彪雕凋琱调莜陶舀窈牟侔眸鍪缪缶搜馊廋溲叟州洲周舟肘帚纣宙冑酎抽瘳惆稠绸俦筹畴酬踌愁仇雠酬丑臭收手守首瘦狩受绶授售寿柔揉蹂谬狃扭纽钮蟉流硫旒刘浏留骝瘤镏柳绺溜馏蕾鸠纠赳酒九韭就鹫究救厩臼舅咎秋楸湫鞦鳅酋蝤遒囚泅求球逑赇虯羞修脩休朽秀袖岫忧优麀悠攸幽呦由油游游輶犹猷酉莠黝诱柚鼬幼

（五）觉部（uk）

寂戚慼目睦穆苜腹复覆蝮鳆馥督毒笃陆戮稑蹙蹴肃夙宿缩妯轴竹竺筑逐祝俶叔菽淑孰塾梏酷鹄鹄菊鞠鞫趜畜蓄旭鬻育毓遂燠奥澳灶告诰靠奥隩窖粥肉六学

（六）冬部（uŋ）

降泽绛芃风枫丰酆沣讽凤冬彤佟统农脓侬浓襛穠醲隆窿宗鬃踪粽综琮淙嵩宋中忠衷终螽仲众忡充冲虫种崇铳戎绒狨融躬宫穷

（七）宵部（o）

猫毛芼旄髦耄眊刀舠倒到盗叨桃逃捞痨唠涝澡藻躁燥操召招昭沼兆照诏超抄钞弨巢嘲朝潮晁炒吵梢捎筲稍韶少绍邵劭劭高膏羔糕缟稿犒蒿豪毫号壕濠耗昊镐号熬敖嗷獒鳌鳌傲镖表苗描眇秒渺庙妙貂吊挑佻桃迢苕窕跳眺潦燎僚辽缭鹩疗交郊蛟茭鲛焦蕉鹪骄娇狡绞姣矫佼缴徼教校较醮噍轿敲硗谯樵憔乔桥侨荞

翘悄俏峭诮鞘宵消销霄硝逍枭骁鸮肴淆骰小晓孝效校笑肖夭妖要腰邀肴摇瑶窑遥谣姚尧咬蓼鹞徼窍

（八）药部（ok）

乐鹤驳搦荦卓桌焯酌灼濯擢绰芍妁烁铄弱沃虐疟谑爵爝隹雀确推约跃龠乐翟籴溺栎砾激檄瀑曝吁暴爆豹貌悼淖罩棹勺杓钓掉槊橐削耀药凿

（九）侯部（ɔ）

诛蛛株邾朱珠铢洙茱拄主驻注杜住蛀炷厨橱躕刍雏枢姝输殳数戍竖树澍儒濡乳孺侮缕褛屡拘驹俱聚句屦具趋区驱躯鸲取娶趣需须婴禺隅愚俞逾榆渝愉瑜伛遇寓愈喻谕兜斗抖豆逗脰偷婾投头娄楼偻蒌蝼搂漏镂瘘缑陬邹驺走奏骤绉狗苟构购媾觏雏姤诟抠口叩扣寇后厚后欧讴鸥瓯殴偶耦藕呕沤懦

（十）屋部（ɔk）

壳剥涿捉琢啄所浊镯泥龊握渥幄龌珏角悫岳卜扑濮仆璞朴木沐赴讣独读椟牍渎犊秃禄碌鹿麓漉簏辘录绿族镞足簇蔟促俗速粟蠋躅烛嘱瞩属触赎蜀漱束辱褥缛蓐谷毂谷哭斛觳彀屋局曲续玉狱欲浴窦耨奏嗾嗽彀角

（十一）东部（ɔŋ）

帮邦蚌棒庞龙江讲耩虹腔项巷撞窗幢双泷蓬篷捧蒙朦封葑峰蜂锋烽丰逢缝奉俸东董懂冻栋动洞峒恫通同铜桐筒童瞳僮桶捅痛恸笼聋胧珑龙拢陇垅纵总囱聪从从松耸送讼颂诵钟种踵肿重冲舂宠茸颙容熔溶蓉工攻功公恭供龚拱巩贡共空孔恐控烘洪红鸿虹哄翁蓊瓮蚣邛凶讻雍壅饔邕痈臃拥庸佣镛墉甬勇涌俑踊用

（十二）鱼部（a）

巴笆芭把耙葩马骂祃拿家葭猳假贾椵稼嫁价遐虾霞瑕暇夏厦下鸦牙芽衙雅讶迓瓜寡夸姱跨胯哗华花骅遮者车奢舍社谟模所姐且邪冶野逋补哺捕布怖铺蒲脯匍葡圃普浦溥铺莽夫肤趺敷痡扶蚨芙府腑俯斧甫脯黼抚釜辅付赋傅父附驸鲋赙都堵赌靓杜肚妒徒屠瘏涂途荼图土吐兔菟奴驽帑孥努弩怒卢炉芦鲈垆鸬庐胪鲁虏租祖组阻俎诅粗徂殂苏稣酥素猪潴诸煮渚着箸助贮宁初除储躇锄褚楚础处樗梳疏蔬书抒舒纾暑鼠黍署恕曙如茹汝孤呱觚姑辜沽酤鸪蛄古估牯盬罟诂股羖鼓瞽贾蛊故固锢雇顾枯刳苦库裤呼滹胡湖糊葫蝴胡狐弧瓠壶乎虎琥浒戽户扈沪怙祜互乌呜污洿巫诬吾梧鼯吴蜈无芜毋五伍午忤武舞忤庑悟寤晤误女闾侣旅膂虑疸雎砠苴狙居琚裾据举莒筥矩榘沮锯倨踞据巨拒距炬柜讵钜遽惧岨袪胠

渠蘧瞿衢去胥墟虚嘘吁徐许栩诩絮叙绪序壻淤迂纡鱼渔于余予舆歟虞娱于盂语峙与雨宇禹羽圉誉预豫芋御

（十三）铎部（ak）

霸灞怕咤诈榨乍诧择泽坼赦射麝胳搁阁格骼各客壑赫吓额恶毫泊箔伯帛舶粕迫魄摸膜莫寞漠陌貊貉铎托箨箨柝魄诺洛落络骆烙雒昨祚阼胙作柞酢怍错措厝索朔槊愬斫若箬郭虢椁廓鞹蠖霍藿获镬获借藉谢榭夜掖液腋蒡略掠脚却跖尺斥赤石释碧逆籍藉惜夕昔席隙郤亦奕弈译怿斁驿绎步暮慕墓幕缚妒度渡路潞赂辂露鹭醋庶护濩白百柏拍宅窄拆薄

（十四）阳部（aŋ）

榜谤傍滂雱旁傍彷螃忙芒茫邙盲虹氓方坊芳妨防房鲂倣纺仿髣舫访放当珰裆党荡瀁汤镗堂螳棠唐塘螗糖倘囊曩郎廊狼茛琅粮朗浪阆臧赃葬奘藏仓沧苍鸧丧桑颡张章樟彰漳璋獐长掌帐涨丈仗杖障昌倡猖阊菖伥怅肠场裳常偿尝嫦敞畅鬯怅唱商伤殇觞赏上尚攘襄穰壤让冈岗刚纲康慷亢伉抗犹杭航颃远行沆印昂盎酿良梁粱量粮凉两魉谅亮姜疆僵彊缰姜将浆禓蒋桨奖酱匠羌枪斨跄锵强墙戕嫱蔷抢乡香相湘厢箱缃襄缰翔祥详庠痒享响飨想饷向象像央秧殃鸯泱易杨阳扬炀旸疡飏羊洋佯鞅养仰快漾样恙庄装壮状疮牀创怆霜孀爽光洸广犷匡筐狂诳况贶旷圹纩框眶矿荒肓黄潢璜簧皇湟惶徨遑隍煌蝗篁凰谎晃愰汪王亡忘枉往网罔辋魍惘旺妄望彭盟萌氓猛孟瞠怅更庚羹梗埂绠鲠坑吭衡蘅横瑝黉兵丙炳秉柄病并明皿京景境竟镜竞倞卿黥勍鲸庆英迎影映鮏兄永泳咏罂黾

（十五）支部（e）

洒佳崖涯卦挂蛙洼衔鞋携赀訾髭龇紫阰雌疵此泚斯厮醨罴知蜘支枝肢卮只怩枳织纸智豸篪褫踦匙豉翅豸是氏儿俾睥髀裨婢鼙弭递题提醍媞褆缇騠蹢倪霓猊蜺睨輗丽骊鹂俪逦鸡技伎妓芰歧岐跂祇芪疧溪酰兮奚蹊傒徯缌稗牌买卖柴晒卑碑薜圭闺规窥奎

（十六）锡部（ek）

画划责箦帻策册谪隔膈核厄轭扼解蟹懈邂澥束刺赐真帝窴湜适嬖臂避辟璧璧劈霹癖譬僻辟躄滴嫡镝敌狄荻帝蒂谛褅缔惕剔惕逖历鬲积击系迹绩析淅晰皙锡裼系阋系绤溢镒益易埸鹢役疫擘派脉摘隘

（十七）耕部（eŋ）

争筝正征钲整诤郑桢祯柽蛏呈程酲裎成诚城盛逞骋生甥笙声省圣盛耕耿硁

并饼屏并傅平评苹屏瓶萍聘鸣名铭冥溟暝螟茗命丁钉顶鼎订定听厅汀廷庭亭停町梃挺宁泞铃伶零龄苓蛉聆翎玲囹灵领岭令茎荆惊精睛菁旌经泾警儆井颈刭敬静靖净劲径迳清青蜻轻倾情晴擎请顷磬馨星腥猩馨形刑型硎陉荥醒幸性姓莺樱嘤鹦婴缨撄璎萦盈楹赢嬴莹营茔萤荧郢颖颍荣扃垌炯迥泂琼祯侦聘

（十八）脂部（ei）

皆阶喈偕谐资姿咨粢谘姊秭恣自茨瓷次私死四驷泗兕脂祇旨指恉雉鸱迟坻师狮尸矢示视嗜尔迩二贰比妣秕匕陛比篦庇枇砒毗貔琵蚍迷弥猕米氏低柢底抵骶邸弟悌娣第梯荑绨涕剃泥祢犁黎藜犂梨礼醴沣履利稽笄饥嵇几麂济霁荠剂妻凄萋栖齐脐蛴祁耆鳍启启棨紫西犀细伊呷夷姨痍诣斋篩揩楷锴眉湄嵋楣美谜媚葵揆葵夔牝

（十九）质部（et）

八戛黠瑟跌迭瓞垤绖耋咥铁涅陉节结袺拮桔诘届切颉绖血屑噎谲阕穴肆佚致疐质颤至窒秩襻帙栉叱虱失实室日鼻闭秘毖必毕匹泌秘蜜谧密嚏替隶庆苾栗傈疾嫉蒺吉诘佶即计继季悸鲫七漆器弃悉蟋一壹乙刲疐曀懿肆逸佚轶抑橘恤洫矞鹬趫遹辔繐穗惠蕙螮

（二十）真部（en）

编蝙褊扁匾猵遍篇偏翩骗谝沔丐昐颠巅癫滇电甸佃畋钿天田填阗瑱年怜坚千阡牵纤贤弦舷蚿烟胭咽澶玄绚泫眩衔炫渊珍榛蓁溱臻真缜稹镇瑱嗔瞋陈尘臣身申伸绅呻神慎人仁恩宾滨濒殡鬓摈膑缤频苹颦频岷缗民泯邻鳞粼麟辚璘蔺津矜紧进晋搢缙尽烬荩亲秦辛新薪莘信因姻茵絪寅夤螾引蚓尹印胤笋均钧荀询洵恂旬泛讯迅濬殉徇筠匀佞

（二十一）微部（əi）

火机讥饥几玑畿虮祈圻顾岂希稀晞欷豨悕衣依沂遗排俳徘开凯恺铠垲哀衰乖淮怀槐坏悲裴枚飞非扉绯霏菲骓妃腓肥淝匪篚蕈诽菲斐翡馁雷擂罍蠡蠡蕾垒耒诔累堆推蓷罪崔催摧虽绥睢追锥佳雅椎谁水蕤瑰归鬼魁傀愧媿馈挥回茴毁烜讳微威葳嵬帷维惟唯薇巍韦违围帏闱猥委尾伟苇炜纬魏畏

（二十二）物部（ət）

讷纳黜勃渤歿没佛拙茁倔崛掘笔暨既乞气讫迄饩毅屹仡弗绋拂突卒猝出黜怵术述骨窟忽惚笏兀勿物律屈诎戌聿郁概溉慨忾爱暧僾瑷帅率悖妹昧魅寐沸费

内类对队退醉淬焠倅啐翠萃瘁粹碎祟谇邃遂隧燧柜贵溃匮馈汇位未味慰胃谓渭猬

（二十三）文部（ən）

典殿淀腆殄艰荐先铣洗跣霰限眼轸疹缤诊川舛钏悛员圆奔贲本笨喷盆门闷分吩芬纷氛雰焚汾棼蚡坟粉粪奋愤忿分份震振赈辰晨宸诜裖蜃忍刃仞轫认韧根跟艮恳垦痕很狠恨彬邠贫旻闵悯旮巾斤筋仅瑾馑谨槿昚觐近靳芹勤懃欣忻昕衅焮裍闉湮堙殷慇银垠龈隐敦顿囤沌盾钝遁屯豚臀论仑沦伦轮纶抡论尊遵村存忖寸孙狲荪飧损谆准椿春淆纯纯醇淳鹑蠢隼顺舜瞬衮鲧昆崑琨鲲坤绲阃困睏昏婚阍荤浑魂混溷恩温文纹雯蚊汶闻吻刎问紊麇军君窘竣俊骏畯浚峻郡困逡群裙熏薰燻勋循巡驯逊训云耘郧陨闰润殒允愠蕴醖运晕韵旂西洗

（二十四）歌部（ai）

罢麻痳他它那哪差沙纱鲨袈阿加嘉痂珈笳袈架驾化瓦蛇歌哥戈柯轲珂苛科蝌稞窠颗可课诃呵何河菏禾和龢盉荷贺莪哦娥峨鹅俄蛾讹吪譌饿波玻跛簸坡婆颇破磨魔摩多堕惰拖驼陀沱跎酡佗傩罗萝锣裸赢羸左佐坐座磋搓蹉瘥嵯娑挲莎琐锁锅过果裹货祸窝涡我嵯茄伽也瘸靴摛螭魑池驰弛侈施彼披黑皮疲糜縻麋靡地离篱醨漓褵蓠罹羁奇畸寄骑觭崎奇骑琦錡羲牺曦猗漪宜仪侈蚁畸倚椅迤阤谊义议差被随隋髓吹炊垂睡妫诡跪亏麾危为伪

（二十五）月部（at）

拔跋魃妭钹茇发伐筏阀垡筏罚发怛妲狚笪靼达大獭闼挞扎札察刹杀铩瞎辖轧刮鸹话袜蜇哲辙折浙彻撤舌设热割葛渴喝曷褐遏拨末抹沫夺掇裰脱捋撮辍啜惙说聒咶括栝适铦阔豁活斡鳖憋莂别蹩撇瞥灭蔑篾捏涅啮臬闑列烈洌裂劣埒铻揭桀杰讦羯竭碣截介界芥疥契锲歇蝎楔絜缁褻泄媟拽谒绝厥蹶蕨橛决抉诀觖缺阙雪曰悦阅月刖越戉钺粤滞制世势誓逝笹噬蔽敝币弊毙棣厉励砺蛎例隶祭际稷蓟契憩艺呓曳刈拜败湃迈劢逮带泰奈柰赖癞籁濑蔡蚩盖丐害蔼霭艾夬佮浍脍桧狯快哙外贝狈霈沛旆袂废肺茇吠兑蜕最岁缀赘税悦锐叡睿刭会绘荟彗慧秽

（二十六）元部（an）

班斑般搬瘢板版半绊伴拌攀潘番槃盘磻磐擎蟠判泮叛畔蛮谩馒鳗蔓慢嫚缦幔漫墁曼蕃藩翻旛番幡烦蹯燔膰蕃繁蘩樊矾反返贩饭丹单殚箪疸旦诞但惮弹坛檀坦袒炭叹难兰澜阑谰拦栏懒烂攒赞瓒餐残粲灿璨散馓旆毡氋盏展辗栈战缠躔鄽廛蝉禅单婵澶铲产阐颤山羶扇煽讪汕疝善鳝蟮鄯缮擅膳禅嬗然燃肰干竿肝玕

杆秆旰鼾寒韩邗虷汗罕汉旱翰瀚捍扞豻闬安鞍岸按案鞭边箯变辨辩卞抃汴忭弁昪便辫缠梗片绵棉兔娩勉偄冕缅湎悃面碾辇捻连涟鲢莲练炼楝涷恋艰间奸煎戈笺肩简柬蕑剪蹇謇茧筧趼谏涧铜箭溅践贱饯建键健腱荐见迁愆钱前浅遣缱仙籼鲜娴痫闲涎癣显苋线羡宪献霰岘现县焉蔫嫣鄢颜延筵蜒埏綖言研妍沿巘演偃蝘雁赝晏彦谚喭堰砚燕咽宴端短断锻段缎湍圃搏暖煖銮鸾峦栾挛裔娈卵乱钻缵纂篡专砖颛转撰馔篆传穿椽舩遄喘软阮官棺观冠关管琯馆贯灌鹳观冠惯宽欢貛谨桓洹狟狙还环鬟寰圜缓浣唤焕奂涣换逭患宦擐猭豌弯湾完丸纨芄莞顽椀盌皖绾晚挽宛婉菀畹琬玩豌悗腕万镋娟捐涓鹃卷隽卷倦圈胃诠铨痊筌荃全泉牷权拳颧蹄蜷畎犬劝券轩宣喧暄萱谖旋璇悬选烜渲蜎冤鸳缘元沅鼋原源嫄袁园辕猿爰援媛猿垣远院苑愿愿怨巽

（二十七）缉部〔əp〕

答搭褡沓塔纳衲杂飒恰洽袷涩鸽阖蛤颌合盒汁执絷蛰挚贽鸷湿十什拾立粒笠苙集辑楫戢急级伋汲及岌给缉葺泣吸歙禽习袭隰揖邑悒浥挹入

（二十八）侵部〔əm〕

凡帆梵泛耽眈酖探撢贪覃潭谭南楠男喃婪簪参骖蚕惨憯三湛掺杉衫感堪戡勘含涵函颔喊撼菡憾玲谙黯暗簪添忝舔念缄减碱僭潜黔钤咸潛岑涔森枕朕鸩琛郴沉忱谌深审渗葚其壬稔茬饪任妊衽品林淋琳霖临廪凛懔赁裑今金衿襟锦禁浸侵钦嵚衾琴芩禽擒寝沁心歆音喑瘖阴吟淫霪饮窨荫寻浔禀

（二十九）叶部〔ap〕

乏法榻遏蹋邋腊蜡匝眨插歃霎夹荚颊铗甲狭峡匣狎侠挟鸭押压恓摄涉嗑盍阖蝶谍牒聂蹑猎躐鬣接睫捷劫妾怯愜箧胁协挟燮屬压叶业晔烨

（三十）谈部〔am〕

氾范犯担儋聃胆担淡啖憺澹谈郯惔痰澹毯蓝篮褴览揽滥缆暂惭蜡沾觇詹瞻占斩站搀嵼襜谗馋巉镵蟾谄芟苫闪剡赡镵染冉苒甘柑敢绀阚瞰柑憨酣邯庵菴鹌晻埯砭贬点玷店坫坫甜恬黏鲇廉镰帘濂脸殓潋监歼兼缣鹣兼检睑俭鉴监槛渐剑签佥谦箝钳拑嗛嵌埑棽欠歉纤孅衔嫌险猃鎌陷臽滔淹俺腌阉岩炎盐檐阎严奄掩晻魇琰剡俨验厌餍艳焰酽

第三节 上古声调

一、研究上古声调的材料

古音学家对上古音系的研究，在声和韵方面都取得了显著的成绩且达成了比较一致的意见，但在声调的研究上意见分歧大。关于上古有没有声调、声调有几个、每个声调的具体调值是怎样的等问题，一直难有定论。因为研究上古声调的材料主要是根据《诗经》的押韵系统。古代诗人作诗时，总会寻找声调相同的同韵字来相押，这样读起来才会顺畅。如《关雎》：

关关雎鸠，在河之洲。窈窕淑女，君子好逑。

参差荇菜，左右流之。窈窕淑女，寤寐求之。

求之不得，寤寐思服。悠哉悠哉，辗转反侧。

参差荇菜，左右采之。窈窕淑女，琴瑟友之。

参差荇菜，左右芼之。窈窕淑女，钟鼓乐之。

这首诗第一章的"鸠""洲""逑"与第二章的"流""求"相押，都属幽部，均为平声字。第三章的"得""服""侧"相押，均为入声字。第四章"采""友"相押，均为上声字。第五章"芼""乐"相押，"芼"归宵部，去声字；"乐"归药部，入声字。这首诗基本上是同声调相押，但也有例外，如第五章"芼""乐"属去入相押。再如《氓》第五章：

三岁为妇，靡室劳矣，夙兴夜寐，靡有朝矣。言既遂矣，至于暴矣。兄弟不知，咥其笑矣。静言思之，躬自悼矣。

这一章的韵脚字为"劳""朝""暴""笑""悼"，它们的主要元音是[au]。但"暴""悼"的韵母有一韵尾[k]，它们是入声字，归药部，而"劳""朝""笑"归宵部。虽说是药宵通韵，阴入对转，但查《广韵》，"劳"为鲁刀切，平声；"朝"为陟遥切，平声；"笑"为私庙切，去声。结果是平、去、入相押。这就说明，《诗经》虽说以同声相押为主，但异声相押或多声混押也占有一定的比例。如果诗人都同调相押，那么上古的声调系统马上就会归

纳出来。然而问题不是那么简单，考察《诗经》发现有大量的去声与入声（指中古读作去声、入声，下同）相押的现象，而且平声与上声（指中古读作平声、上声，下同）也有相押的情况，这样要想归纳出上古声调系统就是很困难的事。

二、关于上古声调的不同说法

在考证上古声调方面，语言学家各有不同的说法。

明代陈第主张"古无四声说"，他在《毛诗古音考》中提出："四声之辨，古人未有。"也就是认为古代没有四声。

清人基本上都认为上古有声调，但对上古声调的特色及多少的看法则各有不同，主要可以分为三派：一派以顾炎武、江永为代表，他们都是用中古的四声去看待上古的四声；一派以王念孙、江有诰为代表，他们主张上古有平、上、去、入四个调类；一派以段玉裁为代表，他认为上古没有去声。具体地说，顾炎武在《音学五书·音论》中提出《诗经》中都是四声通押，即"四声之论虽起于江左，然古人之诗已自有迟疾轻重之分，故平多韵平，仄多韵仄。亦有不尽然者，而上或转为平，去或转为平上，入或转为平上去，则在歌者之抑扬高下而已，故四声可以并用"，这就是所谓的"四声一贯说"。但是《诗经》以同调相押为常规，以异调相押（即通押）为变格。所以古无四声是不成立的。江永《古韵标准·例言》："四声虽起于江左，案之实有其声，不容增减，此后人补前人未备之一端。平自韵平，上去入自韵上去入者，恒也。"此即承认古有四声，但并不强调四声通押，而强调常规。戴震、钱大昕的观点均与江永类似。江有诰、王念孙认为古有四声而不同于今四声，有些韵四声俱备，有些韵并不全备。江有诰《再寄王石臞书》："至今反复纻绎，始知古人实有四声。"王念孙："谓古人实有四声，特与后人不同，陆氏依当时之声误为分析，特撰《唐韵四声正》一书，与鄙见几如桴鼓相应，益不觉狂喜。顾氏四声一贯之说，念孙向不以为然。"段玉裁在《六书音韵表·古四声说》中提出："古四声不同今韵，犹古本音不同今韵也。考周秦汉初之文，有平上入而无去。洎乎魏晋，上入声多转而为入声，平声多转为仄声，于是乎四声大备而与古不侔。""古四声不同今韵"，这是很有见地的话。段玉裁看到了古今声调的不同，并从用韵及形声材料中发现上古去声与入声的密切关系，这体现了他的卓识，但是他所认为的上古音没有去声还是缺少有力的证据。

后来，王力承段玉裁之说，主张上古声调有两种平声和入声，即长平和短平、长入和短入。到中古长平仍是平声，短平则变成上声，长入变成去声，短入仍是入声。他认为，上古声调不但有音高的分别，而且有音长的分别。李新魁与王力的观点极为相似，只是他认为上古入声的长短之分在更早的时代。唐作藩早年在《汉语音韵学常识》中不太赞成王力的观点，他认为汉语的声调本是音高的问题，而王力认为上古汉语的声调以音长为其主要的特征，还缺乏充分的事实依据。但后在《汉语语音史教程》中，唐作藩修正了自己早年的观点，认为王力的观点是比较合乎实际的，并且提出了上古汉语有平、上、去、长入、短入的观点，又在王力观点的基础上增加了"去声"。

总之，上古音的声调是各家见仁见智，难以定论。但有两点似乎已成为共识：一是上古汉语有声调之分，与中古的平、上、去、入四声大略相当；二是上古调类可与中古四声相应，中古声调的产生绝不是一空依傍。

第五章

中古音

中古音系统是指魏晋南北朝至隋唐宋时期汉语的语音系统。研究中古音的材料主要有三项：第一项是《切韵》《广韵》、"平水韵"等；第二项是反映《广韵》韵音系统的等韵图；第三项是当时的韵文，尤其是唐宋的格律诗。

第一节　《切韵》《广韵》、"平水韵"

一、《切韵》

韵书是将同韵字编排在一起供写作韵文者查检的字典。汉代以前没有韵书，韵书是魏晋以后才产生的。现在所能看到的最早韵书是隋代陆法言所撰的《切韵》。《切韵》成书于隋仁寿元年（601 年），全书分韵有 193 个之多。书成，陆法言撰《切韵序》：

昔开皇初，有仪同刘臻等八人，同诣法言门宿。夜永酒阑，论及音韵。以今声调，既自有别。诸家取舍，亦复不同。吴楚则时伤轻浅，燕赵则多伤重浊。秦陇则去声为入，梁益则平声似去。又支（章移切）、脂（旨夷切）、鱼（语居切）、虞（遇俱切），共为一韵；先（苏前切）、仙（相然切）、尤（于求切）、侯（胡沟切），俱论是切。欲广文路，自可清浊皆通；若赏知音，即须轻重有异。吕静《韵集》，夏侯咏《韵略》，阳休之《韵略》，周思言《音韵》，李季节《音谱》，杜台卿《韵略》等，各有乖互。江东取韵，与河北复殊。因论南北是非，古今通塞。欲更据选精切，除削疏缓，萧、颜多所决定。魏著作谓法言曰："向来论难，疑处悉尽，何不随口记之。我辈数人，定则定矣。"法言即烛下握笔，略记纲要，博问英辩，殆得精华。于是更涉余学，兼从薄宦，十数年间，不遑修集。今返初服，私训诸弟子，凡有文藻，即须明声调。屏居山野，交游阻绝，疑惑之所，质问无从。亡者则生死路殊，空怀可作之叹；存者则贵贱礼隔，以报绝交之旨。遂取诸家音韵，古今字书，以前所记者定之，为《切韵》五卷。部析毫厘，分别黍累，可烦泣玉，未得县金。藏之名山，昔怪马迁之言大；持以盖酱，今叹扬雄之口吃。非是小子专辄，乃述群贤遗意；宁敢施行人世，直欲不出户庭。于时岁次辛酉，大隋仁寿元年。

这篇序言介绍了作者陆法言编纂《切韵》的缘起和背景，其中提出了对于古今音韵学的深刻见解。全书收字 11500 字，分 193 韵，按平、上、去、入分卷。分韵的标准除了韵母本身的差别以外，还考虑到声调因素，同一个韵母，声调不同也分成不同的韵。193 韵的分配是平声 54 韵、上声 51 韵、去声 56 韵、入声 32 韵。平、上、去三声各韵都按一定的次序排列，相承不乱。这本书是中古音的代表性韵书，它所代表的音系被看作整个语音史的中枢，用它可以上推上古音、下探今音，是研究历代音系和现代各方言音系的首要参照系统。因此，它成了汉语音韵学的第一经典，其体例为后来的切韵系韵书所继承。

切韵系韵书均为官韵。古代中国科举考试必考试帖诗，因为诗赋取士是需要用官话读音来作诗的，如有出韵，则很可能名落孙山，所以有必要建立一个全国统一的写诗用韵标准。唐朝以后出现了一系列官方刊定的以审音为主要任务的韵书，即所谓官韵。唐代，《切韵》已被作为科举考试的标准韵书，其地位得到进一步的提高，因此，为《切韵》增字作注的人很多。如唐代孙愐作《唐韵》，这是《切韵》的一个增修本，成书时间约在唐玄宗开元二十年（732 年）之后。因为它定名为《唐韵》，曾献给朝廷，所以虽是私人著述，却带有官书性质。

二、《广韵》

北宋初年，陈彭年、丘雍等人奉皇帝的诏令据《切韵》及唐人的增订本对《切韵》进行了修订。修订本于真宗景德四年（1007 年）完成，于真宗大中祥符元年（1008 年）改名为《大宋重修广韵》，简称《广韵》。这是第一部官修性质的韵书，是《切韵》最重要的增订本。《广韵》撰成后，一直流传到今天。《广韵》虽非《切韵》，但由于其未改变《切韵》的音系，所以成了研究中古音最重要的材料。

《广韵》在《切韵》193 韵的基础上，分为 206 韵，全书共收 26194 字。《广韵》注文引证丰富，具有一般字典或辞典的作用。它以四声为纲、韵目为纬，206 韵由平、上、去、入四个部分组成。其中平声有 57 韵，上声有 55 韵，去声有 60 韵，入声有 34 韵。这样看来，《广韵》分部很细，且都有音韵学的依据。它们以现代汉语音韵学的观点来看是同韵的，但实际上有区别，如"东"的韵母为 ung，"冬"的韵母为 ong；"咸"的韵母为 em，"衔"的韵母为 am 等。这些韵部之间有韵头、韵腹、韵尾的差异，所以不能相混。如"咸"和"侵"韵尾为双唇鼻韵 m，发此音时闭口，故称闭口韵，现在此韵尾在普通话里已经发生变化而消失了。但如果除了声调的分别不算，就只有 61

个韵类，92 个韵母。

自六朝到唐宋，人们的口语与《切韵》音系的距离越来越大。为方便科举考试用韵，《广韵》卷首总目和每卷韵目逐一标明了"独用""同用"。所谓"独用"是指在科举诗赋考试或平时作格律诗时，此韵字不能与邻韵字在一起押韵，如东韵下注"独用"，就是意味着它不能与后边冬、钟二韵的字在一起押韵。"同用"是与"独用"相对的一个概念，指某些相邻的韵在作韵文时可以在一起押韵，如冬韵下注"钟同用"，即冬、钟二韵的字可以在一起押韵。下表为戴震根据四声相配的规则将《广韵》韵目编成的《考定广韵独用同用四声表》。

考定广韵独用同用四声表

	上平声	上声	去声	入声
1. 通摄	一东 独用	一董 独用	一送 独用	一屋 独用
	二冬 钟同用		二宋 用同用	二沃 烛同用
	三钟	二肿 独用	三用	三烛
2. 江摄	四江 独用	三讲 独用	四绛 独用	四觉 独用
阳声韵〔ŋ〕与入声韵〔k〕相配				
3. 止摄	五支 脂之同用	四纸 旨止同用	五寘 至志同用	
	六脂	五旨	六至	
	七之	六止	七志	
	八微 独用	七尾 独用	八未 独用	
4. 遇摄	九鱼 独用	八语 独用	九御 独用	
	十虞 模同用	九麌 姥同用	十遇 暮同用	
	十一模	十姥	十一暮	

（续表）

	上平声	上声	去声	入声
5. 蟹摄	十二齐 独用	十一荠 独用	十二霁 祭同用	
			十三祭	
			十四泰 独用	
	十三佳 皆同用	十二蟹 骇同用	十五卦 怪夬同用	
	十四皆	十三骇	十六怪	
			十七夬	
	十五灰 咍同用	十四贿 海同用	十八队 代同用	
	十六咍	十五海	十九代	
			二十废 独用	
阴声韵 [e] [u] [o] [ɪe] [i3] [ai] [ɐi] [æi] [ei] [ɒi]				
6. 臻摄	十七真 谆臻同用	十六轸 准同用	二十一震 稕同用	五质 术栉同用
	十八谆	十七准	二十二稕	六术
	十九臻			七栉
	二十文 独用	十八吻 独用	二十三问 独用	八物 独用
	二十一欣 独用	十九隐 独用	二十四焮 独用	九迄 独用
7. 山摄	二十二元 魂痕同用	二十阮 混很同用	二十五愿 恨恨同用	十月 没同用
6. 臻摄	二十三魂	二十一混	二十六慁	十一没
	二十四痕	二十二很	二十七恨	
7. 山摄	二十五寒 桓同用	二十三旱 缓同用	二十八翰 换同用	十二曷 末同用
	二十六桓	二十四缓	二十九换	十三末
	二十七删 山同用	二十五潸 产同用	三十谏 裥同用	十四黠 鎋同用
	二十八山	二十六产	三十一裥	十五辖
阳声韵 [n] 与入声韵 [t] 相配				
	下平声	**上声**	**去声**	**入声**
7. 山摄	一先 仙同用	二十七铣 狝同用	三十二霰 线同用	十六屑 薛同用
	二仙	二十八狝	三十三线	十七薛

（续表）

	下平声	上声	去声	入声
	阳声韵〔n〕与入声韵〔t〕相配			
8. 效摄	三萧 宵同用	二十九筱 小同用	三十四啸 笑同用	
8. 效摄	四宵	三十小	三十五笑	
	五肴 独用	三十一巧 独用	三十六效 独用	
	六豪 独用	三十二晧 独用	三十七号 独用	
9. 果摄	七歌 戈同用	三十三哿 果同用	三十八个 过同用	
	八戈	三十四果	三十九过	
10. 假摄	九麻 独用	三十五马 独用	四十祃 独用	
	阴声韵〔u〕〔a〕			
11. 宕摄	十阳 唐同用	三十六养 荡同用	四十一漾 宕同用	十八药 铎同用
	十一唐	三十七荡	四十二宕	十九铎
12. 梗摄	十二庚 耕清同用	三十八梗 耿静同用	四十三映 净劲同用	二十陌 麦昔同用
	十三耕	三十九耿	四十四净	二十一麦
	十四清	四十静	四十五劲	二十二昔
	十五青 独用	四十一迥 独用	四十六径 独用	二十三锡 独用
13. 曾摄	十六蒸 登同用	四十二拯 等同用	四十七证 嶝同用	二十四职 德同用
	十七登	四十三等	四十八嶝	二十五德
	阳声韵〔ŋ〕与入声韵〔k〕相配			
14. 流摄	十八尤 侯幽同用	四十四有 厚黝同用	四十九宥 候幼同用	
	十九侯	四十五厚	五十候	
	二十幽	四十六黝	五十一幼	
	阴声韵〔u〕			
15. 深摄	二十一侵 独用	四十七寝 独用	五十二沁 独用	二十六缉 独用

（续表）

		下平声	上声	去声	入声
16. 咸摄		二十二覃 谈同用	四十八感 敢同用	五十三勘 阚同用	二十七合 盍同用
		二十三谈	四十九敢	五十四阚	二十八盍
		二十四盐 添同用	五十琰 忝同用	五十五艳 㮇同用	二十九叶 帖同用
		二十五添	五十一忝	五十六㮇	三十帖
		二十六咸 衔同用	五十二豏 槛同用	五十七陷 鉴同用	三十一洽 狎同用
		二十七衔	五十三槛	五十八鉴	三十二狎
		二十八严 凡同用	五十四俨 范同用	五十九酽 梵同用	三十三业 乏同用
		二十九凡	五十五范	六十梵	三十四乏
	阳声韵［m］与入声韵［p］相配				

表中平声韵共 57 个，分为上平声与下平声两个部分。上声韵共 55 个，比平声韵少 2 个，原因是平声冬韵和臻韵的上声均未立韵。去声韵共 60 个，比平声韵多了祭、泰、夬、废 4 韵，又少了 1 个臻韵的去声韵。入声韵共 34 个，比与之相配的阳声韵少了 1 个痕韵的入声韵。

这种"同用"与"独用"大致出现于盛唐时期，这说明切韵音系与当时的语言（包括官方与民间语言）有了一定的距离。文人作诗，还算是比较严格地遵守格律的；至于一般讲唱的艺人，那就没有这么多清规戒律了，他们很自由地用口语来押韵，尤其是长篇的作品，某一部的韵字不够，便大胆采用口语上相近的邻部之韵。下面以唐诗为例来说明这个问题。

登鹳鹊楼（王之涣）

白日依山尽，黄河入海流［lǐəu］。

欲穷千里目，更上一层楼［ləu］。

这首诗的韵脚字是"流""楼"。"流"为《广韵》下平声十八尤韵，"楼"为下平声十九侯韵。尤、侯韵同用。王之涣是盛唐人，可见当时邻韵通押已不是稀奇之事。

登乐游原（李商隐）

向晚意不适，驱车登古原［ŋǐwɐn］。

夕阳无限好，只是近黄昏［ɣuə］。

这首诗中，"原""昏"为韵脚。"原"为《广韵》上平声二十二元韵，

"昏"为上平声二十三魂韵，元、魂同用。实际上元、魂在唐朝时主要元音不同，一个是 [ɐ]，一个是 [ə]。到了宋时，这两个字的语音差别越来越大，但《广韵》规定上平声二十二元韵、二十三魂韵、二十四痕韵同用，因此读书人吟诗作赋还以它为圭臬，即使韵律不协，也只能遵守。

使至塞上（王维）

单车欲问边 [pian]，属国过居延 [jǐɛn]。

征蓬出汉塞，归雁入胡天 [tʰian]。

大漠孤烟直，长河落日圆 [jǐwɛn]。

萧关逢候骑，都护在燕然 [nzǐɛn]。

这首诗的韵脚字是"边"延""天""圆""然"。"边""天"为《广韵》下平声一先韵，"延""圆""然"为下平声二仙韵，先、仙韵同用。

渡荆门送别（李白）

渡远荆门外，来从楚国游 [jǐəu]。

山随平野尽，江入大荒流 [lǐəu]。

月下飞天镜，云生结海楼 [ləu]。

仍怜故乡水，万里送行舟 [tɕǐəu]。

这首诗的韵脚字是"游""流""楼""舟"。"游""流""舟"为《广韵》下平声十八尤韵，而"楼"为下平声十九侯韵。尤、侯韵的主要元音和韵尾为 [əu]，所以，尤、侯韵同用。

春望（杜甫）

国破山河在，城春草木深 [ɕǐem]。

感时花溅泪，恨别鸟惊心 [sǐem]。

烽火连三月，家书抵万金 [kǐem]。

白头搔更短，浑欲不胜簪 [tsɒm]。

这首诗的韵脚字是"深""心""金""簪"。"深""心""金"为《广韵》下平声二十一侵韵，而"簪"为下平声二十二覃韵。《广韵》标明侵韵独用，它不能与覃韵合韵，虽然它们同为阳声韵，且同收 [m] 尾。但杜甫以用律精细而著称，不应有这样的失误。查《广韵》，发现"簪"有二读，一是"作含切"，一是"侧吟切"，其义皆为"首笄"。"作含切"现代音应读 zān，"侧吟切"现代音应读 zhēn，"作含切"的"簪"在《广韵》中归在覃韵，

"侧吟切"的"簪"在《广韵》中归在侵韵。《康熙字典·竹部》:"《广韵》侧吟切,《集韵》《韵会》缁岑切,《正韵》缁深切,首笄也。又《广韵》作含切,《集韵》《韵会》《正韵》祖含切,并音鐕。义同。"这说明中古音"簪"有二读,其义为一。《辞海》和《汉语大字典》在 zān 音后都把二读列了出来,说明其音的来源。但现代人读"簪"为 zān,其来源为《广韵》的作含切,属覃韵,这样使这首诗的韵律不协;而读"簪"为"zhēn",其来源为《广韵》的侧吟切,属侵韵,这样整首诗押侵韵,协韵。因此建议将"浑欲不胜簪"的"簪"读成"zhēn"。实际上,上古音"簪"只有一个音,即精母侵部〔tsəm〕,只不过到中古分化了罢了。

钱塘湖春行（白居易）

孤山寺北贾亭西〔siei〕,水面初平云脚低〔tiei〕。

几处早莺争暖树,谁家新燕啄春泥〔niei〕。

乱花渐欲迷人眼,浅草才能没马蹄〔diei〕。

最爱湖东行不足,绿杨阴里白沙堤〔tiei〕。

这首诗的韵脚字是"西""低""泥""蹄""堤",通篇押上平声十二齐韵,《广韵》规定十二齐独用。

酬乐天扬州初逢席上见赠（刘禹锡）

巴山楚水凄凉地,二十三年弃置身〔çǐěn〕。

怀旧空吟闻笛赋,到乡翻似烂柯人〔ȵǐěn〕。

沉舟侧畔千帆过,病树前头万木春〔tɕʰǐuěn〕。

今日听君歌一曲,暂凭杯酒长精神〔dʑǐěn〕。

这首诗的韵脚字是"身""人""春""神"。"身""人""神"押上平声十七真韵,"春"押上平声十八谆韵,真、谆主要元音和韵尾均为〔ěn〕,故真、谆韵可同用。

以上所选的格律诗中,只有《钱塘湖春行》押一个韵,其他都是两个韵通押,这说明在唐代,邻近韵部的同用已成为一种常态,更遑论唐代以后。

三、"平水韵"

《切韵》系韵书兼有古今方国之音,而且从其分而不从其合,所以分部过细,与当时的实际语音有一定的差距。文人在作诗时,选韵多有不便,一不小心便出韵，所以多部同用就成为一种必然。唐初许敬宗等人奏议，把二百零六韵中邻近的韵合并起来使用。根据对上面唐诗的分析，可见唐代诗人在作诗时也的确是把二百零六韵中邻近的韵合并起来使用的。南宋时，江北平水人刘渊编写了《壬子新刊礼部韵略》，将《广韵》的 206 韵合并为 107 韵。因刘渊是平水人，后人就称其为"平水韵"。但是，刘渊的"平水韵"也已佚失。在"平水韵"佚失之前，金代王文郁编写了《平水新刊韵略》一书，又把"平水韵"的 107 韵改并为 106 韵，这就是后来通行的"平水韵"。清人将"平水韵"改称为"佩文诗韵"，也是 106 韵。下面看一看"平水韵"是如何把《广韵》的 206 韵合并成 106 韵的。

《广韵》、"平水韵"韵目对应表

《广韵》	"平水韵"
上平声	上平声
一东 独用	一东
二冬 钟同用	二冬
三钟	
四江 独用	三江
五支 脂之同用	四支
六脂	
七之	
八微 独用	五微
九鱼 独用	六鱼
十虞 模同用	七虞
十一模	
十二齐 独用	八齐
十三佳 皆同用	九佳
十四皆	
十五灰 咍同用	十灰
十六咍	
十七真 谆臻同用	十一真
十八谆	

139

（续表）

《广韵》	"平水韵"
十九臻	
二十文 独用	十二文
二十一欣 独用	
二十二元 魂痕同用	十三元
二十三魂	
二十四痕	
二十五寒 桓同用	十四寒
二十六桓	
二十七删 山同用	十五删
二十八山	
下平声	**下平声**
一先 仙同用	一先
二仙	
三萧 宵同用	二萧
四宵	
五肴 独用	三肴
六豪 独用	四豪
七歌 戈同用	五歌
八戈	
九麻 独用	六麻
十阳 唐同用	七阳
十一唐	
十二庚 耕清同用	八庚
十三耕	
十四清	
十五青 独用	九青
十六蒸 登同用	十蒸

（续表）

《广韵》	"平水韵"
十七登	十一尤
十八尤 侯幽同用	
十九侯	
二十幽	
二十一侵 独用	十二侵
二十二覃 谈同用	十三覃
二十三谈	
二十四盐 添同用	十四盐 添严同用
二十五添	
二十六咸 衔同用	十五咸 衔凡同用
二十七衔	
二十八严 凡同用	
二十九凡	
上声	**上声**
一董 独用	一董
二肿 独用	二肿
三讲 独用	三讲
四纸 旨止同用	四纸
五旨	
六止	
七尾 独用	五尾
八语 独用	六语
九麌 姥同用	七麌
十姥	
十一荠 独用	八荠
十二蟹 骇同用	九蟹
十三骇	

（续表）

《广韵》	"平水韵"
十四贿 海同用	十贿
十五海	
十六轸 准同用	十一轸
十七准	
十八吻 独用	十二吻
十九隐 独用	
二十阮混 很同用	十三阮
二十一混	
二十二很	
二十三旱 缓同用	十四旱
二十四缓	
二十五潸 产同用	十五潸
二十六产	
二十七铣 狝同用	十六铣
二十八狝	
二十九筱 小同用	十七筱
三十小	
三十一巧 独用	十八巧
三十二皓 独用	十九皓
三十三哿 果同用	二十哿
三十四果	
三十五马 独用	二十一马
三十六养 荡同用	二十二养
三十七荡	
三十八梗 耿静同用	二十三梗
三十九耿	
四十静	

（续表）

《广韵》	"平水韵"
四十一迥 独用	二十四迥 拯等同用
四十二拯 等同用	
四十三等	
四十四有 厚黝同用	二十五有
四十五厚	
四十六黝	
四十七寝 独用	二十六寝
四十八感 敢同用	二十七感
四十九敢	
五十琰 忝同用	二十八琰
五十一忝	
五十二豏 槛同用	二十九豏
五十三槛	
五十四俨 范同用	
五十五范	
去声	**去声**
一送 独用	一送
二宋 用同用	二宋
三用	
四绛 独用	三绛
五寘 至志同用	四寘
六至	
七志	
八未 独用	五未
九御 独用	六御
十遇 暮同用	七遇
十一暮	

（续表）

《广韵》	"平水韵"
十二霁 祭同用	八霁
十三祭	
十四泰 独用	九泰
十五卦 怪夬同用	十卦
十六怪	
十七夬	
十八队 代同用	十一队 代废同用
十九代	
二十废 独用	
二十一震 稕同用	十二震
二十二稕	
二十三问 独用	十三问 焮同用
二十四焮 独用	
二十五愿 恩恨同用	十四愿
二十六恩	
二十七恨	
二十八翰 换同用	十五翰
二十九换	
三十谏 裥同用	十六谏
三十一裥	
三十二霰 线同用	十七霰
三十三线	
三十四啸 笑同用	十八啸
三十五笑	
三十六效 独用	十九效
三十七号 独用	二十号
三十八个 过同用	二十一个

（续表）

《广韵》	"平水韵"
三十九过	
四十祸独用	二十二祸
四十一漾 宕同用	二十三漾
四十二宕	
四十三映 诤劲同用	二十四映
四十四诤	
四十五劲	
四十六径 独用	二十五径 证嶝同用
四十七证 嶝同用	
四十八嶝	
四十九宥 候幼同用	二十六宥
五十候	
五十一幼	
五十二沁 独用	二十七沁
五十三勘 阚同用	二十八勘
五十四阚	
五十五艳桥同用	二十九艳
五十六桥	
五十七陷 鉴同用	三十陷
五十八 鉴	
五十九酽 梵同用	
六十梵	
入声	入声
一屋 独用	一屋
二沃 烛同用	二沃
三烛	
四觉 独用	三觉

（续表）

《广韵》	"平水韵"
五质 术栉同用	四质
六术	
七栉	
八物 独用	五物 迄同用
九迄 独用	
十月 没同用	六月
十一没	
十二曷 末同用	七曷
十三末	
十四黠 辖同用	八黠
十五辖	
十六屑 薛同用	九屑
十七薛	
十八药 铎同用	十药
十九铎	
二十陌 麦昔同用	十一陌
二十一麦	
二十二昔	
二十三锡 独用	十二锡
二十四职 德同用	十三职
二十五德	
二十六缉 独用	十四缉
二十七合 盍同用	十五合
二十八盍	
二十九叶 帖同用	十六叶 帖业同用
三十帖	
三十一洽 狎同用	十七洽 狎乏同用

（续表）

《广韵》	"平水韵"
三十二狎	
三十三业 乏同用	
三十四乏	

　　以上对照表清楚地表明了《广韵》206 个韵是如何合并成"平水韵"106 韵的。最常用的做法是把《广韵》每一个同用的韵一律合成一个韵，如入声韵五质、六术、七栉因为可以同用，所以在"平水韵"中一律合并到入声四质中。其他特殊的合并方式见下页图。

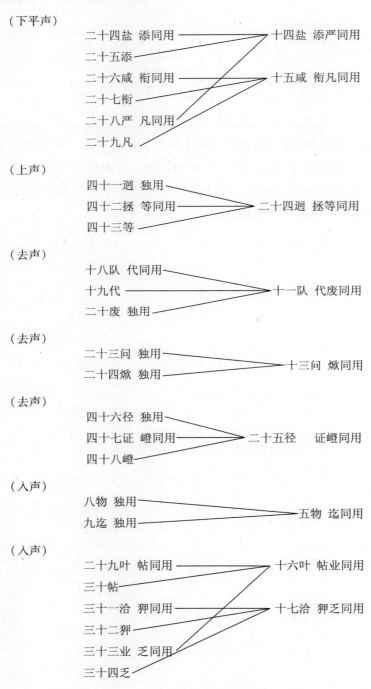

"平水韵"中特殊合并方式图

第二节　中古音声母

一、中古声母研究成果

《切韵》系韵书是按照韵母编排的，它只标明了韵目，而没有直接告诉我们中古有多少声母和韵母。而之前提到的三十六字母只能代表唐末宋初的语音情况，不能代表隋末唐初《切韵》时代的语音系统。所以要想了解中古声韵的实际情况，还得从《广韵》入手。

音韵学家对《广韵》声母的研究，主要是运用《广韵》的反切。在这方面，清代陈澧成就最大，他是第一个根据《广韵》的反切来考证《广韵》声韵系统的人。他研究《广韵》声类的方法被叫作反切系联法。所谓反切系联法，是一种利用反切来研究中古汉语声母和韵母类别的方法。通过反切上字与被反切字同声母，反切下字与被切字同韵母和声调，对多组反切反复运用系联的方法，就可以把所有字按声母、韵母和声调归成若干类。陈澧在《切韵考》一书中，提出了《广韵》在反切上有"同用""互用""递用"等规则，运用了三项条例，即基本条例、分析条例、补充条例。

陈澧根据这三项条例，将《广韵》的 452 个反切上字共系联出 40 个声类。现当代学者用同样的方法研究，结果却与陈澧的很不一样：黄侃得出 41 声类，白涤洲、黄粹伯得出 47 声类，曾运乾、陆志韦、周祖谟得出 51 声类。当今多数学者认为《广韵》有 37 个声母，这基本上能够反映中古的声母系统。以下便是《广韵》三十七声母及其拟音表。

《广韵》三十七字母及其拟音表

发音部位新名 / 发音部位旧名 / 发音方法			全清	次清	全浊	次浊	全清	全浊
双唇	唇	重唇	帮[p]（非）	滂[pʰ]（敷）	並[b]（奉）	明[m]（微）		
舌尖中	舌	舌头	端[t]	透[tʰ]	定[d]	泥[n]		
舌面前		舌上	知[ȶ]	彻[ȶʰ]	澄[ȡʰ]	娘[ȵ]		
舌尖前	齿	齿头	精[ts]	清[tsʰ]	从[dz]		心[s]	邪[z]
舌叶		正齿	庄[tʃ]	初[tʃʰ]	崇[dʒ]		生[ʃ]	俟[ʒ]
舌面前			章[tɕ]	昌[tɕʰ]	船[ʑ]		书[ɕ]	禅[ʥ]
舌根		牙	见[k]	溪[kʰ]	群[g]	疑[ŋ]		
零声母	喉		影 o					
舌根音							晓[x]	匣[ɦ]（云）
半元音						以[j]		
舌尖中	半舌					来[l]		
舌面鼻擦音	半齿					日[nʑ]		

二、三十七声母与其他时期的字母比较

把隋末唐初的三十七声母和上古音三十二字母相比较，发现最重要的变化在端组，具体情况见下图。

（上古）   （中古）

端［t］（一四等）————————————端［t］

　　　（二三等）————————————知［ȶ］

透［tʰ］（一四等）————————————透［tʰ］

　　　（二三等）————————————彻［ȶʰ］

定［d］（一四等）————————————定［d］

　　　（二三等）————————————澄［ȡ］

三十七声母与三十二字母端组对比图

上古音到中古音声母的变化首先是舌音的分化，上古音舌头音端、透、定三母分化出知、彻、澄。其分化的条件是端组的声母在一、四等韵前，声母维持不变；而在二、三等韵前读法发生了变化，读作 [ȶ] [ȶʰ] [ȡ]。

从隋末唐初的三十七声母到唐末宋初的三十六字母，时间的跨度有 300 多年，这中间虽然还属于中古时期，但声母系统已有较大的变化，唇音多了 4 个。具体情况见下图。

精 [ts]（一三四等）———————————— 精 [ts]
（二三等）———————————— 庄 [tʃ] ↘

照 [tʃ]

章 [ȶ]（三等）———————————— 章 [tɕ] ↗
清 [tsʰ]（一三四等）———————————— 清 [tsʰ]
（二三等）———————————— 初 [tʃ] ↘

穿 [tʃʰ]

昌 [ȶʰ]（三等）———————————— 昌 [tɕʰ] ↗
从 [dz]（一三四等）———————————— 从 [dz]
（二三等）———————————— 崇 [dʒ] ↘

床 [dʒ]

船 [ʑ]（三等）———————————— 船 [dʑ] ↗

三十七字母与三十六字母对比图

中古前期正齿音有两组，即庄、初、崇、生，章、昌、船、书、禅。到了晚唐，《守温残卷》三十字母中只有审、穿、禅、照是正齿音，三十六字母中的正齿音为照、穿、床、审、禅，这说明照二（庄组）、照三（章组）已合二为一。另外，喻母字分为二类，三等字（云、于类）与匣母合并，四等字（以类）成为以母。

顺带说一下中古的调类。中古的调类与上古相比，没有争议。调类共有四个，即平、上、去、入四声。这在《切韵》《广韵》《韵镜》《七音略》等韵书和等韵书中都记载得很清楚。然而关于中古四个调类的调值现在已无从得知。

第六章

普通话语音系统的来源

从中古音到现代普通话，声、韵、调都发生了很大的变化。在语音的演变中，声、韵、调往往是互为条件的。如声母在发音方法上的演变主要以声调为条件，声母在发音部位上的演变主要以韵母为条件。所以谈其中的一个方面，必然会涉及其他两个方面。

第一节　普通话声母的来源

一、中古声母至近代汉语的变化

汉语的声母系统从中古前期的三十七声母，到唐末宋初的三十六字母，再到元代《中原音韵》的二十五个声母，以及明代的《早梅诗》，总的趋势是数量在递减，内容在变化。这主要表现在三个方面：浊音清化；唇音分化；知、章、庄三组声母合并。中古声母至近代汉语具体变化如下所示。

中古声母至近代汉语的变化

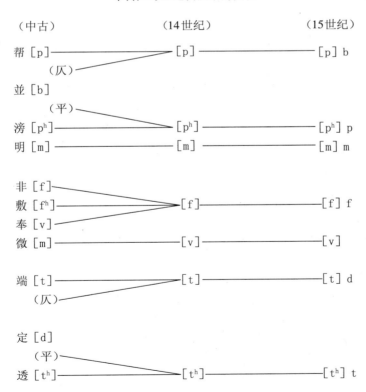

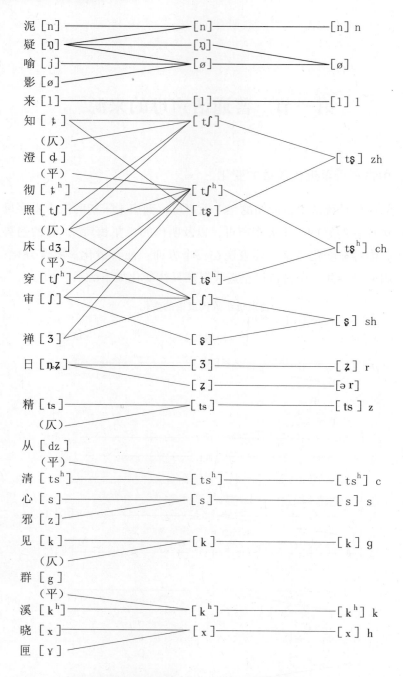

注：为了便于语文教师理解，在15世纪的下面的每个国际音标后，注上了汉语拼音字母。

以上内容清楚地反映出从中古到明代声母系统发生的变化。

（1）浊音清化，三十六字母表中的浊音声母有并母、奉母、定母、澄母、从母、邪母、床母、禅母、群母、匣母十个声母。从中古后期开始，以上浊音声母，也就是全浊塞音和塞擦音声母及全浊擦音，失落浊气流，结果平声字变为送气擦音，仄声字变为不送气清音，全浊擦音则变化为相应的清音。到了《中原音韵》时期，浊音清化已经全部完成。

（2）唇音分化，指的是中古前期唇音只有一组，即重唇音。到了盛唐时，在合口三等韵中，开始了分化，重唇帮母、滂母、并母分化出了轻唇音非、敷、奉，重唇明母就变成以 u 开头的零声母，这就是三十六字母中的非、敷、奉、微四个声母，在现代普通话中非、敷、奉都读 f，而微母先是变成〔v〕母，〔v〕母消失之后，变成以半元音 w〔w〕开头的字，与喻、疑二母合二为一，最后变成零声母。

（3）知、章、庄三组声母合并。《广韵》中有"知彻澄、章昌船书禅、庄初崇山"三组声母，在现代汉语普通话中，这三组声母合流，成为一组〔tʂ〕〔tʂʰ〕〔ʂ〕，其合并的大致途径首先是唐末宋初庄、章两组声母合并为一组照、穿、床、审、禅，到了元明之际，知、照两组声母又合并，就形成现代汉语中的〔tʂ〕〔tʂʰ〕〔ʂ〕声母。

二、《早梅诗》分析

十五世纪初，官话声母系统又有变化，声母简化为二十个。与普通话类似，最显著的变化就是浊音声母消失，疑、喻母分化到影、泥等母。前面《中古声母至近代汉语的变化》中所列出的十五世纪的语音，实际上指的是《早梅诗》。

明代兰茂用《早梅诗》二十个字代表当时通语的二十个声母，这首诗的内容如下：

> 东风破早梅，向暖一支开。
>
> 冰雪无人见，春从天上来。

下面做具体分析。

东 d　端母及定母的仄声字

风 f　非、敷、奉三母合并而来

破 p　滂母加并母的平声字

早 z　精母加从母的仄声字

梅 m　明母

向 h　晓母、匣母合并而来

暖 n　泥娘母

一 0　影母、喻母，以及一部分疑母

枝 zh　知母，照母，澄母、床母的仄声字

开 k　溪母、群母的平声字

冰 b　帮母、并母的仄声字

雪 s　心母、邪母

无 v　微母

人 r　日母

见 g　见母、群母的仄声字

春 ch　彻母，穿母，澄母、床母的平声字

从 c　清母、从母的平声字

天 t　透母、定母的平声字

上 sh　审母、禅母合并

来 l　来母

由此可以看出，明代 j，q，x 还没有出现。大概在十八世纪，精组、见组和晓组在今 i，y 前颚化而变为 j，q，x。

三、普通话声母的具体来源

通过以上分析，普通话声母的来源大致清楚了，即来源于以下几个方面。

第一，唇音声母的来源。

（1）b 的来源是帮母和并母仄声。

（2）p 的来源是滂母和并母平声。

（3）m 的来源是明母。

（4）f 的来源是非母、敷母、奉母。

第二，舌尖中音和边音声母的来源。

（1）d 的来源是端母和定母仄声。

（2）t 的来源是透母和定母平声。

（3）n 的来源是泥（娘）母和疑母。

（4）l 的来源是来母。

第三，舌根音声母的来源。

（1）g 的来源是见母和群母仄声。

（2）k 的来源是溪母和群母平声。

（3）h 的来源是晓母和匣母。

第四，舌尖前音声母的来源。

（1）z 的来源是精母、从母仄声，少数来自庄组初母、崇母仄声。

（2）c 的来源是清母、从母平声和邪母平声之韵，少数来自庄组初母、崇母平声。

（3）s 的来源是心母、邪母。

第五，卷舌声母的来源。

（1）zh 的来源是知母、澄母仄声、庄母、崇母仄声、章母和禅母入声职韵。

（2）ch 的来源是彻母、澄母平声、初母、崇母平声、昌母、船母平声和禅母平声。

（3）sh 的来源是崇母仄声止韵、志韵，生母，船母仄声和古平声麻韵、真韵，书母，禅母平声麻、虞、脂、之、宵各韵，仄声除职韵外各韵。

（4）r 的来源是日母，少数来自喻母、禅母、疑母、匣母。

第六，舌面声母的来源。

（1）j 的来源是见母、群母仄声、精母、从母仄声。

（2）q 的来源是溪母、群母平声、清母、从母平声。

（3）x 的来源是晓母、匣母、心母、邪母。

第七，零声母的来源。

来源是微母、疑母、影母、喻母和日母。

第二节　普通话韵母的来源

一、韵母系统的变化

韵母系统在中古到近代这几百年间，变化很大。韵尾上，有入声韵的消失，［-m］韵尾的消失；韵腹上，有主元音的合并；韵头上，有从二呼到四呼的演变。在韵母数量上，由《广韵》206 韵 142 个韵母，到《中原音韵》19部 47 个韵母，韵母数量大为减少。韵母大量简化主要有如下原因：（1）入声韵全部派入相应的阴声韵中去了，这就减少了 34 个韵母；（2）《广韵》把声调不同而韵母相同的字分列为不同的韵，《中原音韵》的一个韵部就包括平、上、去声调不同的韵，韵目数大大减少；（3）《广韵》是综合性音系，分韵数很多，《中原音韵》基本上是单一音系的实际读音，故韵类和韵母数都少得多；（4）汉语语音发展到元代，很多与《广韵》有区别的韵母都合流了。

二、韵母研究成果

杨耐思对《中原音韵》韵部进行了研究，其结论与拟音如下。

《中原音韵》韵部及其拟音表

一	东钟	uŋ	iuŋ		
二	江阳	aŋ	iaŋ	uaŋ	
三	支思	ʮ			
四	齐微	ei	i	uei	
五	鱼模	u	iu		
六	皆来	ai	iai	uai	
七	真文	ən	iən	uən	iuən
八	寒山	an	ian	uan	
九	桓欢	on			
十	先天		iɛn		iuɛn
十一	萧豪	au	iau	iɛu	

（续表）

十二	歌戈	o	io	uo	
十三	家麻	a	ia	ua	
十四	车遮		iɛ		iuɛ
十五	庚青	əŋ	iəŋ	uəŋ	iuəŋ
十六	尤侯	əu	iəu		
十七	侵寻	əm	iəm		
十八	监咸	am	iam		
十九	廉纤		iem		

而向熹对中古至近代汉语语音的变化也做了深入的探究，并拟制了简图，清晰地标明了中古阴声韵、阳声韵、入声韵到近代韵母的变化，如下所示。

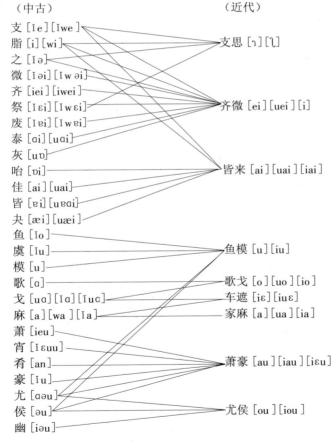

中古阴声韵至近代汉语变化简图

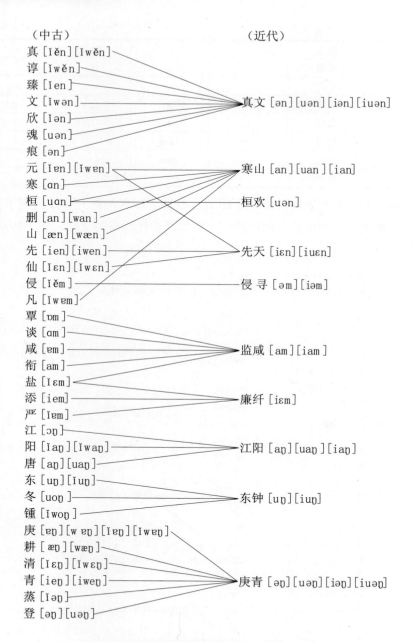

（中古）　　　　　　　　　（近代）

真 [ǐěn][ǐwěn]
谆 [ǐwěn]
臻 [ǐen]
文 [ǐwən]　　　　　　　　真文 [ən][uən][iən][iuən]
欣 [ǐən]
魂 [uən]
痕 [ən]

元 [ǐɐn][ǐwɐn]　　　　　　寒山 [an][uan][ian]
寒 [ɑn]
桓 [uɑn]　　　　　　　　桓欢 [uɛn]
删 [an][wan]
山 [æn][wæn]
先 [ien][iwen]　　　　　　先天 [iɛn][iuɛn]
仙 [ǐɛn][ǐwɛn]
侵 [ǐěm]　　　　　　　　侵寻 [əm][iəm]
凡 [ǐwɐm]
覃 [ɒm]
谈 [ɑm]
咸 [ɐm]　　　　　　　　监咸 [am][iam]
衔 [am]
盐 [ǐɛm]
添 [iem]　　　　　　　　廉纤 [iɛm]
严 [ǐɐm]
江 [ɔŋ]
阳 [ǐaŋ][ǐwaŋ]　　　　　　江阳 [aŋ][uaŋ][iaŋ]
唐 [ɑŋ][uɑŋ]
东 [uŋ][ǐuŋ]
冬 [uoŋ]　　　　　　　　东钟 [uŋ][iuŋ]
锺 [ǐwoŋ]
庚 [ɐŋ][wɐŋ][ǐɐŋ][ǐwɐŋ]
耕 [æŋ][wæŋ]
清 [ǐɛŋ][ǐwɛŋ]
青 [ieŋ][iweŋ]　　　　　　庚青 [əŋ][uəŋ][iəŋ][iuəŋ]
蒸 [ǐəŋ]
登 [əŋ][uəŋ]

中古阳声韵至近代汉语变化简图

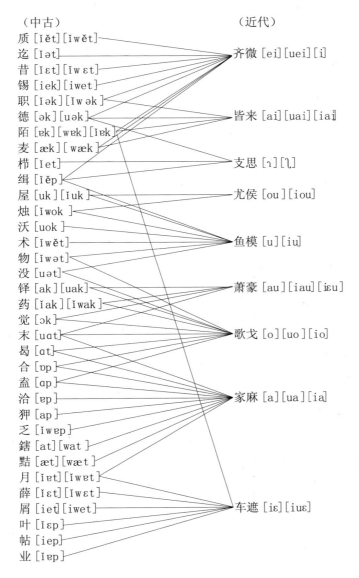

中古入声韵至近代汉语变化简图

　　向熹对近代音的韵母分部的结论与杨耐思相同，不过在拟音方面有些差异。从《中古入声韵至近代汉语变化简图》中可以看出，从中古到近代，入声韵已完全并入了阴声韵中。中古后期入声韵韵尾［k］［t］［p］已开始混用。本书曾列举了白居易《琵琶行》和李清照《声声慢》来说明入声韵混用

的问题，下面再以苏轼《念奴娇·赤壁怀古》为例，进一步说明这种现象。

大江东去，浪淘尽，千古风流人物 [mǐuət]。故垒西边，人道是，三国周郎赤壁 [piek]。乱石穿空，惊涛拍岸，卷起千堆雪 [sǐwɛt]。江山如画，一时多少豪杰 [gǐɛt]。

遥想公瑾当年，小乔初嫁了，雄姿英发 [pǐwʰt]。羽扇纶巾，谈笑间，樯橹灰飞烟灭 [miat]。故国神游，多情应笑我，早生华发 [pǐwat]。人生如梦，一尊还酹江月 [ŋǐwɛt]。

上下片各四仄韵。"物"押入八物韵，"壁"押入二十三锡韵，"灭""雪""杰"入十七薛韵，"发（發）"和"发（髪）"入十月韵。"物""灭""雪""杰""发（發）"和"发（髪）"韵尾都收 [t]，而"壁"韵尾收 [k]，混押。

中古后期的入声韵虽然混押，但还能保持入声的独立地位。而到了元代《中原音韵》，大多入声韵部就已经和阴声韵部合流了，[k][t][p] 彻底失落。原入声韵分别派入齐微、皆来、支思、尤侯、鱼模、萧豪、歌戈、家麻、车遮九个阴声韵部之中。

从图中还可看出，许多原来韵尾相同、韵腹相近的到了《中原音韵》中都合并成一个韵部，如微、齐、祭、废、泰等韵，其韵尾都是 [i]，而主要元音相近，所以最后都合并到齐微韵部了。只有阴声韵的麻部分化为家麻和车遮两部。

阳声韵部的真部和痕部合并为真文部，说明臻摄内部的主要元音 [e][ə] 已合流为 [ə]，真文韵部所含韵母为 [ən][uən][iən][iuən]，其主要原因为 [ə]。蒸部与庚部合并为庚青部，这是曾、庚两摄的合并，也说明蒸部的主要元音和庚部的主要元音合并而成为 [ə]，庚青部的韵母为 [əŋ][uəŋ][iəŋ][iuəŋ]。

从《中古阳声韵至近代汉语变化简图》中可以看出，《广韵》中深、咸两摄的韵都属于 [-m] 尾韵，这类韵共有九个，即侵、覃、谈、盐、添、咸、衔、严、凡。到了《中原音韵》里，阳声韵中还保存着三个收 [-m] 的闭口韵：侵寻韵部的 [əm][iəm]，监咸韵部的 [am][iam]，廉纤韵部 [iɛm]。到了普通话里，韵尾都变成 [-n] 了，侵寻韵部的 [əm][iəm] 并入了真文 [əm][uəm][iəm][iuəm]；监咸韵部的 [am][iam] 并入了寒山 [an][uan][ian]；廉纤韵部 [iɛm] 并入了先天 [iɛn][iuɛn]。中古

［－m］韵尾向现代普通话转化有一定规律：咸摄字都在 an，ian 韵母中，深摄字都在 en，in 韵母中；普通话合口呼、撮口呼 uan，üan，un，ün 四韵母中，除了"赚、寻"两个特例，基本不见中古［－m］韵尾字，因为闭口韵［－m］总与古合口韵相互排斥。

一般认为，由闭音节向开音节演化是汉语语音发展的一大趋向，［－m］韵尾因其发音的闭口特征，加上汉语的辅音韵尾在语流中实质上只是半辅音（只有成阻而无持阻和除阻），较容易消失，故［－m］韵尾远在入声韵尾消失之前的唐代方言中就已出现消变的端倪。如第三章列举的胡曾的《戏妻族语不正》即说明了这个问题，"针、阴"为深摄［－m］尾韵，"真、因"为臻摄［－n］尾韵，说明当时其妻所在的方言区有侵韵［－m］与真韵［－n］尾相混的情况。但［－m］一定是在入声韵消失之后才消失的。王力《汉语史稿》："《中原音韵》还保存着侵寻、监咸、廉纤三个闭口韵，可见基本上还保存着［－m］尾。在北方话里，［－m］的全部消失，不能晚于十六世纪，因为十七世纪初叶的《西儒耳目资》里已经不再有［－m］尾了。"杨耐思在《近代汉语［－m］的转化》中提到，"就汉语共同语来说，到了十三、十四世纪，才有了少数［－m］尾字转化为［－n］，这主要反映在周德清的《中原音韵》里"，"［－m］的部分转化不晚于十四世纪，全部转化不晚于十六世纪中叶"。到了明末毕拱宸的《韵略汇通》中，此三部与真文、寒山、桓欢、先天四部合并为真寻、山寒、先全三部，这说明其时［－m］尾已经消失。现代汉语方言保留［－m］韵尾的，只有粤语、闽语和客家话。中古［－m］韵尾在官话、赣语中都变成［－n］，在闽语多变成［－ŋ］，在西安等地区多变成鼻化元音，在温州、苏州等吴语区多变成口元音而与阴声韵相同。

二呼变四呼，在《中原音韵》时期还没有完成。关于四呼形成的时间，大体可以确定在元末明初。

第七章

汉语音韵学在
语文教学中的运用

汉语音韵学之于中学语文教学的作用很大，使用范围也很广，但择其要者，还是在明声律、辨通假上。所谓明声律，就是明晓古体诗和格律诗词曲的声音和韵律，进而了解诗人的思想感情；所谓辨通假，就是运用音韵学知识来辨析通用和假借字。

第一节　明声律

在音韵学的范围之内谈诗歌的古典声律，主要涉及两个方面的问题：一是诗歌的平仄，二是诗歌的押韵。

一、平仄

平仄指的是两种性质不同的声调。平即中古的平声，指声音没有升降；仄即中古的上、去、入三声，声音有升有降，又由于上、去属舒声，入属促声，所以仄声又有长有短。在诗词中，平仄的交替使用会造成声音高低错落、节奏张弛有度、音节铿锵有致的艺术效果。刘勰在《文心雕龙·声律》中主张，"凡声有飞沉，响有双叠，双声隔字而每舛，叠韵杂句而必睽；沉则响发而断，飞则声扬不还"，"左碍而寻右，末滞而讨前，则声转于吻，玲玲如振玉；辞靡于耳，累累如贯珠矣"，"气力穷于和韵。异音相从谓之和，同声相应谓之韵"，这些都是讲一首诗词之内平仄字声如何调配方能得宜的，既是对前人探索诗律的经验总结，也是指导时人调声构律的原则，见解是十分精到的。平仄的搭配要讲规矩，这些规矩具体说来有以下几条。

（一）粘 对

所谓"粘"，是指在近体诗的相邻两联中，上一联的对句（即一联的第二句）和下一联的出句（即一联的第一句）的平仄类型必须是同一大类的。如上联对句是"平平仄仄仄平平"句型，则下联出句是"平平仄仄平平仄"句型；上联对句是"仄仄平平仄仄平"句型，则下联出句是"仄仄平平平仄仄"句型。也就是说，上联对句的前四字与下联出句的前四字平仄相同，如果联与联之间平仄完全相反，则为失粘。所谓"对"，是指一联之间出句和对句的平仄完全相反，否则即为失对。以杜甫《阁夜》为例。

阁夜（杜甫）

（首联）岁暮阴阳催短景，【仄仄平平平仄仄】

天涯霜雪霁寒宵。【平平（仄）仄仄平平】

（颔联）五更鼓角声悲壮，【（平）平仄仄平平仄】

三峡星河影动摇。【（仄）仄平平仄仄平】

（颈联）野哭几家闻战伐，【仄仄（平）平平仄仄】

夷歌数处起渔樵。【平平仄仄仄平平】

（尾联）卧龙跃马终黄土，【（平）平仄仄平平仄】

人事音书漫寂寥。【（仄）仄平平仄仄平】

这首诗前三联对仗。首联除了对句中的第三个字平仄不协——"霜"是平声而非仄声，其他的出句与对句平仄截然相反，这就是"对"。不过对句的第三个字可平可仄，格律诗有"一三五不论，二四六分明"的说法。（当然，这个口诀不完全准确。在一些情况下，一、三、五必须论；在特定的句型中，二、四、六也未必分明。这一点我们在后面将要谈到）颔联出句中的"五"，对句中的"三"不协，但同样适用上面的说法。"峡"中古音为〔ɣɐp〕，是入声字，颔联的平仄同样符合格律要求。颔联的对句与颈联的出句的前四个字平仄相同，属于"粘"。其中"哭"中古音为〔kʰuk〕，溪母屋韵，入声字，符合"粘"的韵律要求。

下面举两个失粘的例子。

使至塞上（王维）

单车欲问边，【平平仄仄平】

属国过居延。【仄仄仄平平】

征蓬出汉塞，【平平平仄仄】

归雁入胡天。【（仄）仄仄平平】

大漠孤烟直，【仄仄平平仄】

长河落日圆。【平平仄仄平】

萧关逢候骑，【平平平仄仄】

都护在燕然。【（仄）仄仄平平】

这首诗的第二句和第三句失粘。"属国过"连续三个仄声字，（"国"〔kuək〕是入声，中古音见母德韵）"征蓬出"连续三个平声字，违反了平粘平、仄粘仄的原则。

登金陵凤凰台（李白）

凤凰台上凤凰游，凤去台空江自流。

吴宫花草埋幽径，晋代衣冠成古丘。

三山半落青天外，二水中分白鹭洲。

总为浮云能蔽日，长安不见使人愁。

这是一首极有名的诗，但如果按照格律诗的格律要求，这也是一首"失粘"的诗。诗的第二三句、第四五句失粘。第二句的"凤去台空"为"仄仄平平"，而第三句的"吴宫花草"为"平平（仄）仄"，这就失粘了。第四句"晋代衣冠"为"仄仄平平"，而第五句的"三山半落"为"平平仄仄"，也是失粘。

再举一个失对的例子。

黄鹤楼（崔颢）

昔人已乘黄鹤去，此地空余黄鹤楼。

黄鹤一去不复返，白云千载空悠悠。

晴川历历汉阳树，芳草萋萋鹦鹉洲。

日暮乡关何处是？烟波江上使人愁。

这首诗第一二句、第三四句严重失对。第一二句的平仄为"仄平仄平平仄仄，仄仄平平平仄平"，出句与对句的第四字与第六字失对。第三四句的平仄为"平仄仄仄仄仄仄，仄平平仄平平平"，也严重失对。实际上这首诗前四句更像古风，后四句才入律。

（二）拗救

拗救是格律诗术语。在格律诗中，凡不合平仄格式的字被称为"拗"。凡"拗"必须"救"。所谓"救"，就是补偿。一般说来，前面该用平声的地方用了仄声，后面必须在适当的位置上补偿一个平声，即平拗仄救，仄拗平救，这样就可以调节音调节奏，使之和谐。如苏轼《饮湖上初晴后雨》"欲把西湖比西子，淡妆浓抹总相宜"，这句的平仄本应为"仄仄平平平仄仄，平平仄仄仄平平"。可是出句的第六个字"西"应用平而用仄，本句只好在第五字"比"字处救之。结果其实际的平仄为"仄仄平平仄平仄，（平）平（仄）仄仄平平"。这种拗救叫作本句救。又如白居易《赋得古原草送别》"野火烧不尽，春风吹又生"一句，其平仄正格本应为"仄仄平平仄，平平仄仄平"。可是出句

"不"字处应用平而用仄（"不"中古音是入声字，帮母物韵［pǐwət］，而且属于犯孤平），对句"吹"字处用一平声字救之，结果其实际的平仄为"仄仄平仄仄，平平平仄平"。这种拗救叫作对句救。

王力在《诗词格律》中还曾把拗救分成以下三种形式。

形式一：五言诗中，在该用"平平仄仄平"的地方，第一字用了仄声，第三字补偿一个平声，以免犯孤平，这样就变成了"仄平平仄平"。七言则是由"仄仄平平仄仄平"变成"仄仄仄平平仄平"。这是本句自救。

形式二：五言诗中，在该用"仄仄平平仄"的地方，第四字用了仄声（或三、四字都用了仄声），就在对句的第三字改用平声来补偿，这样就变成"仄仄平仄仄，平平平仄平"。七言则由"平平仄仄平平仄，仄仄平平仄仄平"变成"平平仄仄平仄仄，仄仄平平平仄平"。这是对句相救。

形式三：五言诗中，在该用"仄仄平平仄"的地方，第四字没用仄声，只是第三字用了仄声。七言则是第五字用了仄声。这是半拗，可救可不救，和前两种形式的严格性稍有不同。

诗人在运用形式一的同时，常常在出句用形式二或形式三。这样既构成本句自救，又构成对句相救。

下面举几个例子来证明王力的观点。

晨起动征铎，客行悲故乡。【平仄仄平仄，仄平平仄平】（温庭筠《商山早行》）

本句为诗的首联，出句的平仄本应为"仄仄平平仄"，但第三字"动"为仄声，属于拗；对句的平仄本应为"平平仄仄平"。第一字"客"拗，一并用"悲"字救。这是对句相救和本句自救混用。

昔闻洞庭水，今上岳阳楼。【仄平仄平仄，平仄仄平平】（杜甫《登岳阳楼》）

出句的平仄本应为"平平平仄仄"，但第三字"洞"为仄声，属于"拗"，于是在第四字用平声"庭"去救，这就是"三拗四救"。

淮水东边旧时月，夜深还过女墙来。【（平）仄平平仄平仄，（仄）平（平）仄仄平平】（刘禹锡《石头城》）

出句的平仄本应是"仄仄平平平仄仄"，但第五字"旧"为仄声，属于"拗"，只好在第六字上用平声字"时"去救。这叫作"五拗六救"。

南朝四百八十寺，多少楼台烟雨中。【平平仄仄仄仄仄，仄仄平平平仄平】（杜牧《江南春绝句》）

出句与对句平仄的正格本应为"平平仄仄平平仄，仄仄平平仄仄平"。但诗人在出句中连用五个仄声字，第六字本应用平声而用了仄声"十"（"十"［ʑĭəp］是入声，中古音禅母缉韵），那只好在对句中拗救成"仄仄平平平仄平"了，用第五个平声字"烟"来救。这种属大拗句，必须救，否则韵律极不协调。

不过，有些拗句可救也可不救，因为拗之处非诗的关键，这样的拗句称为半拗。

复值接舆醉，狂歌五柳前。【仄仄仄平仄，平平仄仄平】（王维《辋川闲居赠裴秀才迪》）

出句的平仄正格应为"仄仄仄平仄"。"接"字应平为仄，对句没救。格律诗按两个字为一个音节，也叫音步，五言第三字不属于重要音节上的字，因此不是什么大问题，可以不救。

需要说明的是，格律诗第二字与韵脚字是不能拗的。因为第二个字的位置属于诗句中的关键和节奏，属于"诗喉"，不得轻易突破；韵脚字一拗，全诗的韵律就彻底乱了。

格律诗中，还有几个问题需要避免：一是孤平，即五言的"平平仄仄平"、七言的"仄仄平平仄仄平"，五言的第一字、七言的第三字，绝不可将平通融为仄，变成"仄平仄仄平""仄仄仄平仄仄平"。这叫孤平句，就是除了押韵那个平声外，只剩下一个平声了。二是三仄调，即诗句末尾的三个字都是仄声，为"平平仄仄仄"或"仄仄平平仄仄仄"的句式。如李白《独坐敬亭山》"相看两不厌"的平仄就是三仄调"平平仄仄仄"。虽然唐人并不以三仄调为诗病，但诗尾接连三个短促的仄声，尤其是三个入声，会使诗句节拍界限不清，节奏太急，失去平仄相间的音乐美。另外，每句结尾的三平调也是应该尽量避免的。

掌握了格律诗的平仄规则之后，我们就可以进一步了解格律诗的结构了。我们知道，汉语基本上是以两个音节为一个节奏单位的，重音落在后面的音节上。以两个音节为单位让平仄交错，就构成了近体诗的基本句型，称为律句。格律诗的基本平仄格式如下。

五言诗基本句型：

（1）仄仄平平仄；

（2）平平仄仄平；

（3）平平平仄仄；

（4）仄仄仄平平。

五言近体诗无论怎么变化，都不出这四种基本句型。至于七言，也只不过在五言诗的前面再加一个节奏单位。

七言诗基本句型：

（1）平平仄仄平平仄；

（2）仄仄平平仄仄平；

（3）仄仄平平平仄仄；

（4）平平仄仄仄平平。

与五言一样，七言近体诗无论怎么变化，也都不出这四种基本句型。

（三）近体诗的基本格式

根据粘对和用韵规则，我们可以从近体诗的四种基本句型得出以四种不同平仄格式的律诗组成的四种基本格式。

1. 五律

（1）首句不入韵，仄起仄收。

渡荆门送别（李白）

渡远荆门外，来从楚国游。【仄仄平平仄，平平仄仄平】

山随平野尽，江入大荒流。【平平平仄仄，（仄）仄仄平平】

月下飞天镜，云生结海楼。【仄仄平平仄，平平仄仄平】

仍怜故乡水，万里送行舟。【平平平仄仄，仄仄仄平平】

注：结［kiet］，入声字，中古音见母屑韵。

"仍怜故乡水"句平仄正格应为"平平平仄仄"，但第三字"故"为仄声，属于"拗"，于是第四个字用平声"乡"来救。

（2）首句不入韵，平起仄收。

山居秋暝（王维）

空山新雨后，天气晚来秋。【平平平仄仄，（仄）仄仄平平】

明月松间照，清泉石上流。【（仄）仄平平仄，平平仄仄平】

竹喧归浣女，莲动下渔舟。【平平平仄仄，（仄）仄仄平平】

随意春芳歇，王孙自可留。【（仄）仄平平仄，平平仄仄平】

注：石［zǐɛk］，入声字，中古音禅母昔韵。歇［xǐɐt］，入声字，中古音晓母月韵。

（3）首句入韵，平起平收。

晚晴（李商隐）

深居俯夹城，春去夏犹清。【平平仄仄平，（仄）仄仄平平】

天意怜幽草，人间重晚晴。【（仄）仄平平仄，平平仄仄平】

并添高阁迥，微注小窗明。【（平）平平仄仄，（仄）仄仄平平】

越鸟巢干后，归飞体更轻。【仄仄平平仄，平平仄仄平】

注：夹［kɐp］，入声字，中古音见母洽韵。阁［kɑk］，入声字，中古音见母铎韵。

（4）首句入韵，仄起平收。

月夜忆舍弟（杜甫）

戍鼓断人行，边秋一雁声。【（仄）仄仄平平，平平仄仄平】

露从今夜白，月是故乡明。【（平）平平仄仄，仄仄仄平平】

有弟皆分散，无家问死生。【仄仄平平仄，平平仄仄平】

寄书长不达，况乃未休兵。【（平）平平仄仄，仄仄仄平平】

2. 七律

（1）首句不入韵，平起仄收。

酬乐天扬州初逢席上见赠（刘禹锡）

巴山楚水凄凉地，二十三年弃置身。

【平平仄仄平平仄，仄仄平平仄仄平】

怀旧空吟闻笛赋，到乡翻似烂柯人。

【（仄）仄平平平仄仄，（平）平（仄）仄仄平平】

沉舟侧畔千帆过，病树前头万木春。

【平平仄仄平平仄，仄仄平平仄仄平】

今日听君歌一曲，暂凭杯酒长精神。

【（仄）仄平平平仄仄，（平）平（仄）仄仄平平】

注："十"［zǐəp］，入声字，中古音禅母缉韵。

（2）首句不入韵，仄起仄收。

闻官军收河南河北（杜甫）

剑外忽传收蓟北，初闻涕泪满衣裳。

【仄仄（平）平平仄仄，平平仄仄仄平平】

却看妻子愁何在，漫卷诗书喜欲狂。

【（平）平（仄）仄平平仄，仄仄平平仄仄平】

白日放歌须纵酒，青春作伴好还乡。

【仄仄（平）平平仄仄，平平仄仄仄平平】

即从巴峡穿巫峡，便下襄阳向洛阳。

【（平）平（仄）仄平平仄，仄仄平平仄仄平】

注：忽〔xuət〕，入声字，中古音晓母没韵。即〔tsĭək〕，入声字，中古音精母职韵。峡〔ɣɐp〕，入声字，中古韵匣母洽韵。

（3）首句入韵，平起平收。

咏怀古迹其三（杜甫）

群山万壑赴荆门，生长明妃尚有村。

【平平仄仄仄平平，（仄）仄平平平仄平】

一去紫台连朔漠，独留青冢向黄昏。

【仄仄（平）平平仄仄，（平）平（仄）仄仄平平】

画图省识春风面，环珮空归月夜魂。

【（平）平（仄）仄平平仄，（仄）仄平平仄仄平】

千载琵琶作胡语，分明怨恨曲中论。

【（仄）仄平平平仄仄，（平）平（仄）仄仄平平】

注：识〔çĭək〕，入声字，中古音书母职韵。

（4）首句入韵，仄起平收。

书愤（陆游）

早岁那知世事艰，中原北望气如山。

【仄仄（平）平仄仄平，（平）平仄仄仄平平】

楼船夜雪瓜洲渡，铁马秋风大散关。

【平平仄仄平平仄，仄仄平平仄仄平】

塞上长城空自许，镜中衰鬓已先斑。

【仄仄平平平仄仄，（平）平（仄）仄仄平平】

出师一表真名世，千载谁堪伯仲间？

【（平）平仄仄平平仄，（仄）仄平平仄仄平】

注：出〔tɕʰĭuĕt〕，入声字，中古音昌母术韵。

3. 五绝

（1）首句不入韵，仄起仄收。

登鹳雀楼（王之涣）

白日依山尽，黄河入海流。【（仄）仄平平仄，平平仄仄平】

欲穷千里目，更上一层楼。【（平）平平仄仄，（仄）仄仄平平】

（2）首句不入韵，平起仄收。

宿建德江（孟浩然）

移舟泊烟渚，日暮客愁新。【平平平仄仄，仄仄仄平平】

野旷天低树，江清月近人。【仄仄平平仄，平平仄仄平】

（3）首句入韵，平起平收。

闺人赠远（王涯）

花明绮陌春，柳拂御沟新。【平平仄仄平，仄仄仄平平】

为报辽阳客，流芳不待人。【（仄）仄平平仄，平平仄仄平】

注：拂〔pʰĭwət〕，入声字，中古音滂母物部。

（4）首句入韵，仄起平收。

塞下曲（卢纶）

林暗草惊风，将军夜引弓。【（平）仄仄平平，平平仄仄平】

平明寻白羽，没在石棱中。【平平平仄仄，（仄）仄仄平平】

注：石〔ʑĭɛk〕，入声字，中古音禅母昔韵。

4. 七绝

（1）首句不入韵，仄起仄收。

赠刘景文（苏轼）

荷尽已无擎雨盖，菊残犹有傲霜枝。

【（仄）仄（平）平平仄仄，平平（仄）仄仄平平】

一年好景君须记，最是橙黄橘绿时。

【（平）平仄仄平平仄，仄仄平平仄仄平】

（2）首句不入韵，平起仄收。

忆江柳（白居易）

曾栽杨柳江南岸，一别江南两度春。

【平平（仄）仄平平仄，仄仄平平仄仄平】

遥忆青青江岸上，不知攀折是何人。

【（仄）仄平平平仄仄，（平）平（仄）仄仄平平】

注：别［pǐɛt］，入声字，中古音帮母薛韵。折［tɕǐɛt］，入声字，中古音章母薛韵。

（3）首句入韵，平起平收。

出塞（王昌龄）

秦时明月汉时关，万里长征人未还。

【（平）平（仄）仄仄平平，仄仄平平（仄）仄平】

但使龙城飞将在，不教胡马度阴山。

【仄仄平平平仄仄，（平）平（仄）仄仄平平】

注：教［kau］，在《广韵》中有二切，一为古肴切，开口二等字，平声；一为古孝切，开口二等字，去声。这首诗后两句的平仄格式，出句为"仄仄平平平仄仄"，对句为"平平仄仄仄平平"。而"教"处于对句中第二字的关键位置上，绝不可能可平可仄。所以，只能读成平声。不少教师于此读错，故特标明。

（4）首句入韵，仄起平收。

夜雨寄北（李商隐）

君问归期未有期，巴山夜雨涨秋池。

【（仄）仄平平仄仄平，平平仄仄仄平平】

何当共剪西窗烛，却话巴山夜雨时。

【平平仄仄平平仄，仄仄平平仄仄平】

二、押韵

（一）押韵概述

音韵学中有喉、牙、唇、舌、齿五音，就是说古人声母的发音有五种部位。"百音之极，必归喉牙"，喉牙之声，是最早用来表现人类情感的声音。

这些音都发自口腔后部，其声音具有浊重、深沉、懊恨等音趣。如古人冻馁是常有的事，而冻馁就要号寒，"号""寒"二字上古音均为匣母，属喉音。饮、沃、喝是人生必做的事，"饮""沃"是影母，"喝"是晓母，均为喉音字。

王力在《汉语史稿》很重视探求词义与语音的联系，且有许多发现。如"暮、墓、幕、雾、昧、蒙、盲、冥、梦、晚、茫"等，属明母[m]字，这些字往往都有表示黑暗的意思，都属于唇音。"阴、荫、幽、杳、隐、哀、怨、冤、暗、影、黳、奥、黝、烟、忧、抑、郁"等，均为影母零声母字，均表示黑暗和忧郁，都属于喉音。"柔、弱、软、蕤、孺、茸、蠕、壤、忍、辱"等，都为日母字，均表示柔弱、软弱，都属于舌音。可见，声母发音部位的不同，发出的声音有异，表达的情感自然不同。韵母更是如此。"阳、明、光、朗、旺、亮、皇、昌、强、扬、长、章、洋、旷、刚、壮、广、猛、永、炳、王、张、泱"等属于阳部的字，都有表示光明、昌盛、广大、长远、刚强等的意思。汉字乃形、音、义的结合体，古人造字之初就注意到将此三者密切地联系起来，用不同的声音表现不同的情感。基于此，汉代才创造并使用了声训的方法。清儒因发现了因声求义的规律，从而开创了清代小学的新局面。

讲究韵律，是中国诗歌的一大传统。从最早的诗歌总集《诗经》开始，便奠定了韵律的基础。一首好的诗，它的句式、平仄安排，以及用韵，一定适应情感的表达。对诗人来说，选用什么样的韵，直接关乎思想与情感的表达。比如，表达忧愁、伤感的情绪时，诗人大多选择"平水韵"下平十一尤、下平十二侵等韵；表达欢快、明朗的情绪时，诗人常常用主元音响亮、带有鼻辅音韵尾的韵，自然就要选用覃、东、江、阳等韵，这些韵能给人以高亢、嘹亮、昂扬的感觉，如杜甫《闻官军收河南河北》。

闻官军收河南河北（杜甫）

剑外忽传收蓟北，初闻涕泪满衣裳[zǐaŋ]。

却看妻子愁何在，漫卷诗书喜欲狂[gǐwaŋ]。

白日放歌须纵酒，青春作伴好还乡[xǐaŋ]。

即从巴峡穿巫峡，便下襄阳向洛阳[jǐaŋ]。

听闻"安史之乱"被平定，诗人喜极而泣，欣然命笔。这是杜甫平生第一首快诗。诗人用的是最响亮的下平七阳韵。

苏轼《念奴娇·赤壁怀古》历来被称为豪放派的代表作，但押入声韵

（物、锡、月、屑四韵），后人亦有为之叹惋者，显得不洪亮。但我认为这恰好反映出苏轼心情的矛盾之处。乌台诗案，苏轼被贬黄冈，心中郁闷可想而知。但旧赤壁战场激起了他的些许雄心，所以起笔颇有气势，从长江着笔——巨大的空间，千古风流人物——广阔的历史时空，将这些联系起来，组成一个极为辽阔悠久的时空背景。但"浪淘尽"一句，写出了"人生如梦"及政治理想落空的悲哀。振兴王朝的祈望和有志报国的壮怀同黑暗的政治现实和横遭贬谪的坎坷处境大相抵牾，思绪深沉，感慨顿生，仕途蹭蹬，壮怀莫酬，词人自感苍老，同血气方刚、卓有建树的周公瑾恰成对照。"人生如梦，一樽还酹江月"，历史与现实交相震撼，词人于天地之中顿生达悟——既然人生如梦，何不放怀一笑，驰骋于山林、江河、清风、明月之中！洒脱情怀于此略见一斑，但无奈与不甘也隐约可见。"一尊还酹江月"之"还"，使无奈的语气跃然纸上。这首词，激烈与悲慨、达观与无奈各种情绪交织在一起，用入声韵恰好表现出诗人矛盾的心情。如果用阳唐韵，虽然豪放却失于肤浅了。

白居易的《琵琶行》第二节是描写音乐的名段，从音乐的角度看，可以看出这段描写得十分精到。

大弦嘈嘈如急雨，小弦切切如私语。嘈嘈切切错杂弹，大珠小珠落玉盘。

用"嘈嘈""切切"这两组叠字词摹声，又用"急雨""私语"使之形象化。"嘈"［dzu］是全浊声母的平声字，正好可以表现大弦深沉悠长的特点；而"切"［tsʰiet］是送气清声母的入声字，正好可以表现小弦轻细飘促的声音。而"嘈嘈切切错杂弹"前六个字的声母都是舌尖塞擦音，"嘈"，从母；"切"，清母；"错"，清母；"杂"，从母。全浊与次清，带音与不带音交错出现。最后以"弹"（定母）这样一个舌尖中音收束，突出了琵琶声两种音质和旋律的特点，加强了悦耳的听感和美妙的节奏感。

杜甫《茅屋为秋风所破歌》是一首脍炙人口的古体诗，大致以七言为主，间杂九言，没有固定平仄，韵脚亦随思想内容而变。王正明在《试论音韵学在中学语文教学中的作用》一文中曾对其进行过分析。（见《语文研究》1983年第1期）但作者对拟音时有错误，后文括号里的文字就是笔者对其失误的订正。

先看原诗：

八月秋高风怒号［ɣɑu］，卷我屋上三重茅［mau］。茅飞渡江洒江郊［kau］，高者挂罥长林梢［ʃau］，下者飘转沉塘坳［au］。

南村群童欺我老无力 [lǐək]，忍能对面为盗贼 [dzək]。公然抱茅入竹去 [kʰǐo]，唇焦口燥呼不得 [tək]，归来倚杖自叹息 [sǐək]。

俄顷风定云墨色 [ʃək]，秋天漠漠向昏黑 [xək]。布衾多年冷似铁 [tʰiet]，娇儿恶卧踏里裂 [lǐet]。床头屋漏无干处，雨脚如麻未断绝 [dzǐwɛt]。自经丧乱少睡眠，长夜沾湿何由彻 [tʰɛt]！

安得广厦千万间 [kæn]，大庇天下寒士俱欢颜 [ŋau]。风雨不动安如山 [ʃæn]！呜呼，何时眼前突兀见此屋 [uk]，吾庐独破受冻死亦足 [tsǐwək]！

第一节，用平声肴韵、豪韵（ɑo）字"号""茅""郊""梢""坳"。（平声豪韵 [ɑu]、肴韵 [au] 字，在格律诗中通押，因为《广韵》标明豪韵和肴韵各自独用，"平水韵"也是各立韵目，但古体诗可以通押）

第二节，用入声职韵（i、e）字"力""贼""去""得""息"。（"去"，溪母御韵，去声，非入声字，古体诗可以不同声调混押。入声职韵的主要元音和韵尾应为 [ək]，而不是 [i] [e]）

第三节，用入声屑职韵（ie、ue）字"色""黑""铁""裂""绝""彻"。（"色、黑"押平水韵职韵，"铁""裂""绝""彻"押平水韵屑韵。职韵和屑韵通押。入声职韵的主要元音和韵尾应为 [ək]，入声屑韵的主要元音和韵尾应为 [ɛt]，而不是 [ie] [ue]）

第四节，用平声删韵（au）字"间""颜""山"。最后两句韵脚"屋""足"，属入声屋韵、沃韵。（屋、沃韵通押）

我们知道，肴、豪是开口一二等韵，主要元音为 ɑ，舌位低而前，故声音高昂洪亮，这样的声韵能恰如其分地描绘秋风怒号、撼屋卷茅的声势。句句用韵，更造成狂风席卷天地的紧张气氛。第二节的入声职韵，开口三等，主要元音为 i，e，舌位较前较高，故声音低而短促，这种韵脚能突出年老体弱、无可奈何的情状，似乎在读者面前站着一位唇焦口干、扶杖叹息的老人。第三节用低沉的音韵写出诗人寒夜无眠的凄凉境遇。"铁""裂""绝""彻"四个入声韵脚连用，好像是诗人在低低抽泣，又像是茅屋漏水滴答不止。"踏里裂"三个仄声字连用，娇儿踏裂布裳时的形和声便都跃然纸上了。第四节前后突然转韵，亦是适应感情发展的需要。极洪亮的平声删韵字体现了诗人从个人的遭遇推想到天下广大寒士时的激情。删韵属于带鼻韵尾的阳声韵，口腔、鼻腔共鸣，故声音比第一节用的肴韵宏大，这与诗人开阔的胸怀、与天下广大寒士心心相印的崇高思想是吻合的。最后两句用圆唇后高元音的"屋""足"做韵脚,以高而深沉的语调表达了诗人坚定的决心。

从大的方面来说,阳声韵多高昂响亮,阴声韵多低婉和缓,入声韵多急促重硬,适宜表达相对激烈回荡的情感。周济《宋四家词选目录序论》曾云:"东真韵宽平,支先韵细腻,鱼歌韵缠绵,萧尤韵感慨。各具声情,莫草草乱用。"今人陈少松对古诗词文吟诵有独到研究,他著有《古诗词文吟诵研究》一书,其中有些观点很值得借鉴,举例如下。

东冬诸韵:声响较大,读来宽平、镇定,宜写庄严之态、深厚之情、宏壮之气。

真文侵诸韵:声响略小,平稳沉静,宜写深沉、忧伤、怜悯等情感。(按:侵本古闭口音,即韵尾发〔-m〕音,今吴越尚存此读法。然宋时则多见混用,于今视同真文似乎亦可)

寒山元先覃盐咸诸韵:发声较响,且为鼻音收尾,悠扬稳重,宜写奔放、深厚等情感。(按:先韵多三四等韵,声低细,似周济"细腻"说近理。删为二等韵,寒为一等韵,声情略有差异。元乃《广韵》之元、痕、魂三韵合成,词中分两部,当分而视之。覃盐咸三韵亦古闭口音,可同上侵韵同看)

江阳诸韵:读来洪亮浑厚,宜写豪放、激动、昂扬之情。

支微齐灰诸韵:音低细,宜写细腻、隐微之情。(按:五微韵较之略深远淡然)

鱼虞诸韵:郁结难吐状,宜写缠绵深微、感叹不已之情。

萧肴豪诸韵:声响亮,宜写潇洒之情、豪迈之气、激动之景。(按:萧韵四等,声低细,韵尾发声自短轻至长重复至短轻,起伏多变。曹雪芹《红楼梦》曾云萧韵为流利飘荡,当近情也。肴二等、豪一等,声情亦有差异)

歌诸韵:虽口型稍大,亦有郁结难吐之感,与鱼韵相近,宜为缠绵等声情。

麻诸韵:声较响亮,有清朗感,宜书写喜悦、欢快之情。(按:麻之响当为清脆,豪之响当为高远,东之响当为重浊,声情各别)

尤诸韵:声有滚滚不尽之感,宜写阔远、深沉、感慨之情。

(二)古典诗词押韵举例

1. 古体诗的押韵

古体诗在押韵方面的要求比较宽松。一首诗随着情感与旋律的变化,韵脚也随之变化,还有邻韵通押或不同声调相押的例子。

蜀道难（李白）

噫吁嚱，危乎高哉！蜀道之难［nɑn］，

难于上青天［tʰien］！

蚕丛及鱼凫，开国何茫然［nʑǐɛn］！

尔来四万八千岁，不与秦塞通人烟［ien］。

西当太白有鸟道，可以横绝峨眉巅［tien］。

地崩山摧壮士死，然后天梯石栈相钩连［lǐɛn］。

上有六龙回日之高标，下有冲波逆折之回川［tɕʰǐwɐn］。

黄鹤之飞尚不得过，猿猱欲度愁攀援［ǐwɐn］。

青泥何盘盘［buɑn］，

百步九折萦岩峦［luɑn］。

扪参历井仰胁息，以手抚膺坐长叹［tʰɑn］。

问君西游何时还［ɣwan］？

畏途巉岩不可攀［pʰan］。

但见悲鸟号古木，雄飞雌从绕林间［kæn］。

又闻子规啼夜月，愁空山［ʃæn］。

蜀道之难，难于上青天［tʰien］，

使人听此凋朱颜［ŋan］！

连峰去天不盈尺［tɕʰɤ̆ɛk］，

枯松倒挂倚绝壁［piek］。

飞湍瀑流争喧豗［xuɒi］，

砯崖转石万壑雷［luɒi］。

其险也如此，嗟尔远道之人胡为乎来［lɒi］哉！

剑阁峥嵘而崔嵬［ŋuɒi］，

一夫当关，万夫莫开［kʰɒi］。

所守或匪亲，化为狼与豺［dʒɐi］。

朝避猛虎，夕避长蛇［dzǐa］！

磨牙吮血，杀人如麻［ma］。

锦城虽云乐，不如早还家［ka］。

蜀道之难，难于上青天，侧身西望长咨嗟［tsǐa］！

这首诗随着情感的变化而换韵。开篇"难"是平声寒韵，接下去"天""然""烟""巅""连""川"押的是平声先韵。寒、先为邻韵，韵尾均为［-n］，阳声韵。这些韵母的主要元音开口度大，加上鼻音收尾，有口腔和鼻腔的共鸣，整个字音比较响亮但又不失厚重，给人以悠扬、稳重的感觉，适宜表达雄浑的意境、奔放的情感、深厚的感情。"援"押平声十元韵，"盘""峦"押平声寒韵，"叹"押去声翰韵，属不同声调混押。之后的六句分别押"还""攀""间""山""天""颜"，其中"天"押平声先韵，其他押平声删韵，属邻韵通押，其发声效果与先韵相似。接下来用入声韵"尺"和"壁"来烘托急促的语气。然后用"飞湍""瀑流""砯崖""转石"，配合着万壑雷鸣的音响，飞快地从眼前闪过，惊险万状，目不暇接，从而造成一种排山倒海的强烈艺术效果，再加上阴声韵灰韵"虺""雷""来"的使用，就使对蜀道之难的描写简直达到了登峰造极的地步。最后描写蜀中险要环境，一连三换韵脚，极尽变化之能事。先是用"嵬""开"，押平声灰韵，承上韵，音脉贯通；"豺"，押平声佳韵，而"蛇""麻""家""嗟"押平声麻韵，声较响亮，有斩钉截铁的韵味。这几句有揭露，有感叹，再配以四言短句，使"蜀道难"这一主旨更加显豁。

李凭箜篌引（李贺）

吴丝蜀桐张高秋［tsʰǐəu］，空山凝云颓不流［lǐəu］。

江娥啼竹素女愁［dʒǐəu］，李凭中国弹箜篌［ɣəu］。

昆山玉碎凤凰叫［kieu］，芙蓉泣露香兰笑［sǐɛu］。

十二门前融冷光［kuaŋ］，二十三丝动紫皇［ɣuaŋ］。

女娲炼石补天处［tɕʰǐo］，石破天惊逗秋雨［jǐu］。

梦入神山教神妪［ǐu］，老鱼跳波瘦蛟舞［mǐu］。

吴质不眠倚桂树［zǐu］，露脚斜飞湿寒兔［tʰu］。

这首诗共换了四次韵。前四句"秋""流""愁""篌"押平声尤韵，开口度都要小些，气息和声音出来时给人以滚滚不尽的感觉，适宜表现阔远的境界和深沉的感慨。接下来两句韵脚字"叫""笑"押去声啸韵。接下来，"光""皇"，由阴声韵转为阳声韵，由去声转为平声，由开口转为合口。最后六句，"处"押去声御韵，"雨""舞"押上声麌韵，"妪""树"押去声遇韵，"兔"

押去声暮韵。这六句既有邻韵通押，又有上声去声混押，但它们的韵尾一致，都归到遇摄，所以可以相押。

将进酒（李白）

君不见，黄河之水天上来［lɒi］，

奔流到海不复回［ɣuɒi］。

君不见，高堂明镜悲白发，朝如青丝暮成雪［sĭwɛt］。

人生得意须尽欢，莫使金樽空对月［ŋĭwɐt］。

天生我材必有用，千金散尽还复来［lɒi］。

烹羊宰牛且为乐，会须一饮三百杯［puɒi］。

岑夫子，丹丘生［ʃɐŋ］，

将进酒，杯莫停［dieŋ］。

与君歌一曲，请君为我倾耳听［tʰieŋ］：

钟鼓馔玉不足贵，但愿长醉不复醒［sieŋ］。

古来圣贤皆寂寞，惟有饮者留其名［mĭɛŋ］。

陈王昔时宴平乐［lɑk］，

斗酒十千恣欢谑［xĭak］。

主人何为言少钱，径须沽取对君酌［tɕĭak］。

五花马，千金裘［gĭəu］，

呼儿将出换美酒［tsĭəu］，

与尔同销万古愁［dʒĭəu］。

这首诗前两句用"来""回"做韵脚，押平声灰韵，以阴声韵开篇，然后声音陡然一转，入声承之。"雪"为入声屑韵，"月"为入声月韵，月屑邻韵，通押。接下来四句两韵，"来""杯"为平声灰韵。后面八句四韵，"生""名"押平声庚韵，"停""听"押青韵，"醒"为上声，迥韵，与平声庚、青韵混押。下面四句"乐""谑""酌"押入声药韵。最后三句是平声韵和上声韵混押，"裘""愁"押平声尤韵，"酒"是上声有韵，虽声调不同，但主要元音相同，韵尾一致，同属宕摄，其发声很好地表现出本诗阔远的境界和深沉、感慨的感情。

通过对上面三首古体诗押韵情况的分析可知，古体诗在押韵方面的要求比较宽松，一首诗可以多次换韵，邻韵可以通押，不同声调也可以混押。这些与古体诗篇幅较长、结构复杂、情感丰富有关，韵随情转，势在必然。

2. 格律诗的押韵

一般说来，格律诗分为律诗、绝句两大类：律诗包括五律、七律和排律，绝句包括五绝和七绝。律诗通常押平声韵，但也有例外，如杜甫的《望岳》，全诗押上声筱韵。下面按照格律诗的体裁分别分析。

（1）五言律诗。

旅夜书怀（杜甫）

细草微风岸，危樯独夜舟〔tçǐəu〕。

星垂平野阔，月涌大江流〔lǐəu〕。

名岂文章著，官应老病休〔xǐəu〕。

飘飘何所似，天地一沙鸥〔əu〕。

这首诗"舟""流""休"三个韵脚在《广韵》中为下平声十八尤韵，"鸥"为下平声十九侯韵，尤侯同用。在"平水韵"中则押平声尤韵，尤韵属阴声韵，韵尾开口度较小，多低婉和缓，情感郁结于心，而难以抒发于外。诗人将"细草""孤舟""沙鸥"这些景象放置于无垠的星空平野之间，使景物的对比自然地烘托出一个独立于天地之间的飘零形象，衬托出深沉、凝重的孤独感。

汉江临眺（王维）

楚塞三湘接，荆门九派通〔tʰuŋ〕。

江流天地外，山色有无中〔ʈǐuŋ〕。

郡邑浮前浦，波澜动远空〔kʰuŋ〕。

襄阳好风日，留醉与山翁〔uŋ〕。

这首诗首句不入韵，韵脚为"通""中""空""翁"，通篇押平声东韵，为阳声韵。东韵的发声特点是主要元音与后鼻音共同作用，其声响浑厚、深沉、有力。本诗声情并茂，声韵与诗的内容及情感契合无间。首联大笔挥洒，借地理位置勾勒汉江的雄浑辽阔；颔联写极汉江一泻千里的气势，这两句一作纵向描绘而气势磅礴，一作空间点染而气象深远；颈联用侧面描写的手法写汉江的壮阔及水势波澜；尾联表达了诗人对襄阳风光的依恋和赞叹。全诗意境开阔，气魄宏大。

（2）七言律诗。

蜀相（杜甫）

丞相祠堂何处寻 [zǐēm]？锦官城外柏森森 [ʃǐēm]。

映阶碧草自春色，隔叶黄鹂空好音 [ʔǐēm]。

三顾频烦天下计，两朝开济老臣心 [sǐēm]。

出师未捷身先死，长使英雄泪满襟 [kǐēm]。

　　这首诗首句入韵，全诗的韵脚为"寻""森""音""心""襟"，押平声侵韵。侵韵为阳声闭口韵，发音时开口度较小，声音的响度要小些。押侵韵的诗一般适合表现深沉、忧伤、怜悯等情感。首联写诸葛亮"千秋万代名，寂寞身后事"，让诗人感伤；颔联写诗人独自一人，满怀心事，徘徊、瞻眺于武侯祠庙之间；颈联写诸葛亮雄才大略（"天下计"）、忠心报国（"老臣心"），实际上是在写自己；尾联叹惜诸葛亮壮志未酬身先死的结局，引得事业未竟者产生共鸣，这"英雄"又何尝不包括诗人自己？整首诗诗人选用恰当的韵字来表达自己深沉而感伤的情绪，体现出深厚的艺术功底。

锦瑟（李商隐）

锦瑟无端五十弦 [ɣien]，一弦一柱思华年 [nien]。

庄生晓梦迷蝴蝶，望帝春心托杜鹃 [kiwen]。

沧海月明珠有泪，蓝田日暖玉生烟 [ien]。

此情可待成追忆，只是当时已惘然 [nzǐɛn]。

　　这首诗首句入韵，全诗的韵脚字有"弦""年""鹃""烟""然"。其中前四字押平声先韵，"然"押平声仙韵，"平水韵"同归为先韵。周济认为，先韵和支韵一样，都给人以细腻的感觉。就这首诗的韵律与情感来看，这种说法是很有道理的。

　　（3）五言绝句。

秋浦歌（李白）

白发三千丈，缘愁似个长 [ȡǐaŋ]。

不知明镜里，何处得秋霜 [ʃiaŋ]。

　　这首诗的韵脚字是"长""霜"，押平声阳韵。阳韵字的主要元音开口度最大，加上鼻音收尾，有口腔和鼻腔的共鸣，读起来洪亮浑厚，适合写豪放、激动、昂扬之情。这是一首抒愤诗。诗人以奔放的激情、浪漫主义的艺术手法来抒写心中郁结之情，再配以最响亮的阳韵，这样就把积蕴极深的怨愤和抑郁宣泄了出来，产生了强烈感人的艺术力量，可谓别开生面。

塞下曲（卢纶）

月黑雁飞高［kɑu］，单于夜遁逃［dɑu］。

欲将轻骑逐，大雪满弓刀［tɑu］。

这首诗首句入韵，韵脚字是"高""逃""刀"，押平声豪韵。豪韵字适合表现豪迈的气概、激动而令人振奋的场面。这首边塞诗雄壮豪放，字里行间充溢着英雄气概。

（4）七言绝句。

闻乐天左降江州司马（元稹）

残灯无焰影幢幢［dʒɔŋ］，此夕闻君谪九江［kɔŋ］。

垂死病中惊坐起，暗风吹雨入寒窗［tʃʰɔŋ］。

这首诗首句入韵，韵脚字是"幢""江""窗"，押平声江韵。这首诗用非常响亮的字眼，表达了诗人听到好友被贬时悲愤的心情。本诗的诗情与韵律类似于李白的《秋浦歌》。

过华清宫（杜牧）

长安回望绣成堆［tuɒi］，山顶千门次第开［kʰɒi］。

一骑红尘妃子笑，无人知是荔枝来［lɒi］。

这首诗首句入韵，韵脚字是"堆""开""来"，押平声灰韵。灰韵字发声口腔开口度小，声音细，适合表达隐微的心曲和细腻的情思。

（5）格律诗押韵的基本规律。

通过对以上八首格律诗的分析，我们可以得出格律诗押韵的基本规律。

①押韵严格。中古时期的格律诗，选韵的依据是《广韵》和"平水韵"，除规定的"同用"之外，相邻近的韵是不许通押的；必须一韵到底，不能换韵；韵脚在偶句之尾；韵脚字必须是同一韵部中的字，不能通押；韵脚字不能重复出现，一首诗中也应避免出现重复字；一般押平声韵，很少押仄声韵。

②位置固定。格律分为起句入韵和不入韵两种，律诗后面的二、四、六、八句必须押韵，韵脚字的位置在句尾。绝句类推。

3. 宋词的平仄与押韵

宋词的平仄与押韵举例如下。

虞美人（李煜）

春花秋月何时了［lieu］，往事知多少［çiɐu］。小楼昨夜又东风［piuŋ］，

故国不堪回首月明中 [tǐuŋ]。

雕阑玉砌应犹在 [dzɒi]，只是朱颜改 [kɒi]。问君能有几多愁 [dʒǐu]，恰似一江春水向东流 [lǐəu]。

这首词五十六字，上下片各两仄韵，两平韵。上片前两句韵脚为"了""少"，押上声筱韵；后两句韵脚为"风""中"，押平声东韵，表现了词人对故国的深厚情感，以及浓重的伤感和悲凉。下片前两句韵脚为"在""改"，押上声贿韵。其中，"在"在普通话中为去声，而在中古音中为上声。词在平仄方面，比格律诗要严格得多，诗只讲平仄，而词在仄声中还要分上、去、入，不能混押。后两句的韵脚字为"愁""流"，押平声尤韵，写出了诗人愁之深、愁之重、愁之广。

雨霖铃（柳永）

寒蝉凄切 [tsʰiɛt]，对长亭晚，骤雨初歇 [xǐɐt]。都门帐饮无绪，留恋处，兰舟催发 [piwɐt]。执手相看泪眼，竟无语凝噎 [ʔiɛt]。念去去，千里烟波，暮霭沉沉楚天阔 [kʰuɑt]。

多情自古伤离别 [pǐɛt]，更那堪，冷落清秋节 [tsiɛt]！今宵酒醒何处？杨柳岸，晓风残月 [ŋǐwɐt]。此去经年，应是良辰好景虚设 [ɕǐɛt]。便纵有千种风情，更与何人说 [ɕǐwɐt]。

《雨霖铃》词双调一百零三字，上下片各五仄韵，本调常用入声韵，且多用拗句。这首词通篇押入声韵，韵尾皆为 [t]。"切""噎""节""别""设""说"，前三字《广韵》归入声十六屑韵，后三字归入声十七薛韵，因为主要元音邻近而不相同。屑韵的主要元音为 [e]，而薛韵为 [ɛ]，平水韵统归入声屑韵。"歇""发""月"押入声月韵，"阔"押入声末韵。

鹊桥仙（秦观）

纤云弄巧，飞星传恨，银汉迢迢暗度 [du]。金风玉露一相逢，便胜却人间无数 [ʃu]。

柔情似水，佳期如梦，忍顾鹊桥归路 [lu]。两情若是久长时，又岂在朝朝暮暮 [mu]。

这首词双调五十六字，上下片各两仄韵，一韵到底。整首词的韵脚字为"度""数""路""暮"。"平水韵"押去声遇韵。此韵发声给人以郁结难吐的感觉，适合表达缠绵悱恻、感叹不已等感情。这首词写爱情的高尚纯洁和超凡脱俗，用遇韵就显得婉约蕴藉、余味无穷。

永遇乐（辛弃疾）

千古江山，英雄无觅孙仲谋处［tɕʰĭo］。舞榭歌台，风流总被雨打风吹去［kʰĭo］。斜阳草树，寻常巷陌，人道寄奴曾住［ȡĭu］。想当年，金戈铁马，气吞万里如虎［xu］。

元嘉草草，封狼居胥，赢得仓皇北顾［ku］。四十三年，望中犹记，烽火扬州路［lu］。可堪回首，佛狸祠下，一片神鸦社鼓［ku］。凭谁问：廉颇老矣，尚能饭否［pǐəu］？

这首词双调一百零四字，上下片各四仄韵。上片韵脚字为"处""去""住""虎"，下片韵脚字为"顾""路""鼓""否"。其中"处""去"押去声御韵，"住"押去声遇韵，"处""去"与"住"邻韵，同归遇摄。"虎""鼓"押上声姥韵。"顾""路"押去声暮韵。"否"押上声有韵。这些韵字，除了"处""去"，其他的韵尾均为［u］。"否"归流摄，其他归遇摄。

扬州慢（姜夔）

淮左名都，竹西佳处，解鞍少驻初程［ȡĭɛŋ］。过春风十里，尽荠麦青青［tsʰiɛŋ］。自胡马窥江去后，废池乔木，犹厌言兵［pĭɐŋ］。渐黄昏，清角吹寒，都在空城［zĭɛŋ］。

杜郎俊赏，算而今重到须惊［kĭɐŋ］。纵豆蔻词工，青楼梦好，难赋深情［dzĭɛŋ］。二十四桥仍在，波心荡、冷月无声［ɕĭɛŋ］。念桥边红药，年年知为谁生［ʃɐŋ］？

这首词双调九十八字，上下片各四平韵。上片第四、五句及下片第三句皆上一、下四句法。这首词的韵脚字，上片为"程""青""兵""城"，下片为"惊""情""声""生"，其中"程""青""城""情""声"为《广韵》下平声十四清韵，"兵""惊""生"为下平声十二庚韵。而在《广韵》中，庚耕清可同用，"平水韵"同归庚韵。

桂枝香（王安石）

登临送目［mĭuk］，正故国晚秋，天气初肃［sĭuk］。千里澄江似练，翠峰如簇［tsʰĭuk］。征帆去棹残阳里，背西风，酒旗斜矗［tʰĭuk］。彩舟云淡，星河鹭起，画图难足［tsĭwok］。

念往昔，繁华竞逐［ȡĭuk］，叹门外楼头，悲恨相续［zĭwok］。千古凭高对此，漫嗟荣辱［nzĭwok］。六朝旧事随流水，但寒烟衰草凝绿［lĭwok］。至今商女，时时犹唱，《后庭》遗曲［kʰĭwok］。

　　《桂枝香》双调一百零一字，上下片各五仄韵。这首词的韵脚字，上片为"目""肃""簇""蠡""逐"，押入声屋韵。下片为"足""续""辱""绿""曲"，押入声烛韵。屋韵、烛韵为邻韵，同归通摄。

　　通过对以上六首词的韵律分析，我们可以得到以下认识：词在平仄方面较诗严格，尤其是韵脚字的平仄方面。李清照在《词论》中说："盖诗文分平侧，而歌词分五音（唇牙舌齿喉），又分五声，又分六律，又分清浊轻重，……本押仄声韵，如押上声则协，如押入声则不可歌矣。"可见词在押韵方面不同于诗，诗只讲平仄，而词在仄声中还要分上、去、入，不能同押，这是比诗更严格的地方。但同时，词比格律诗又有宽松的方面，格律诗必须一韵到底，词却灵活得多，它既可以一韵到底，又可以同步平仄互押，还可以平仄换韵。格律诗大多为平声韵，而词则没有这些限制。

第二节　识通假

　　中学语文课本中古典诗文所占的比例很大，这些古典诗文有着不少通假字，尤其是先秦的诗文。了解文章的通假字已成为文章解读的难点。从这个意义上说，不明古音难以知通假，而不知通假者难以读古书。所以辨识、分析通假字，就成为中学语文教师必做的功课。本节分析了七十个通假字，对这些字侧重于语音分析，辅之以简单的论证，不做烦琐的考证，主要是提供一些例证，让中学语文教师知道并掌握通假字的规律。

之 [ə] 部

1．"疑"通"拟"

　　贾谊《论积贮疏》："远方之能疑者，并举而争起矣。""疑"通"拟"，是比拟的意思。颜师古注："疑，读曰拟，谓与天子相比拟。""疑""拟"上古音同隶疑母之部，为同音通假。《周易·文言传》："阴疑于阳必战。"《礼记·燕义》："不以公卿为宾，而以大夫为宾，为疑也。"《注》："疑，自下上至之辞也。"孔颖达疏："疑，拟也。是在下比拟于上，故云自下上至之辞也。"《汉书·谷永传》:"大兴徭役,重增赋敛,征发如雨,役百干溪,费疑骊山。"颜师古注:"疑读曰拟,比也。言劳役之功百倍于楚灵王,费财产之广比秦始皇。"

2. "疑"通"凝"

《九章·涉江》:"船容与而不进兮,淹回水而疑滞。""疑"通"凝",是凝止、凝滞的意思。"疑"上古音隶疑纽之部,"凝"隶疑纽蒸部。二字为疑纽双声,之蒸阴阳对转,属音近假借。《诗经·大雅·桑柔》:"靡所止疑,云徂何往。"《传》:"疑,定也。"《疏》正义曰:"疑,音凝。疑者,安静之义,故为定也。"《仪礼·乡射礼》:"宾升西阶,上疑立。"《注》:"疑,止也。有矜庄之色。"又《仪礼·士昏礼》:"妇疑立于席西。"《注》:"疑,正立自定之貌。"上诸例"疑",并通"凝"。

3. "滋"通"兹"

《史记·屈原列传》:"不获世之滋垢。""滋"通"兹",是污染的意思。"滋""兹"上古音皆隶精母之部,同音,互为假借。钱大昕《廿二史考异·史记五·屈原贾生列传》:"'滋'与'兹'同。《说文解字》:'兹,黑也。'"《左传·哀公八年》:"何故使我水滋。"《释文》:"滋本亦作兹。"《吕氏春秋·观世》:"太公钓于滋泉。"《玉篇·玄部》:"兹,浊也,黑也。或作滋。"

4. "滓"通"淄"

《史记·屈原列传》:"嚼然泥而不滓者也。""滓"通"淄",是污浊的意思。"滓",上古音隶精母之部;"淄",庄母之部。精庄准双声,之部叠韵。司马贞《史记索隐》:"泥亦音涅,滓亦音淄,又并如字。"晋代孙楚《井赋》:"苦行潦之滓浊,靡清流而自娱。"《聊斋志异·仙人岛》:"驱马至西村,见父衣服滓敝,衰老堪怜。"

5. "倍"通"背"

《鸿门宴》:"愿伯具言臣之不敢倍德也。"《汉书·高帝纪》中"倍德"作"背德","倍"通"背",是背叛、背弃的意思。"倍",上古音隶并母之部;"背",帮母职部。倍背并帮旁纽双声,之职阴入对转。《左传·昭公二十六年》:"倍奸齐盟。"孔颖达疏:"倍,即背也。违背奸犯齐同之盟也。"《礼记·缁衣》:"信以结之,则民不倍。"《荀子·天论》:"倍道而妄行,则天不能使之吉。"

6. "而" 通 "能"

《庄子·逍遥游》："故夫知效一官，行比一乡，德合一君，而征一国者，其自视也亦若此矣。""而" 通 "能"，是能力的意思。"而"，上古音隶日母之部；"能"，泥母之部。泥母、日母在上古同属鼻舌音，只是发音部位略有不同，二者古音十分相近，属准双声。之部叠韵。"而""能"音近互为假借。《管子·侈靡》："不欲，强能不服，智而不牧。""强能不服"与"智而不牧"句子结构相同，"而""能"对文见义。

"而"借为"能"，还有能够的意思，《墨子·尚同》："然计天下之所以治者，何也？唯而以尚同一义为政故也。"《淮南子·原道训》："而以少正多。"

7. "而" 通 "如"

《论语·为政》："人而无信，不知其可也。""而" 通 "如"，是如果的意思。"而"，上古音隶日母之部；"如"，日母鱼部。日母双声，之鱼旁转。《信陵君窃符救赵》："吾攻赵，旦暮且下，而诸侯敢救者，已拔赵，必先移兵击之。"《左传·襄公三十年》："子产而死，谁其嗣之？"

"而"借为"如"还有如同、像的意思。《察今》："军惊而坏都舍。"《周易·明夷·象传》："君子以莅众，用晦而名。"虞注："而，如也。"《诗经·君子偕老》："胡然而天也，胡然而帝也。"毛传："尊之如天，审谛如帝。"

"如"亦可借为"而"。《韩非子·五蠹》："民之政计，皆就安利如辟危穷。"《盐铁论·世务》："见利如前，乘便而起。""如""而"互文见义，"如前"即"而前"。

8. "而" 通 "尔"

《种树郭橐驼传》，"蚤织而缕，字而幼孩，遂而鸡豚。""而" 通 "尔"，第二人称代词。"而"，上古音隶日母之部；"尔"，日母支部。日母双声，韵部之支同为无韵尾的阴声韵，主要元音发音非常接近，旁转。《左传·昭公二十年》："余知而无罪也。"《庄子·徐无鬼》："尽于酒肉，入于鼻口矣，而何足以知其所自来？"《聊斋志异·促织》："而翁归，自与汝复算耳。"《史记·项羽本纪》："吾翁即若翁，必欲烹而翁，则幸分我一杯羹。"

9. "不" 通 "否"

《史记·廉颇蔺相如列传》："秦王以十五城请易寡人之璧，可予不？""不" 通 "否"，表示疑问。"否"，古无轻唇音，凡轻唇音读重唇，"否"的声母古读为重唇，故"不""否"上古音同隶帮母之部，为双声叠韵字。《史记·袁盎晁错传》："上问曰：'道军所来，闻晁错死，吴楚罢不？'"《世说新语·陈太丘与期》："客问元方：'尊君在不？'"

"不"读为"否"，还有不然、不如此、否则的意思。《鸿门宴》："不者，若属皆且为所虏。"《师说》："或师焉，或不焉，小学而大遗，吾未见其明也。"

10. "培"通"凭"

《庄子·逍遥游》："故九万里则风斯在下矣，而后乃今培风。"王念孙《读书杂志·庄子》："培之言凭也。凭，乘也，凭与培声相近。""培"通"凭"，是凭借、依靠的意思。"培"，上古音隶并母之部；"凭"，并母蒸部。并母双声，之蒸阴阳对转。

11. "以"通"与"

《西门豹治邺》："三老、官属、豪长者、里父老皆会，以人民往观之者三二千人。""以"通"与"，是和、同的意思。"以"，上古音隶余母之部；"与"，余母鱼部。余母双声，之鱼旁转。《广雅》："以，与也。"王引之《经传释词》举例甚多，如《诗经·江有汜》曰："之子归，不我以。"《诗经·击鼓》曰："不我以归，忧心有忡。"《诗经·桑柔》曰："不胥以谷。"《仪礼·乡射礼》曰："主人以宾揖。"《笺》《注》并曰："以，犹'与'也。"《礼记·檀弓》："吾未尝以就公室。"注曰："未尝与到公室，观其行也。"《周易·鼎》初六曰："得妾以其子。"

"与"亦通"以"。《周易·系辞传》："是故可与酬酢，可与祐神矣。"言可以酬酢，可以祐神也。《中庸》："知远之近，知风之自，知微之显，可与入德矣。"

支〔e〕部

12. "尔"通"耳"

《唐雎不辱使命》："布衣之怒，亦免冠徒跣，以头抢地尔。""尔"，上古音隶日母支部；"耳"，日母之部。日母双声，之支旁转。"尔"的常用义是第二人称，在古文中常假借为语气助词，表示限止用在句末，可译为"而已""罢了"。欧阳修《卖油翁》："翁曰：'无他，但手熟尔。'"《论语·述而》："女奚不曰，其为人也，发愤忘食，乐以忘忧，不知老之将至云尔。"《春秋公羊传·僖公三十一年》："触石而出，肤寸而合，不崇朝而遍雨乎天下者，唯

泰山尔。"以上三例，"尔"皆通"耳"。

13. "提"通"摘"

《战国策·荆轲刺秦王》："是时，侍医夏无且以其所奉药囊提轲。秦王方还柱走，卒惶急不知所为。左右乃曰：'王负剑！王负剑！'遂拔以击荆轲，断其左股。荆轲废，乃引其匕首提秦王，不中，中柱。""提"通"摘"，是掷击的意思。"提"，上古音隶定母支部，《广韵》杜奚切，中古音为定母齐部；"摘"，定母锡部，《广韵》直炙切，中古音为澄母昔部。"提""摘"中古音声母不同，但按照古无舌上音的理论，"提""摘"在上古音声母相同，都隶定母。韵部支锡阴入对转。张守节《正义》："提，姪帝反。"司马贞《史记索隐》："摘与掷同，音持益反。"张守节、司马贞都是唐人，这说明"摘""掷"在唐朝已变成舌上音，属澄母。

鱼 [a] 部

14. "与"通"举"

《大道之行也》："选贤与能，讲信修睦。""选贤与能"在《大戴礼记·王言篇》中作"选贤举能"，可见"与"借为"举"，是举荐的意思。"与"，上古音隶余母鱼部；"举"，见母鱼部。鱼部叠韵。

"与"通"举"，还有全、所有的意思。《九章·涉江》："与前世而皆然兮，吾又何怨乎今之人。"《墨子·天志》："天下之君子，与谓之不祥。"即"举谓之不祥"。

"举"还可通"与"，"与""举"互为假借。《周礼·地官·师氏》："凡祭礼、宾客、会同、丧纪、军旅，王举则从。"杜子春云："举当为与。"《楚辞七谏》："举世皆然兮。"一本作"与世皆然兮"。

15. "序"通"谢"

《离骚》："日月忽其不淹兮，春与秋其代序。""序"通"谢"，是代谢、轮换的意思。"序"，上古音隶邪母鱼部；"谢"，邪母铎部。邪母双声，鱼铎阴入对转。《国语·周语·单襄公论陈必亡》："有优无匮，有逸无罢。国有班事，县有序民。"孟浩然《与诸子登岘山》："人事有代谢，往来成古今。""代谢"犹"代序"。

16. "许"通"所"

《五柳先生传》："先生不知何许人也。""许"通"所"，是处所的意思。

"许"，上古音隶晓母鱼部；"所"，山母鱼部。鱼部叠韵。《墨子·非乐》："吾将恶许用之。"陶渊明《读山海经》之四："丹木生何许，乃在峚山阳。"《世说新语·方正》："张玄与王建武先不相识，后遇于范豫章许。"《诗经·伐木》："伐木许许。"《说文解字》引作"伐木所所"。

"所"亦可借为"许"，"许""所"互为假借。《西门豹治邺》："从弟子女十人所。""所"通"许"，表示约数。《史记·留侯世家》："良殊大惊，随目之。父去里所，复还。"

17．"去"通"弆"（jǔ）

《苏武传》："掘野鼠去草实而食之。""去"通"弆"，是收藏的意思，《集韵》："弆，藏也。""去"，上古音隶溪母鱼部；"弆"，见母鱼部。溪见旁纽，鱼部叠韵。《左传·昭公十九年》："及老，托于纪鄣，纺焉以度而去之。""纺焉以度而去之"意即纺线搓绳量了城墙的高度，然后收藏了起来。《释文》："裴松之注魏志云：古人谓藏为去。按：今关中犹有此音。"

18．"马"通"塺"（méi）

《庄子·逍遥游》："野马也，尘埃也，生物之以息相吹也。"陆宗达《训诂简论》中认为"马"通"塺"，是尘土的意思。"马"，上古音隶明母鱼部；"塺"，明母歌部。明母双声，鱼歌通转。《说文解字·土部》："塺，尘也。从土，麻声。"刘向《九叹·惜贤》："徙时风之清激兮，愈氛雾其如塺。"王逸注："塺，尘也。言己欲待明君之政，清洁之化，以感激风俗。而君愈贪浊，如氛雾之气来尘塺人也。"

19．"邪"通"耶"

《庄子·逍遥游》："天之苍苍，其正色邪，其远而无所至极邪？""邪"通"耶"，表疑问、反诘的语气词。"邪""耶"上古音同隶余母鱼部，为双声叠韵字。《左传·昭公二十六年》："不知天之弃鲁邪，抑鲁君有罪于鬼神故及于此也？"《荀子·天论》："治乱，天邪？"《史记·廉颇蔺相如列传》："赵王岂以一璧欺秦邪？"《资治通鉴·汉纪》："孤岂欲卿治经为博士邪！"

侯［ɔ］部

20．"趣"通"促"

《西门豹治邺》："巫妪何久也？弟子趣之。""趣"通"促"，是催促、督促的意思。"趣"，上古音隶清母侯部；"促"，清母屋部。侯屋对转，清母叠

韵。《礼记·月令》:"趣民收敛。"《管子·国蓄》:"则君虽强本趣耕。"《汉书·食货志》:"使者驰传督趣。"《汉书·翟方进传》:"督趣司隶。"

21. "趣"通"趋"

《史记·孙子吴起列传》:"兵法,百里而趣利者蹶上将,五十里而趣利者军半至。""趣"通"趋",是奔向、趋向的意思。"趣""趋"上古音同隶清母侯部,为双声叠韵字。《报任安书》:"趣舍异路,未尝衔杯酒。"《史记·伯夷列传》:"岩穴之士,趣舍有时。"《史记·匈奴列传》:"故其战,人人自为趣利,善为诱兵以冒敌。"《淝水之战》:"十一月,谢玄遣广陵相刘牢之帅精兵五千人趣洛涧。"《始得西山宴游记》:"醉则更相枕以卧,卧而梦,意有所极,梦亦同趣。"

22. "住"通"驻"

《赤壁之战》:"瑜请得精兵数万人,进住夏口。""住"通"驻",是驻扎的意思。"住",上古音隶定母侯部;"驻",端母侯部。侯部叠韵,定端旁纽,皆属舌头音。《三国志·诸葛亮传》:"前锋破,退还,住绵州。"《赤壁之战》:"备用肃计,进住鄂县之樊口。"《水浒传》:"却令竺敬,仲良住扎关上。"以上三例,"住"并通"驻"。

宵 [o] 部

23. "要"通"邀"

《鸿门宴》:"张良出,要项伯。""要"通"邀",是邀请的意思。"要",上古音隶影母宵部,属喉音;"邀",见纽宵部,属牙音。二字声母喉牙邻纽,韵部宵部叠韵,为音近假借。《桃花源记》:"便要还家,设酒杀鸡作食。"

"要",由邀请引申作约定。《孔雀东南飞》:"虽与府吏要,渠会永无缘。"

"要"假借"邀",还有拦截、拦阻的意思。高启《书博鸡者事》:"豪民子闻难,鸠宗族僮奴百许人,欲要篡以归。""要篡以归"意即想途中拦截,将他父亲抢夺回去。

幽 [u] 部

24. "报"通"赴"

《孔雀东南飞》:"吾今且报府。""报"通"赴",是前往的意思。"报",上古音隶帮母幽部;"赴",滂母屋部。帮滂旁纽双声,幽屋旁对转。《礼记·

《少仪》:"毋拔来,毋报往。"注:"报,读为赴疾之赴。"《乐记》:"礼有报而乐有反。"注:"读为褒,犹进也,亦赴字。赴、报双声。"《说文通训定声》:"报,假借为赴。"根据古无轻唇音的原则,"赴"古读重唇,与"报"音近。

微 [əi] 部

25. "归"通"馈"

《诗经·静女》:"自牧归荑。""归"通"馈",是赠送的意思。"归",上古音隶见母微部;"馈",群母物部。声纽为见群牙音旁纽,韵部为阴入对转。《论语·阳货》:"阳货欲见孔子,孔子不见,归孔子豚。"《论衡》作"馈"。《汉书·东方朔传》:"复赐酒一石,肉百斤,归遗细君。"

26. "颓"通"隤"

欧阳修《醉翁亭记》:"苍颜白发,颓然乎其间者,太守醉也。""颓"通"隤",是安然、和顺的意思。"颓""隤"上古音同隶定母微部,《广韵》定母灰韵,为双声叠韵字。《尔雅·释诂》:"虺颓,病也。"《礼记·檀弓》:"孔子曰:'拜而后稽颡,颓乎其顺也,稽颡而后拜,颀乎其至也。'"郑玄注云:"颓,顺也。"孔颖达疏:"颓然,不逆之意。""不逆"则安然、和顺。《周易·系辞下》:"夫坤,隤然示人简矣。"虞翻注:"隤,安也。"《后汉书·黄宪传》:"以为宪隤然其处顺。"《晋书·郭文传》:"于是朝士咸共观之,文颓然箕踞,傍若无人。"《北史·庾信传》:"身长八尺,腰带十围,容止颓然,有过人者。"柳宗元《始得西山宴游记》:"引觞满酌,颓然就醉,不知日之入。"苏轼《保母杨氏墓志铭》:"杨氏名金蝉,眉山人,年三十,始隶苏氏,颓然顺善也。"秦观《题杨康功醉道士石》:"秦观径醉颓然不知久。"陆游《入蜀记》:"求菊花于江上人家,得数枝,芬馥可爱,为之颓然径醉。"以上诸例,"颓然"皆为安然、坦然、和顺之义。

27. "几"通"岂"

《西门豹治邺》:"故西门豹为邺令,名闻天下,泽流后世,无绝已时,几可谓非贤大夫哉?""几"通"岂",表反诘的副词。"几",上古音隶见母微部;"岂",溪母微部。见溪旁纽,微部叠韵。《左传·昭公十六年》:"夫大国之人,不可不慎也。几为之笑,而不陵我。""几为之笑"意谓"难道被他们讥笑"。《荀子·大略》:"利夫秋毫,害靡国家,然且为之,几为知计哉?""几为知计哉"意谓"难道是懂得计谋吗"。《史记·黥布传》:"人相我当刑

而王，几是乎？"几是乎"意谓"难道是这样吗"。

脂 [ei] 部

28．"泥"通"涅"

《史记·屈原列传》："嚼然泥而不滓者也。""泥"通"涅"，是染黑的意思。"泥"，上古音隶泥母脂部；"涅"，泥母质部。泥母双声，脂质对转。《史记索隐》："泥亦音涅，滓亦音淄，又并如字。"《论语》作"涅而不缁"。《大戴礼记·曾子制言上》："蓬生麻中，不扶自直；白纱在泥，与之俱黑。"王引之《经义述闻》："纱即今之沙子。泥读为涅，涅谓黑色。"

29．"弟"通"但"

《史记·张丞相传》："汝弟往，吾今使人召若。""弟"通"但"，是只管的意思。"弟"，上古音隶定母脂部；"但"，定母元部。定母双声，脂元旁对转。《史记·淮阴侯列传》："弟举兵，吾从此助公。"《史记索隐》："弟，但也。"《史记·袁盎传》："君弟去，臣亦且亡。"《汉书·陈平传》："陛下弟出伪游云梦，会诸侯于陈。"颜师古注："弟，但也。语声急也。"

30．"弟"通"悌"

《论语·学而》："孝弟也者，其为人之本与？""弟"通"悌"，儒家伦理道德之一，指敬顺兄长。"弟""悌"上古音同隶定母脂部，为双声叠韵字。《商君书·去强》："国有礼有乐，有诗有书，有善有修，有孝有弟，有廉有辩。"《荀子·王制》："能以事亲谓之孝，能以事兄谓之弟，能以事上谓之顺，能以使下谓之君。"《礼记·曲礼上》："僚友称其弟也。"《汉书·萧望之传》："前单于慕化乡善称弟。"颜师古注："弟，音悌。"

31．"得"通"德"

《鱼我所欲也》："为宫室之美，妻妾之奉，所识穷乏者德我与？""得"通"德"，是感激的意思。"得""德"上古音同隶端母脂部，属双声叠韵字。《韩非子·难三》："今有功者必赏，赏者不得君，力之所致也。"《吕氏春秋·举难》注"莫我肯得"。《诗经·硕鼠》作"莫我肯德"。

"得"通"德"，还有道德的意思。《荀子·礼论》："贵始，得之本也。"《荀子·成相》："尚得推贤不失序。"《史记·孟尝君列传》："齐湣王不自得，以其遣孟尝君。"《史记索隐》："不自得，是湣王遣孟尝君，自言己无德也。"

歌〔ai〕部

32. "罢"通"疲"

贾谊《论积贮疏》:"罢夫羸老,易子而咬其骨。""罢"通"疲",是疲劳的意思。"罢""疲"上古音同隶并母歌部,同音字。《左传·僖公十九年》:"初,梁伯好土功,亟城而弗处,民罢而弗堪。"《左传·成公七年》:"余必使尔罢于奔命。"《国语·周语·单穆公谏景王铸大钟》:"若夫匮财用,罢民力,以逞淫心,听之不和,比之不度,无益于教,而离民怒神,非臣之所闻也。""上作器,民备乐之,则为和。今财亡民罢,莫不怨恨,臣不知其和也。"《国语·周语·单襄公论陈必亡》:"有优无匮,有逸无罢。国有班事,县有序民。今陈国道路不可知,田在草间,功成而不收,民罢于逸乐,是弃先王之法制也。"

33. "被"通"披"

《史记·屈原列传》:"被发行吟泽畔。""被"通"披",是披散的意思。"被",上古音隶并母歌部;"披",滂母歌部。并滂旁纽双声,歌部叠韵。《论语·宪问》:"微管仲,吾其被发左衽矣。"《庄子·田子方》:"老聃新沐,方将被发而干。"

"被"通"披",还有穿上、披在身上的意思。《楚辞·国殇》:"操吴戈兮披犀甲。"《史记·陈涉世家》:"将军身披坚执锐,伐无道,诛暴秦。"

34. "何"通"呵"

贾谊《过秦论》:"信臣精卒陈利兵而谁何。""何"通"呵",是呵斥、诘问的意思。"何",上古音隶匣母歌部;"呵",晓纽歌部。匣晓同属喉音,旁纽双声,歌部叠韵。《汉书·贾谊传》:"故其在大谴大何之域者,闻谴何则白冠牦缨,盘水加剑,造请室而请罪耳。"《新唐书》:"又下令不何止夜行,使民自便,境内以安。"

35. "离"通"罹"

《离骚》:"进不入以离尤兮。""离"通"罹",是遭受的意思。"离""罹"上古音同隶来母歌部,为双声叠韵。《墨子·七患》:"故国离寇敌则伤,民见凶饥则亡。"《左传·僖公二十三年》:"离外之患,而天不靖晋国,殆将启之。"《左传·文公五年》:"余惧不获其利而离其难,是以去之。"《史记·屈原列传》:"离骚者,犹离忧也。"贾谊《吊屈原赋》:"嗟苦先生,独离此

咎兮。"

36. "堕" 通 "隳"

《左传·僖公三十三年》："堕军实而长寇仇，亡无日矣。""堕" 通 "隳"，是毁坏的意思。"堕"，上古音隶定母歌部；"隳"，晓母歌部。叠韵假借。贾谊《过秦论》："堕名城，杀豪杰，收天下之兵，聚之咸阳。""堕名城" 意即毁掉各国的名城。《庄子·大宗师》："堕肢体，黜聪明，离形去知，同于大通，此谓坐忘。""堕肢体" 意即毁坏自己的肢体。《盐铁论·散不足》："堕成变故伤功，工商上通伤农。""堕成" 意即废弃成法。《陈书·新安王伯固传》："伯固颇知玄理，而堕业无所通，至於摛句问难，往往有奇意。""堕业" 意即荒废学业或职业。《三国志·魏志·钟繇华歆王朗传》："丧乱以来，六籍堕废，当务存立，以崇王道。""堕废" 意即毁弃、荒废。《续资治通鉴·宋纪二十二》："今江、淮诸郡，大患有三：城池堕圮，一也。""堕圮" 意即毁坏、倒塌。陈琳《为袁绍檄豫州》："又署发丘中郎将、摸金校尉，所过堕突，无骸不露。"李周翰注："堕，坏；突，破也。"袁宏道《满井游记》："夫不能以游堕事而潇然于山石草木之间者，惟此官也。""堕事" 即耽误公事。

蒸 [əŋ] 部

37. "曾" 通 "层"

《九章·橘颂》："曾枝剡棘，圆果抟兮。""曾" 通 "层"，是重叠的意思。"曾"，上古音隶精母蒸部；"层"，从母蒸部。精从旁纽，蒸部叠韵。朱骏声《说文通训定声·升部》："曾，假借为层。"《离骚》："曾嘘唏余郁悒兮，哀朕时之不当。"王逸注："曾，累也。"《管子·轻重戊》："有虞之王，烧曾薮，斩群害，以为民利。"《淮南子·本经训》："大厦曾加，拟于昆仑。"杜甫《望岳》："荡胸生曾云。"杜甫《成都府》："曾城填华屋，季冬树木苍。"仇兆鳌注："曾，音层。层，重也。"

38. "冯" 通 "凭"

《赤壁赋》："浩浩乎如冯虚御风。""冯" 通 "凭"，是依仗、倚托的意思。"冯"，中古音声母为轻唇音，而上古音隶并母蒸部，声母为重唇音；"凭"，亦为并母蒸部，属同音假借。《庄子·则阳》："不冯其子，灵公夺而里之。"意思是不依赖子孙，灵公可以安居在这里。《左传·僖公十五年》："神所冯依，将在德矣。""冯依" 即依凭、倚托，这句的意思是神明所依凭的，在于人的德行。

耕 [eŋ] 部

39. "生"通"性"

《荀子·劝学》："君子生非异也，善假于物也。""生"通"性"，是本性的意思。"生"，上古音隶山母耕部；"性"，心母耕部。山心准双声，耕部叠韵。王念孙《读书杂志·荀子》："生读为性。"《尚书·君陈》："惟民生厚，因物有迁。"《传》："言人之性敦厚，因所见所习之物有迁变之道。"《周礼·地官司徒·大司徒》："以土会之法，辨五地之物生。"郑玄注："杜子春读生为性。"

阳 [aŋ] 部

40. "当"通"倘"

苏洵《六国论》："向使三国各爱其地，齐人勿附于秦，刺客不行，良将犹在，则胜负之数，存亡之理，当与秦相较，或未易量。""当"通"倘"，假设连词，是如果的意思。"当"，上古音隶端母阳部；"倘"，透母阳部。端透旁纽双声，阳部叠韵，王引之《经传释词》："倘，或然之词也，字或作'党'，或作'当'，或'尚'。"并举《墨子》 "当"作"倘"用三例：(1)《法仪》："然则奚以为治法而可？当皆法其父母奚若？"（按：下文又说"党皆法其君奚若？"）(2)《兼爱》："当言行之合，犹合符节也，无言而不行也。"(3)《非乐》："然即当为之撞巨钟，击鸣鼓，弹琴瑟，吹竽笙而扬干戚，民衣食之财，将安可得乎？"《六国论》中的"当"正是这种用例。

41. "枪"通"抢"

《报任安书》："当此之时，见狱吏则头枪地，视徒隶则心惕息。何者？积威约之势也。""枪"通"抢"，是触、撞、碰撞的意思。"枪""抢"同隶上古音清母阳部，为双声叠韵字。《庄子·逍遥游》："我决起而飞，枪榆枋而止，时则不至，而控于地而已矣。"陆德明《经典释文》引支遁云："枪，突也。"

42. "旁"通"傍"

杜甫《兵车行》："道傍过者问行人，行人但云点行频。""傍"通"旁"。"傍"，上古音隶定纽阳部；"旁"，并纽阳部。二字为叠韵假借。"傍"的本义

是依傍、靠近。《孔雀东南飞》："两家求合葬，合葬华山傍。"《世说新语·夙惠》："玄应声恸哭，酸感傍人。"《白马篇》："白马金具装，横行辽水傍。"左思《咏史》其六："哀歌和渐离，谓若傍无人。"以上诸例，"傍"均通"旁"。

43. "疮"通"创"

柳宗元《段太尉逸事状》："即自取水洗去血，裂裳衣疮，手注善药。""疮"通"创"，疮是痈、瘫、疽、疖等的总称，而"创"的本义是创伤、伤口，"裂裳衣疮"意为把自己的衣服扯破包扎伤口。"疮"和"创"上古音同隶初纽阳部，属同音假借。柳宗元《童区寄传》："夜半，童自转，以缚即炉火烧绝之，虽疮手勿惮。""虽疮手勿惮"意思是虽然烧伤了手也不怕痛。《战国策·楚策四》："其飞徐而鸣悲。飞徐者，故疮痛也；鸣悲者，久失群也，故疮未息，而惊心未至也。闻弦音，引而高飞，故疮陨也。""疮痛""故疮""疮陨"之"疮"都通"创"，是伤口的意思。

文 [ən] 部

44. "振"通"震"

《战国策·荆轲刺秦王》："至陛下，秦武阳色变振恐，群臣怪之。""振"通"震"，二字上古音同隶章母文部，属同音假借。"振"的本义是抖动，《广雅·释诂》："振，动也。"在此句中通"震"，有震动、惊恐、害怕的意思。《信陵君窃符救赵》："当是时，公子威振天下。"魏征《谏太宗十思疏》："虽董之以严刑，振之以威怒，终苟免而不怀仁，貌恭而不心服。"《张衡传》："如有地动，尊则振龙。"《抱朴子·行品》："被抑枉而自诬，事无苦而振慑者，怯人也。"

真 [en] 部

45. "信"通"伸"

《隆中对》："孤不度德量力，欲信大义于天下。""信"通"伸"，是伸张、舒展的意思。"信"，上古音隶心母真部；"伸"，书母真部。心书准双声，真部叠韵。《周易·系辞》："尺蠖之屈，以求信也。"《孟子·告子》："今有无名之指屈而不信，非疾痛害事也。"《礼记·儒行》："虽危，起居竟信其志。"郑玄注："信，读如屈伸之伸，假借字也。"

46. "矜"通"鳏"

《大道之行也》:"矜、寡、孤、独、废疾者皆有所养。""矜"通"鳏",是指无妻或丧妻的人。"矜",上古音隶群母真部;"鳏",见母文部。群见旁纽双声,真文旁转。《礼记·王制》:"少而无父者谓之孤,老而无子者谓之独,老而无妻者谓之矜,老而无夫者谓之寡。"《诗经·烝民》:"不侮矜寡。"《管子·幼官》:"养孤老,食常疾,收矜寡。"《说苑·修文》:"善者必先乎矜寡孤独。"

元 [an] 部

47. "旦"通"怛"

《诗经·氓》:"信誓旦旦,不思其反。""旦旦",笺言其恳恻款诚。疏言"旦旦"犹"怛怛",可见"旦"通"怛",恳切的样子。"旦",上古音隶端母元部;"怛",端母月部。二字双声,韵部元月阳入对转。

48. "干"通"岸"

《诗经·伐檀》:"寘之河之干兮。""干"通"岸",是岸边的意思。"干",上古音隶见母元部;"岸",元部疑母,声纽为见疑牙音旁纽。元部叠韵。《集韵·寒韵》:"干,水涯也。"《管子·小问》:"昔者吴岸战。"注:"干,江边地也。"杜甫《有客》:"岂有文章惊海内,漫劳车马驻江干。"

49. "还"通"旋"

《扁鹊见蔡桓公》:"居十日,扁鹊见桓侯而还走。""还"的本义是返回。《说文解字》:"还,复也。"在这句中"还"通"旋",是回转的意思。"还",上古音隶匣母元部;"旋",邪母元部。匣邪准双声,元部叠韵。《庄子·庚桑楚》:"寻常之沟,巨鱼无所还其体。"《新序·杂事》:"叶公见之,弃而还走。""还"由转动、旋转还引申为迅速。王维《观猎》:"忽过新丰市,还归细柳营。"

50. "还"通"环"

《荆轲刺秦王》:"秦王还柱而走,卒惶急不知所为。""还"通"环",是环绕的意思。"还""环"上古音同隶匣母元部,为双声叠韵字。《左传·襄公十年》:"楚子囊救郑。十一月,诸侯之师还郑而南。"《左传·哀公三年》:"道还公宫。""道"指火巷,这句指环绕公宫开辟火巷。《庄子·秋水》:"还虷蟹与科斗,莫吾能若也。"意为环视周围的红虫、小蟹和蝌蚪,谁也赶不上

我。《汉书·食货志》："还庐树桑。"

51. "免"通"娩"

《勾践灭吴》："将免者以告。""免"通"娩"，是分娩的意思。"免""娩"同隶明母元部，为双声叠韵字。又作"免身"，如《史记·赵世家》："朔妇免身生男。"《汉书·外戚传上·孝宣许皇后》："今皇后当免身，可因投毒药去也，成君即得为皇后矣。"《夷坚甲志·僧为人女》："司户妻免身得女矣。"《书方烈妇事》："一日乘家人熟睡，潜起趋后舍自经死，距闻赴百三十有二日，距免身八日。"又作"免乳"，如《汉书·外戚传上·孝宣许皇后》："妇人免乳大故，十死一生。"颜师古注："免乳，谓产子也。"《夷坚甲志·玉津三道士》："闻侍妾免乳，亟入视之，生一男。"

52. "辩"通"辨"

《鱼我所欲也》："万钟则不辩礼义而受之，万钟与我何加焉。""辩"通"辨"，是辨明、辨别、分辨的意思。"辩"和"辨"上古音同隶并母元部，属同音假借。《庄子·秋水》："泾流之大，两涘渚崖之间，不辩牛马。"《礼记·乐记》："男女无辩则乱。"意为男女无别，就要混乱。《墨子·非攻》："是以知天下之君子也，辩义与不义之乱也。"《国语·齐语》："辩其功苦。"《淮南子·修务训》："若白黑之于目辩。"《昌言·理乱》："目能辩色，耳能辩声。"以上诸例，"辩"均通"辨"。

"辨"亦可通"辩"，互为假借。《送东阳马生序》："与之论辨，言和而色夷。"王安石《答司马谏议书》："故略上报，不复一一目辨。"《庄子·齐物论》："既使我与若辨矣，若胜我，我不若胜，若果是也？我果非也邪？"

侵［əm］部

53. "参"通"三"

《郑伯克段于鄢》："大都不过参国之一。""参"通"三"，"参""三"同隶心母侵部，属同音假借。《荀子·劝学》："君子博学而日参省乎己。""参省"即三省，三有多数的意思，所以"三省"即多次反省。《周易·说卦》："参天两地而倚数。"孔颖达疏："倚，立也。既用蓍求卦，其揲蓍所得，取奇数于天，取偶数于地。"

谈 [am] 部

54. "炎"通"焰"

《赤壁之战》:"顷之,烟炎张天,人马烧溺死者甚众。""炎"通"焰",是火焰的意思。"炎",上古音隶匣母谈部;"焰",余母谈部。谈部叠韵。《汉书·艺文志》引《春秋》:"人之所忌,其气炎以取之,妖由人兴也。"颜师古注:"炎,读与焰同。"今本《左传·庄公十四年》作"其气焰以取之,妖由人兴也"。《后汉书·任光传》:"光炎烛天地。"《集韵》:"焰,火光,或作炎。"

职 [ək] 部

55. "则"通"即"

《齐桓晋文之事》:"若民,则无恒产,因无恒心。""则"通"即",假设连词,是如果的意思。"则",上古音隶精纽职部;"即",精纽质部。精纽双声,韵部职质旁对转。古汉语中,"则"经常和"即"通借,故其训多相同,"即"有如果之义,"则"亦有此义。《鱼我所欲也》:"万钟则不辨礼义而受之,万钟与我何加焉。"《生于忧患,死于安乐》:"入则无法家拂士,出则无敌国外患者,国恒亡。"二例中的"则"皆通"即"。

"则"通"即"作假设连词的起源甚早。《尚书·洪范》:"女则有大疑,谋及乃心,谋及卿士,谋及庶人,谋及卜筮。"《尚书·无逸》:"则若时不永念厥辟,不宽绰厥心,乱罚无罪,杀无辜,怨有同,是丛于厥身。"这段文字可译成:"如果像这样做——不多考虑国家的法度,不敞开自己的胸襟,胡乱惩罚没有罪过的人,砍杀无辜的人,结果,老百姓的怨恨就会汇合在一起,就集中到你身上。""则",如也。《左传·僖公七年》:"心则不竞,何惮于病。"《左传·成公九年》:"德则不竞,寻盟何为?"《史记·高祖本纪》:"今则来,沛公恐不得有此。"以上"则"字,也一并释为如果。

"即"亦可通"则",是就、便的意思。《尚书·大诰》:"天降威,用宁王遗我大宝龟,绍天明,即命曰:'有大艰于西土,西土人亦不静,越兹蠢。'""即命",是就命令的意思。《史记·陈涉世家》:"且壮士不死即已,死即举大名耳。"

56. "识"通"志"

苏轼《石钟山记》："因笑谓迈曰：汝识之乎？""识"通"志"，是记住的意思。"识"，上古音隶章母职部；"志"，章母之部。章母双声，职之阴入对转。《礼记·檀弓下》："小子识之，苛政猛于虎也。"《论语·述而》："默而识之。"《论语·子张》："贤者识其大者，不贤者识其小者。"《汉书·匈奴传上》："以计识其人众畜牧。"颜师古曰："识亦记也。"《记王忠肃公翱事》："公拆袄，出珠授之，封识宛然。""识"，是标识的意思。

57. "伏"通"服"

《离骚》："伏清白以死直兮，固前圣之所厚。""伏"通"服"，是坚守、保持的意思。《说文通训定声》："伏，假借为服。""伏""服"上古音同隶并纽职部，为双声叠韵字。《七谏·怨世》："服清白以逍遥兮。"

"伏"通"服"，还有践行的意思。《荀子·宥坐》："故先王既陈之以道，上先服之。"杨倞注："服，行也。谓先行之，然后教之。"《孔子家语·入官》："君子修身反道，察里言而服之。"王肃注："服，行"。司马光《训俭示康》："汝当身亲服行。""服""行"连用，其义显豁。

"伏"通"服"，还有信服、佩服的意思。《项羽之死》："骑皆伏曰：'如大王言。'"白居易《琵琶行》："曲罢曾教善才伏，妆成每被秋娘妒。"

"服"亦可通"伏"，"伏""服"互为通假。《说文通训定声》："服，假借为伏。"《礼记·曲礼上》："孝子不服暗，不登危，惧辱亲也。"俞樾《群经平议》："服，当读为服。"《庄子·说剑》："于是文王不出宫三月，剑士皆服毙其处也。"

58. "直"通"但"

《寡人之于国也》："不可，直不百步耳，是亦走也。""直"通"但"。"直"上古音隶定母职部，《广韵》除力切，澄母职部；"但"，定母元部，《广韵》徒案切，定母翰部。"直"在中古属澄母，为舌上音，而在上古则属定母，为舌头音。"直""但"为定母双声通假。《庄暴见孟子》："直好世俗之乐耳。"《唐雎不辱使命》："安陵君受地于先王而守之，虽千里不敢易也，岂直五百里哉？"《与高司谏书》："是直可欺当时之人，而不可欺后世也。"上三例，"直"均通"但"，是只是的意思。

锡 [ek] 部

59. "適"通"谪"

《史记·陈涉世家》:"发闾左适戍渔阳九百人。""适"通"谪",是责罚、贬官、流放的意思。"适",上古音隶书母锡部;"谪",端母锡部。锡部叠韵,声纽皆为舌音,故音近假借。《诗经·商颂》:"勿予祸适。"王引之《经义述闻》卷七:"祸读为过。《广雅》:'适,过,责也。'谪与适通。勿予过谪,言不施谴责也。"《孟子·离娄上》:"人不足与适也,政不足间也。"意为对于"大人"(大儒)来说,君主的用人之非、政事之失等尚不足以进行批评。《史记·魏其武安侯列传》:"举适诸窦宗室毋节行者,除其属籍。"意思是检举并指责窦婴宗族中品行不好的,把他们从宗谱中除名。

铎 [ak] 部

60. "错"通"措"

《唐雎不辱使命》:"以君为长者,故不错意也。""错"通"措",是处置的意思。"错""措"上古音同隶清母铎部,为双声叠韵字。段玉裁《说文解字注》:"错,或借为措字。措者,置也。"《周易·系辞》:"苟错诸地而可矣。"《商君书·更法》:"错法务明主长,臣之行也。"《离骚》:"固时俗之工巧兮,偭规矩而改错。"《天问》:"九州安错?"王符《潜夫论》:"举错数失,必致危亡之祸。"

物 [ət] 部

61. "爱"通"薆"

《诗经·静女》:"爱而不见,搔首踟蹰。""爱"通"薆",是隐藏的意思。"爱""薆"上古音同隶影母物部,同音字。《礼记·礼运》:"故天不爱其道,地不爱其宝,人不爱其情。"《诗经·烝民》:"爱莫助之。"毛传:"爱,隐也。"《离骚》:"众薆然而蔽之。"《史记·司马相如传》:"观众树之塕薆。"《史记索隐》:"薆,谓隐也。"《说文解字》:"薆,蔽不见也。"《广雅·释诂》:"薆,障也。"

62. "拂"通"弼"

《孟子·告子》:"入则无法家拂士。""拂"通"弼",是辅佐的意思。

"拂"，上古音隶滂母物部；"弼"，并母物部。滂并旁纽双声，物部叠韵。《汉书·盖诸葛刘郑孙毋将何传》："乃欲以太古久远之事匡拂天子。"颜师古注："匡，正也。拂读曰弼。"

"拂"通"弼"，还有矫正的意思。《荀子·臣道》："书曰：从命而不拂，微谏而不倦。"《史记·秦始皇本纪》："然所以不敢尽忠拂过者，秦俗多忌讳之禁。"

63．"卒"通"猝"

《论积贮疏》："卒然边境有急，数千百万之众，国胡以馈之。""卒"通"猝"，是突然的意思。"卒"，上古音隶精母物部；"猝"，清母物部。精清旁纽，物部叠韵。《荆轲刺秦王》："群臣惊愕，卒起不意，尽失其度。"《汉书·何武王嘉师丹传》："诏书比下，变动政事，卒暴无渐。"《赤壁之战》："五万兵难卒合。"

64．"内"通"纳"

《鸿门宴》："交戟之卫士欲止不内。""内"通"纳"，是接纳、接受的意思。"内"，上古音隶泥母物部；"纳"，泥母缉部。泥母双声，物缉通转。《左传·哀公十四年》："孟懿子卒，成人奔丧，弗内。"《鸿门宴》："距关，毋内诸侯，秦地可尽王也。"李斯《谏逐客书》："向使四君却客而不内。疏士而不用，是使国无富利之实，而秦无强大之名也。"

65．"绌"通"黜"

《史记·屈原列传》："屈原既绌，其后秦欲伐齐，秦与楚从亲。""绌"通"黜"，是罢黜的意思。"绌"与"黜"，上古音同隶透母物部，属舌头音。二字《广韵》丑律切，彻母术部，声母已属舌上音，这说明上古音的透母到了中古由舌头音分化为舌上音。《礼记·王制》："不孝者，君绌以爵。"《史记·老子列传》："世子学老子者则绌儒学，儒学亦绌老子。"扬雄《法言·渊骞》："无仲尼，则西山饿夫与东国之绌臣，恶乎闻？""绌臣"即"黜臣"，被放逐的臣子。《荀子·赋》："仁人绌约，敖暴擅彊。""绌约"即"黜约"，黜：废、贬退；约：穷困。董仲舒《春秋繁露·考功名》："天子岁试天下，三试而一考，前后三考而绌陟，命之曰计。""绌陟"谓人事之降升。"绌"亦通"黜"。

质〔et〕部

66. "失"通"佚"（逸）

《报任安书》："网罗天下放失旧闻。""失"通"佚"（逸），是散失的意思。"失"，上古音隶书母质部；"佚"，余母质部。书余旁纽双声，质部叠韵。"佚"与"逸"为同音同源字，王力《同源字典》认为，在逸乐和逃跑丧失的意义上，二字实同一词。《荀子·哀公》："其马将失。"注："失读为逸，奔也。家语作'马将佚也'。"《尚书·皋陶谟》："无教逸欲有邦。"《汉书·何武王嘉师丹传》："亡敖佚欲有国。"《尚书·盘庚》："惟予一人有佚罚。"传："佚，失也。"

67. "质"通"贽"

《史记·屈原列传》："惠王患之，乃令张仪佯去秦，厚币委质事楚。""质"通"贽"，指初见尊长时持的礼物。"质"，上古音隶章母质部；"贽"，章母缉部。章母双声，质缉旁转。《六书故·动物四》："质，亦作之贽。"《国语·晋语九》："对曰：'臣委质于狄之鼓，未委质于晋之鼓也。'"《孟子·滕文公》："孔子三月无君，则皇皇如也，出疆必载质。"赵注："质，臣所执以见其君也。"《汉书·外戚传》："深念奉质共修之意。"

月〔at〕部

68. "盖"通"盍"

《齐桓晋文之事》："海内之地，方千里者九，齐集有其一。以一服八，何以异于邹敌楚乎？盖亦反其本矣。""盖"通"盍"。"盖"，上古音隶见母月部；"盍"，匣母叶部。见匣旁纽，月叶通转。"盖"通"盍"，意思有二：一是何不的意思，表反诘。如《诗经·小雅·黍苗》："盖云归哉。"《礼记·檀弓下》："然则盖行乎？"二是何，为什么的意思。如《庄子·养生主》："技盖至此乎？"

69. "阙"通"掘"

《郑伯克段于鄢》："若阙地及泉，隧而相见，其谁曰不然。""阙"通"掘"。"阙"的本义指古代宫殿、祠庙或陵墓前的高台，通常左右各一，台上起楼观，二阙之间有道路。《说文解字》："阙，门观也。"在此句中通"掘"，是挖掘的意思。"阙"，上古音隶溪母月部；"掘"，群母物部。溪群同属喉音，

旁纽，月物旁转。"阙""掘"音近通假。《国语·吴语》："吴王夫差既杀申胥，不稔于岁，乃起师北征。阙为深沟，通于商、鲁之间。""阙为深沟"意即挖成深沟。

70."阙"通"缺"

《三峡》："自三峡七百里中，两岸连山，略无阙处。""阙"通"缺"，是缺口的意思。二字上古音同隶溪母月部，属同音假借。《列子·汤问》："故昔者女娲氏炼五色石以补其阙。"

"阙"通"缺"还有其他几种意思：（1）缺失，遗漏。诸葛亮《出师表》："必能裨补阙漏，有所广益。"（2）缺少。《三国志平话》卷上："天下军马都在关前，阙少粮草。"（3）缺点，错误。王充《论衡·顺鼓》："盗贼亦政所致，比求阙失，犹先发告。"（4）削减，毁坏。《左传·成公十三年》："又欲阙翦我公室，倾覆我社稷。"

附　录

《颜氏家训》卷七音辞（节选）⁽¹⁾

【原文一】

　　夫九州之人，言语不同，生民已来，固常然矣。自《春秋》标齐言之传，《离骚》目楚词之经，此盖其较明之初也。后有扬雄著《方言》，其言大备。然皆考名物之同异，不显声读之是非也。逮⁽²⁾郑玄注《六经》，高诱解《吕览》《淮南》，许慎造《说文》，刘熹制《释名》，始有譬况⁽³⁾假借以证音字耳。而古语与今殊别，其间轻重清浊，犹未可晓；加以内言外言⁽⁴⁾、急言徐言⁽⁵⁾、读若之类，益使人疑。孙叔言⁽⁶⁾创《尔雅音义》，是汉末人独知反语。至于魏世，此事大行。高贵乡公⁽⁷⁾不解反语，以为怪异。自兹厥后，音韵锋出，各有土风⁽⁸⁾，递相非笑，指马⁽⁹⁾之谕，未知孰是。共以帝王都邑，参校方俗，考核古今，为之折衷。榷而量之，独金陵与洛下耳。南方水土和柔，其音清举⁽¹⁰⁾而切诣，失在浮浅，其辞多鄙俗。北方山川深厚，其音沉浊而钝钝⁽¹¹⁾，得其质直，其辞多古语。然冠冕君子，南方为优；闾里小人，北方为愈。易服而与之谈，南方士庶，数言可辩；隔垣而听其语，北方朝野，终日难分。而南染吴、越，北杂夷虏，皆有深弊，不可具论⁽¹²⁾。其谬失轻微者，则南人以钱为涎⁽¹³⁾，以石为射⁽¹⁴⁾，以贱为羡⁽¹⁵⁾，以是为舐⁽¹⁶⁾；北人以庶为戍⁽¹⁷⁾，以如为儒⁽¹⁸⁾，以紫为姊⁽¹⁹⁾，以洽为狎⁽²⁰⁾。如此之例，两失甚多。至邺已来，唯见崔子约、崔瞻叔侄，李祖仁、李蔚兄弟，颇事言词，少为切正。李季节著《音韵决疑》，时有错失；阳休之造《切韵》，殊为疏野。吾家儿女，虽在孩稚，便渐督正之；一言讹替，以为己罪矣。云为品物，未考书记者，不敢辄名，汝曹所知也。

【注释】

　　(1)《颜氏家训》是中国南北朝时期记述个人经历、思想、学识以告诫子孙的著作。共 7 卷，20 篇。颜之推撰。颜之推（531—约 591 年），字介，原籍琅琊临沂（今山东临沂），先世随东晋渡江，寓居建康。侯景之乱，梁元帝自立于江陵，之推任散骑侍郎。承圣三年（554 年），西魏破江陵，之推被俘西去。为回江南，乘黄河水涨，从弘农（今河南三门峡西南）偷渡，经砥柱之险，先逃奔北齐。但南方陈王朝代替了梁王朝，南归之愿未遂，即留居北齐，官至黄门侍郎。577 年齐亡入周。隋代周后，又仕于隋。此书在隋灭陈（589 年）以后完成。《颜氏家训·音辞》是汉语音韵学史上最重要的文献之一。它不仅是最早的音韵学史论，而且涉及和研究了一些重大的语言学课题，如方言的本质和形成原因、语言的交流和融合、标准语音和词汇标准的确立等。它是汉语语音变异学说的滥觞，是陆法言编撰《切韵》一书的理论依据，开一代韵书分韵正音之先河。

（2）逮：到。

（3）譬况：用描写性的语言来说明某一个汉字的发音状况。如《公羊传》："春秋伐者为客，伐者为主。"这句话中的两个"伐"字意义不同，古人注，"伐人者为客，读伐长言之""见（被）伐者为主，读伐短言之"。也就是说，"伐"的两个意思（攻击别国和被别国攻击），是靠读音的长短来区分的，这种方法只是说明某字发音应该怎样，实际上还不能算是真正的标音方法。

（4）内言外言：古代注家譬况字音用语。所谓内、外指韵之洪细而言，内言发洪音，外言发细音。《汉书·王子侯表上》："襄嚵侯建。"颜师古注引晋晋灼曰："音内言嚵菟。"又"狼节侯起"，颜师古注引晋晋灼曰："狼音内言鸺。"一说"内言"非注音术语。

（5）急言徐言：汉代譬况字音用语。王利器《颜氏家训集解》引周祖谟曰："考急言、徐言之说，见于高诱之解《吕览》《淮南》……凡言急气者，皆细声字；凡言缓气者，皆洪音字。"

（6）孙叔言：应为孙叔然，三国时期经学家，字叔然，乐安（今山东博兴）人。受业于郑玄，时人称为"东州大儒"。曾著《周易·春秋例》，为《毛诗》《礼记》《春秋三传》《国语》《尔雅》和《尚书》做过注。所著《尔雅音义》用反切注音，从此反切大盛，影响较大。《尔雅音义》今已佚。

（7）高贵乡公：王利器《颜氏家训集解》言："经典释文叙录，谓高贵乡公有左传音三卷。此云'高贵乡公不解反语，以为怪异'，事无可考。释文所录高贵乡公反音一条，或本为比况之音，而后人改作者也。"

（8）土风：方音土语。

（9）指马：战国时名家公孙龙提出"物莫非指，而指非指""白马非马"等命题，讨论名与实之间的关系。后以"指马"指称争辩是非、差别。

（10）清举：声音清脆而悠扬。

（11）铫（é）钝：浑厚，不尖锐。

（12）周祖谟《宋代汴洛语音考》曰："此论南北士庶之语言各有优劣。盖自五胡乱华以后，中原旧族多侨居江左，故南朝士大夫所言，仍以北音为主。而庶族所言，则多为吴语。故曰'易服而与之谈，南方士庶，数言可辨'。而北方华夏旧区，士庶语言无异，故曰'隔垣而听其语，北方朝野，终日难分'。惟北人多杂外族之音，语多不正，反不若南方士大夫音辞之彬雅耳。至于间巷之人，则南人之音鄙俗，不若北人之音为切正矣。"

（13）钱：《广韵》昨仙切，从母仙韵；涎：《广韵》夕建切，邪母仙韵。钱、涎二字，韵部同而声纽异。

（14）石：《广韵》常只切，禅母昔韵；射：《广韵》食亦切，船母昔韵。石、射二字，韵部同而声纽异。

（15）贱：《广韵》才线切，从母线韵；羡：《广韵》似面切，邪母线韵。贱、羡二字，韵部同而声纽异。

（16）是：《广韵》承纸切，禅母纸韵；舐：《广韵》神纸船，船母支韵母，"平水韵"为纸韵。是、舐二字韵部同而声纽异。

（17）庶：《广韵》商署切，书母御韵开口三等字；戍：《广韵》伤遇切，书母遇韵合口三等字。庶、戍二字声纽同而韵部异。

（18）如：《广韵》人蒲切，日母鱼部；儒：《广韵》人朱切，日母虞韵。如、儒二字声纽同而韵部异。

（19）紫：《广韵》特此切，精母纸韵；姊：《广韵》将几切，精母旨韵。紫、姊二字声纽同而韵部异。

（20）洽：《广韵》侯夹切，匣母洽韵；狎：《广韵》胡甲切，匣母狎韵。洽、狎二字声纽同而韵部异。

【原文二】

古今言语，时俗不同；著述之人，楚、夏⁽¹⁾各异。《苍颉训诂》⁽²⁾，反稗为逋卖⁽³⁾，反娃为于乖⁽⁴⁾；《战国策》音刌为免，《穆天子传》音谏为间⁽⁵⁾；《说文》音戛为棘⁽⁶⁾，读皿为猛⁽⁷⁾；《字林》音看为口甘反⁽⁸⁾，音伸为辛⁽⁹⁾；《韵集》以成、仍、宏、登合成两韵，为、奇、益、石分作四章；李登《声类》以系音羿⁽¹⁰⁾，刘昌宗《周官音》读乘若承⁽¹¹⁾：此例甚广，必须考校。前世反语，又多不切，徐仙民《毛诗音》反骤为在遘，《左传音》切椽为徒缘，不可依信，亦为众矣。今之学士，语亦不正；古独何人，必应随其讹僻乎？《通俗文》曰："入室求曰搜。"反为兄侯。然则兄当音所荣反。今北俗通行此音，亦古语之不可用者。玙璠⁽¹²⁾，鲁人宝玉，当音余烦，江南皆音藩屏之藩。岐山当音为奇，江南皆呼为神祇之祇。江陵陷没，此音被于关中，不知二者何所承案。以吾浅学，未之前闻也。

【注释】

（1）楚、夏：楚指春秋战国时的楚国地域；夏指华夏，即中原地区。此处泛指南、北地区。

（2）《苍颉训诂》：书名，后汉杜林撰，《旧唐书·经籍志》著录。

（3）反秭为逋卖：反切秭字的音为逋卖，即用逋的声母和卖的韵母拼读出秭字。

（4）反娃为于乖：段玉裁曰："娃，于佳切，在十三佳，以于乖切之，则在十四皆。"

（5）音谏为间：《穆天子传》："道里悠远，山川间之。"郭璞注："间音谏。"《唐韵》谏古晏反，在谏韵；间古苋反（去声），在裥韵。谏、裥韵不同类，故颜之推以郭注为非。

（6）音戛为棘：《唐韵》戛音古黠反，在黠韵；棘音纪力反，在职韵。二音韵部不同，故颜之推以《说文》为非。

（7）读皿为猛：《切韵》音皿武永反，音猛莫杏反，同在梗韵，而猛为二等字，皿为三等字，音之洪细有别。故颜之推以皿音猛为非。周祖谟以为猛从孟声，孟从皿声，猛、孟、皿三字古音亦相近。

（8）段玉裁曰："看当为口干反，而作口甘，则入谈韵，非其伦矣。今韵书以邯入寒韵，徐铉所引唐韵已如此，其误正同。"周祖谟曰："看，切韵音苦寒反，在寒韵。字林音口甘反，读入谈韵，与切韵音相去甚远。考任大椿字林考逸所录寒韵字，无读入谈韵者，疑甘字有误。若否，则当为晋世方音

之异。"

（9）段玉裁曰："此盖因古书信多音申故也。"钱大昕曰："古无心、审之别。"周祖谟曰："伸，切韵音书邻反，辛，音息邻反，申为审母三等，辛为心母，审、心同为摩擦音，故方言中，心、审往往相乱。字林音伸为辛，是审母读为心母矣。此与汉人读蜀为叟相似。钱大昕谓古无心、审之别，非是。盖此仅为方音之歧异，非古音心、审即为一类也。"

（10）李登：三国魏人，撰有《声类》一书，《隋书·经籍志》著录作十卷，已佚。以系音羿：系，《广韵》胡计切，匣母霁韵；羿，《广韵》五计切，疑母霁韵。系、羿同隶霁韵，但声纽一为牙音，一为喉音。颜之推认为李登"以系音羿"，是牙音与喉音相混，故非之。

（11）乘：《广韵》食陵切，船母蒸韵；承：《广韵》署陵切，禅母蒸韵。乘、承同韵但声纽不同。颜之推认为二字声纽不同，不应相混。钱大昕曰："乘，食陵切，音同绳；承，署陵切，音同丞：此床、禅之别。今江浙人读承如乘。"段玉裁曰："广韵：乘，食陵切，音同绳；承，署陵切，音同丞。今江浙人语多与刘昌宗音合。"

（12）玙璠（yú fán）：美玉。

《唐韵》序（节选）⁽¹⁾

【原文】

盖闻文字聿⁽²⁾兴，音韵乃作。《苍颉》《尔雅》为首⁽³⁾，《诗》《颂》次之，则有《字统》《字林》《韵集》《韵略》⁽⁴⁾，述作颇众，得失互分。惟陆生《切韵》盛行於世，然随珠尚颣，虹玉仍瑕⁽⁵⁾，注有差错，文复漏误，若无刊正，何以讨论。我国家偃武修文，大崇儒术，置集贤之院⁽⁶⁾，召才学之流。自开辟以来，未有如今之盛。上行下效，比屋可封⁽⁷⁾。辄罄谀闻⁽⁸⁾，敢补遗阙，兼习诸书，具为训解。州县名号，亦据今时。又字体偏旁，点画意义，字体从木从才，著彳著亻，施夊施攴，安尔安禾，并悉具言，庶无纰缪⁽⁹⁾。其有异闻，奇怪传说，姓氏原由，土地物产，山河草木，鸟兽虫鱼，备载其同，皆引凭据，随韵编纪。添彼数家，勒成一书，名曰《唐韵》，盖取《周易》《周礼》

之义也。及案《三苍》《尔雅》《字统》《字林》《说文》《玉篇》[10]《石经》[11]《声韵》[12]《声谱》[13]九经[14]、诸子、《史》《汉》《三国志》《晋》《宋》《后魏》《周》《隋》《陈》《宋》《两齐书》《本草》[15]《姓苑》[16]《风俗通》[17]《古今注》[18]、贾执《姓氏英贤传》、王僧孺《百家谱》、周何洁集、《文选》诸集、《孝子传》《舆地志》[19]，及武德已来创置，迄开元三十年，并列注中。等夫舆诵，流汗交集[20]，愧以上陈天心。……

论曰：切韵者，本乎四声，纽以双声叠韵，欲使文章丽则韵调精明于古人耳。或人不达文性，便格于五音为定。夫五音者，五行之响，八音之和，四声间迭在其中矣。必以五音为定，则参宫参羽，半徵半商，引字调音，各自有清浊。若细分其条目，则令韵部繁碎，徒枸桎于文辞耳。

【注释】

（1）《唐韵》是《切韵》的一个增修本，为唐代孙愐所作，时间约在唐玄宗开元二十年（732年）之后。因为它定名为《唐韵》，曾献给朝廷，所以虽是私人著述，却带有官书性质，比较它早出的王仁煦《刊谬补缺切韵》还更著名。《东斋记事》说："自孙愐集为《唐韵》，诸书遂废。"但原书已不存在。据清代卞永誉《式古堂书画汇考》所录唐元和年间《唐韵》写本的序文和各卷韵数的记载，全书5卷，共195韵。《唐韵》对字义的训释，既繁密又有出处、凭据，对字体的偏旁点画也极考究，使得韵书更加具有字典的性质。这也是《唐韵》更加受人重视的一个原因。

（2）聿：文言助词，无义，用于句首或句中。

（3）《苍颉》：原是教育学童识字的字书，秦始皇帝统一文字时又成为小篆书体的样板，秦朝李斯所著。《尔雅》：中国最早的一部解释词义的书，是中国古代最早的词典。

（4）《字统》：北朝代表性辞书，在汉语辞书发展史的研究上有其特殊的学术价值。《字统》一书今已不存，据《隋书·经籍志》载："《字统》二十一卷，杨承庆撰。"《字林》：文字学方面的工具书，晋吕忱作，有12824字。唐以前与《说文解字》并重，后失传。《韵集》：仅晚于《声类》的早期古代韵书。作者吕静，是吕忱的弟弟。后魏江式《上古今文字源流表》说："忱弟静别仿故左校令李登《声类》之法，作《韵集》五卷，宫、商、角、徵、羽各为一篇。"《韵集》一书早已佚失，它的若干逸文散见于古文献中。《韵略》：

前梁音韵学家夏侯咏所著。《隋书·经籍志》记载："《四声韵略》三卷，夏侯咏撰。"这里提到的《四声韵略》应该就是陆法言在《切韵》序中提到的夏侯咏的《韵略》。此书现已亡佚。

（5）随珠：随珠也称随侯珠，是春秋战国时期随国的珍宝。传说随国的君主随侯在一次出游途中看见一条受伤的大蛇在路旁痛苦万分，便心生恻隐，令人给蛇敷药包扎，放归草丛。这条大蛇痊愈后衔一颗夜明珠来到随侯住处，说："我乃龙王之子，感君救命之恩，特来报德。"这就是被称作"灵蛇之珠"的随侯珠。尚颣（lèi）：本义为丝上的结，这里比喻缺点、毛病。虹玉仍瑕：虹玉指彩色的美玉，虹玉仍瑕指彩色的美玉仍有斑点。

（6）集贤之院：官署名。唐开元五年（717年），于乾元殿写经、史、子、集四部书，置乾元院使。次年，改名丽正修书院。十三年，改名集贤殿书院，通称集贤院。置集贤学士、直学士、侍读学士、修撰官等官，以宰相一人为学士知院等，常侍一人为副知院事，掌刊缉校理经籍。

（7）比屋而封：谓上古之世教化遍及四海，家家都有德行，堪受旌表。

（8）谞（xiǎo）：小。谞闻：小有声名。《礼记·学记》："发虑宪，求善良，足以谞闻，不足以动众。"郑玄注："谞之言小也。"孔颖达疏："谞之言小；闻，声闻也。"

（9）此句意思是其字之偏旁、点划，各书不完全相同，或从木或从才，或著彳或著亻，或施攵或施支，或安尔或安禾，作者都依照各书抄录并加以说明，这样，大概就没有什么纰缪了。

（10）《玉篇》：我国古代一部按汉字形体分部编排的字书，南朝梁大同九年（543年）黄门侍郎兼太学博士顾野王撰。

（11）《石经》：中国古代刻于石碑、摩崖上的儒家经籍和佛道经典。迄今有文字可考的刻儒家经籍的石经有熹平石经、正始石经、唐开成石经、蜀石经、北宋石经、南宋石经、清石经七种。

（12）《声韵》：《隋书·经籍志》："《声韵》，四十一卷，周研撰。"

（13）《声谱》：疑为《音谱》。《隋书·经籍志》："《音谱》，四卷，李槩撰。"

（14）九经：隋炀帝以"明经"科取士，唐承隋制，规定"三礼"（《周礼》《仪礼》《礼记》）、"三传"（《左传》《公羊传》《谷梁传》），连同《易》《书》《诗》，称为"九经"。

（15）《本草》：《神农本草经》的简称，古代著名药书。因所记各药以草类为多，故称《本草》。《本草》之名始见于《汉书·平帝纪》，至南朝梁阮孝绪《七录》始著录《神农本草经》，共收药三百六十五种，陶弘景又增三百六十五种，为《名医别录》。唐显庆中苏恭、长孙无忌等修定《本草》，为《唐本草》。

（16）《姓苑》：一卷，南朝宋何承天撰。

（17）《风俗通》：东汉末应劭撰，今存十卷。

（18）《古今注》：笔记，三卷，西晋崔豹著。

（19）《舆地志》：南北朝末期顾野王所编，具有重要史料价值和文献辑佚价值，是一册关于古代地理学的文集。

（20）舆诵：众人的议论。《左传·僖公二十八年》："晋侯患之，听舆人之诵。"《国语·晋语三》："惠公人，而背外内之路，舆人诵之。"韦昭注："舆，众也。不歌曰诵。"《晋书·郭璞传》："访舆诵于群小。"亦作"舆颂"。《隋书·炀帝纪》："听采舆颂，谋及庶民。""等夫舆诵，流汗交集"意为同于众人之论，因此惭愧不已。这里是谦虚的说法。

《中原音韵》自序⁽¹⁾

【原文】

青原萧存存，博学，工于文词，每病今之乐府有遵音调作者⁽²⁾，有增衬字⁽³⁾作者，有《阳春白雪集》德胜令⁽⁴⁾："花影压重檐，沉烟袅绣帘，人去青鸾杳，春娇酒病恹。眉尖，常琐伤春怨。忺忺，忺的来不待忺。""绣"唱为"羞"，与"怨"字同押者⁽⁵⁾；有同集殿前欢"白雪窝"二段，俱八句，"白"字不能歌者；有板行⁽⁶⁾逢双不对，衬字尤多，文律俱谬，而指时贤作者；有韵脚用平上去，不一一，云"也唱得"者；有句中用入声，不能歌者；有歌其字，音非其字者；令人无所守。泰定甲子⁽⁷⁾，存存托友张汉英以其说问作词之法于予。予曰：言语一科，欲作乐府，必正言语；欲正言语，必宗中原⁽⁸⁾之音。乐府之盛，之备，之难，莫如今时。其盛，则自搢绅及间阎⁽⁹⁾歌咏者众。其备，则自关、郑、白、马一新制作，韵共守自然之音，字能通天下之语⁽¹⁰⁾，字畅语俊,韵促音调;观其所述,曰忠,曰孝,有补于世。其难,则有六字三韵,"忽听、一声、猛惊"是也[11]。诸公已矣,后学莫及!何也?盖其不悟声分平、仄,字别阴、阳[12]。夫声分平、仄者,谓无入声,以入声派入平、上、去三声也。作平者最为紧切,施之句中,不可不谨。派入三声者,广其韵耳,有才者本韵自足矣[13]。字别阴、阳者,阴、阳字平声有之,上、去俱无。上、去各止一声,平声独有二声:有上平声,有下平声。上平声非指一东至二十八山而言,下平声非指一先至二十七咸而言[14]。前辈为《广韵》平声多,分为上下卷,非分其音。殊不知平声字字俱有上平、下平之分,但有有音无字之别,非一东至山皆上平,一先至咸皆下平声也。如"东、红"二字之类,"东"字下平声属阴,"红"字上平声属阳。阴者,即下平声,阳者,即上平声。试以"东"字调平仄,又以"红"字调平仄,便可知平声阴、阳字音,又可知上、去二声各止一声,无阴、阳之别矣。且上去二声,施于句中,施于韵脚,无用阴阳,惟慢词中仅可曳其声尔,此自然之理也。妙处在此,初学者何由知之!乃作词之膏肓,用字之骨髓,皆不传之妙,独予知之,尝屡揣其声病于桃花扇影而得之也[15]。吁!考其词音者,人人能之;究其词之平仄、阴阳者,则无有也。彼之能遵音调,而有协音俊语可与前辈颉颃,所谓"成文章曰乐府"也[16]。不遵而增衬字,名乐府者,自名之也。德胜令"绣"字、"怨"字、殿前欢八句、"白"字者,若以"绣"字是"珠"字误看,则"烟"字唱作去声,为"沉宴裊珠帘"皆非也。呵呵!"忺忺"者,何等语句?未闻有如此平仄,如此开合韵脚德胜令,亦未闻有八句殿前欢。此自己字之开合、平仄,句之对偶、短长,俱不知,而又妄编他人之语,奚足以知其妍媸妧?呜呼,言语可不究乎?以板行谬语,而指时贤作者,皆自为之词,将正其已之是,影其已之非,务取媚于市井之徒,不求知于高明之士,能不受其惑者几人哉[17]!使真时贤所作,亦不足为法。取之者之罪,非公器[18]也。韵脚用三声,何者为是?不思前辈某字某韵必用某声,却云"也唱得",乃文过之词,非作者之言也。平而仄,仄而平,上去而去上,去上而上去者,谚云"钮折嗓子"是也,其如歌姬之喉咽何?入声于句中不能歌者,不知入声作平声也;歌其字,音非其字者,合用阴而阳,阳而阴也。此皆用尽自己心,徒快一时意,不能久传,深可哂哉!深可怜哉!惜无有以训之者。予甚欲为订砭之文以正其语,便其作,而使成乐府,恐起争端,矧为人之学乎[19]!因重张之请,遂分平声阴阳及撮其三声同音,兼以入声派入三声——如"鞞"字——

次本声后，葺成一帙，分为十九，名之曰《中原音韵》，并《起例》以遗之，可与识者道。是秋九日，高安挺斋周德清自序。

【注释】

（1）《中原音韵》是中国最早出现的一部曲韵著作，也是自《切韵》后第一个脱离《切韵》框架，记录现实语音的韵书。《中原音韵》分两部分：前一部分是韵书的形式，分为十九韵，每个韵内又分平声阴、平声阳、上声、去声、入声作平声、入声作上声、入声作去声，按小韵编排，不注反切；后一部分是关于韵谱编制体例、审音原则的说明，介绍了北曲的体制、音律、语言及创作方法。《中原音韵》的作者是元代周德清（1277—1365），江西高安人，"工乐府，善音律"，对于元代盛极一时的北曲的创作和演唱了解得很深入。他感到当时作曲、唱曲的人都不大讲究格律，艺坛上出现了不少混乱现象，因此，要使北曲发挥更高的艺术效果，就必须使它的体制、音律、语言都具有明确的规范，特别是语音的规范最为重要。于是他根据自己的亲身体验，在理论上进行了一番总结，完成了这部划时代的著作。

（2）青原：地名，在今江西庐山东南。萧存存：元代江西人，生卒年不详。工：擅长。病：批评，指责。乐府：本指汉代乐府官署采制的诗歌，后来范围扩大到词曲，此处指北曲。有遵音训作者：疑"遵"前脱一"不"字。

（3）衬字：曲词中在曲律制定的字数之外增加的字，常用以补足语气，增加声情色彩。

（4）《阳春白雪集》：书名，不知何人所作，今存有元代蜀人杨朝英选编的《乐府新编阳春白雪》。

（5）绣：尤侯韵去声字，羞：尤侯韵平声字，怨：先天韵去声字。三字不能协韵，故萧存存以为非。

（6）板行：雕版印刷发行。

（7）泰定甲子：即公元1324年，泰定是元代皇帝也孙铁木儿的年号。

（8）中原：广义指黄河中下游一带，狭义指河南。

（9）搢绅：本指古代仕宦者把笏插在腰间的衣带上，后来代指达官贵人。间阎：本指里巷内外的门，此处指平民。

（10）关、郑、白、马：指关汉卿、郑光祖、白朴、马致远，这四人被称为元代四大杂剧家。自然之音：指日常口语的读音。天下之语：指当时的

通语。

（11）忽听、一声、猛惊：出自王实甫《西厢记》第一本第三折中的〔麻郎儿〕幺篇曲：“我忽听、一声、猛惊，元来是扑剌剌宿鸟飞腾，颤巍巍花梢弄影，乱纷纷落红满径。”六字中“听、声、惊”为韵，所以做北曲者难。

（12）这一句的意思是因为他们不明白声调可以分为平声与仄声，汉字有阴平字、阳平字的区别。

（13）这几句的意思是声调分为平声、仄声的，指的是没有入声，把入声分到平声、上声、去声中去。由入声变为平声的最重要了，放在句中，一定要谨慎。分到三声的，只是扩大它们各自的韵罢了，有才能的人写作词曲时用本韵就够了。

（14）一东至二十八山：指《广韵》中上平声是二十八韵，即东、冬、钟、江、支、脂、之、微、鱼、虞、模、齐、佳、皆、灰、咍、真、谆、臻、文、欣、元、魂、痕、寒、桓、删、山。一先至二十七咸：《广韵》下平声有二十九韵，即先、仙、萧、宵、爻、豪、歌、戈、麻、阳、唐、庚、耕、清、青、蒸、登、尤、侯、幽、侵、覃、谈、盐、添、咸、衔、严、凡。不过“咸”在第二十六，而不是第二十七。

（15）膏肓：比喻事物的要害或关键，这里指入派三声、平分阴阳，乃作词之精髓。声病：声律上的弊端。桃花扇影：代指歌舞。桃花扇：绘有桃花的扇子，旧时多为女子所持，相映成美。

（16）颉颃：谓不相上下，相抗衡。这句的意思是如果能遵音调，而且写出有和谐的韵语与美妙的言辞就可以与前人抗衡，就是人们所说的“成文章曰乐府”。

（17）影：即“隐”，掩盖。求知：希望被人知道。这几句的意思是文辞可以不要研究吗？雕版印刷发行中的错误却托名宣称是当时有德行的人写作的，全是自己说的，将要显示自己的正确，掩盖自己的错误，对市民极力讨好，不希求被见解卓越的人知道，能够不被他迷惑的人有几个？

（18）公器：共用之器，此处比喻公认的准则。

（19）砭：用石针扎皮肉治病，引申为纠正别人的错误。矧（shěn）：何况，况且。

《毛诗古音考》自序⁽¹⁾

【原文】

夫《诗》，以声教也，取其可歌、可咏、可长言嗟叹，至手足舞蹈而不自知⁽²⁾，以感竦其兴、观、群、怨，事父、事君之心，且将从容以绅绎夫鸟兽草木之名义⁽³⁾，斯其所以为《诗》也。若其意深长而于韵不谐，则文而已矣。故士人篇章，必有音节；田野俚曲，亦各谐声。岂以古人之诗而独无韵乎？盖时有古今，地有南北，字有更革，音有转移，亦势所必至。故以今之音读古之作，不免乖刺而不入，于是悉委之叶⁽⁴⁾。夫其果出于叶也，作之非一人，采之非一国，何母必读米，非韵杞韵止，则韵祉韵喜矣⁽⁵⁾；马必读姥，非韵组韵黼，则韵旅韵土矣⁽⁶⁾；京必读疆，非韵堂韵将，则韵常韵王矣⁽⁷⁾；福必读逼，非韵食韵翼，则韵德韵信矣⁽⁸⁾。厥类实繁，难以殚举。其矩律之严，即《唐韵》不啻⁽⁹⁾。此其何故耶？又《左》《国》《易》《象》《离骚》《楚辞》、秦碑、汉赋，以至上古歌谣箴铭赞诵，往往韵与《诗》合，实古音之证也。或谓：三百篇，诗辞之祖，后有作者，规而韵之耳。不知魏晋之世，古音颇存，至隋唐渐尽矣。唐宋名儒，博学好古，间用古韵，以炫异耀奇，则诚有之。若读坒为佺，以与日韵，尧戒也⁽¹⁰⁾；读明为芒，以与良韵，皋陶歌也⁽¹¹⁾。是皆前于《诗》者，夫又何放⁽¹²⁾？且读皮为婆，宋役人讴也⁽¹³⁾；读丘为欺，齐婴儿语也⁽¹⁴⁾；读户为甫，楚民间谣也⁽¹⁵⁾；读裘为基，鲁朱儒谑也⁽¹⁶⁾；读作为诅，蜀百姓辞也⁽¹⁷⁾；读口为苦，汉白渠诵也⁽¹⁸⁾。又家，姑读也，秦夫人之占⁽¹⁹⁾；怀，回读也，鲁声伯之梦⁽²⁰⁾；旂，斤读也，晋灭虢之征⁽²¹⁾；瓜，孤读也，卫良夫之噪⁽²²⁾。彼其间巷赞毁之间，梦寐卜筮之顷，何暇屑屑模拟，若后世吟诗者之限韵邪？愚少受《诗》家庭，窃尝留心于此。晚年独居海上，庆吊尽废。律绝近体，既所不娴，六朝古风，企之亦远，惟取三百篇日夕读之。虽不能手舞足蹈契古人之意，然可欣、可喜、可戚、可悲之怀，一于读《诗》泄之。又惧子侄之学《诗》而不知古音也，于是稍为考据，列本证、旁证二条。本证者，《诗》自相证也；旁证者，采之他书也。二者俱无，则宛转以审其音，参错以谐其韵，无非欲便于歌咏，可长言嗟叹而已矣。盖为今之诗，古韵可不用也；读古之诗，古韵可不察乎？嗟夫！古今一意，古今一声。

以吾之意而逆古人之意，其理不远也；以吾之声而调古人之声，其韵不远也。患在是今非古，执字泥音，则支离日甚，孔子所删，几于不可读矣。愚也闻见孤陋，考究未详，姑藉之以请正明达君子。闽三山陈第季立题。

【注释】

（1）陈第（1541—1617），字季立，号一斋，福建连江人，明朝儒生。陈第从七岁开始读书。嘉靖四十一年（1562年），戚继光奉旨到福建攻打倭寇，与陈第相识。万历元年（1573年），俞大猷移防福建，聘陈第为幕客。万历年间，累功至游击将军，镇守古北口。曾随名将沈有容来台湾，著有《东番记》一书，被视为研究台湾原住民的重要文献之一。晚年喜游，隐居马祖。他在音韵学上的贡献最为重要，音韵学著作有《毛诗古音考》《读诗拙言》《屈宋古音义》。《毛诗古音考》体现了作者全部的古音学思想，在我国古音学研究史上占有极其重要的地位。陈第首次提出了古音时地观，即"时有古今，地有南北，字有更革，音有转移，亦势所必至"，这一观点成了清代乃至今天古音学研究的指导性纲领。同时，他确定了古音研究的范围，发明了新的研究方法，把古音研究引上了科学的道路。因此，陈第是明代古音研究中成就最大的人，开清代古音学之先河，在中国古代语言学史上占有重要地位。

（2）语出《毛诗序》："情动于中而行于言，言之不足，故嗟叹之，嗟叹之不足，故咏歌之，咏歌之不足，不知手之舞之，足之蹈之也。"

（3）语出《论语》："小子何莫学夫《诗》？《诗》，可以兴，可以观，可以群，可以怨。迩之事父，远之事君，多识于鸟兽草木之名。"兴：指激发感情的感染力量。观：指观察、了解天地万物与人间万象的认识力量。群：指帮助人沟通感情，互相切磋砥砺，提高修养的教育作用；怨：指批评指责执政者为政之失，抒发对苛政的怨情的讽刺作用。

（4）乖剌：违逆，不和谐。悉委之叶：全归结于叶音之说。

（5）如《诗经·将仲子》："将仲子兮，无逾我里，无折我树杞。岂敢爱之？畏我父母。""杞""母"是韵脚字。《诗经·沔水》："沔彼流水，朝宗于海。鴥彼飞隼，载飞载止。嗟我兄弟，邦人诸友。莫肯念乱，谁无父母？""止""母"是韵脚字。《诗经·雍》："宣哲维人，文武维后。燕及皇天，克昌厥后。绥我眉寿，介以繁祉，既右烈考，亦右文母。""祉""母"是韵脚字。《诗经·閟宫》："居常与许，复周公之宇。鲁侯燕喜，令妻寿母。宜大夫

庶士，邦国是有。"喜""母"是韵脚字。"母""杞""止""祉""喜"上古音均为阴声韵之部［ə］，同韵。陈第认为明母当读作"米"，有误，"母"上古音隶明母之部［mə］，"米"明母脂部［miei］，二字韵部相去甚远，不同韵。

（6）如《诗经·大叔于田》："叔于田，乘乘马。执辔如组，两骖如舞。""马""组"是韵脚字。《诗经·采菽》："虽无予之？路车乘马。又何予之？玄衮及黼。""马""黼"是韵脚字。《诗经·崧高》："王遣申伯，路车乘马。我图尔居，莫如南土。""马""土"是韵脚字。《诗经·有客》："有客有客，亦白其马。有萋有且，敦琢其旅。""马""旅"是韵脚字。"马""组""黼""土""旅"上古音均隶阴声韵鱼部［a］。陈弟认为由此可知"马"读作"姥"。"马"上古音隶明母鱼部［mea］，"姥"明母之部［muə］，"马""姥"明母双声，鱼之旁转，陈氏是也。

（7）如《诗经·定之方中》："望楚与堂，景山与京。""堂""京"是韵脚字。《诗经·正月》："民之讹言，亦孔之将。念我独兮，忧心京京。""将""京"是韵脚字。《诗经·文王》："侯服于周，天命靡常。殷士肤敏。裸将于京。""常""京"是韵脚字。《诗经·文王有声》："考卜维王，宅是镐京。""王""京"是韵脚字。"堂""京""将""常""王"上古音均隶阳部。陈弟认为由此可知"京"必读"疆"。"疆"上古音也属阳部，《诗经·皇矣》："依其在京，侵自阮疆。""京""疆"为韵，陈氏是也。

（8）如《诗经·天保》："神之吊矣，诒尔多福。民之质矣，日用饮食。群黎百姓，遍为尔德。""福""食""德"是韵脚字。《诗经·楚茨》："我仓既盈，我庾维亿。以为酒食，以享以祀，以妥以侑，以介景福。""亿""食""福"是韵脚字。《诗经·大明》："维此文王，小心翼翼。昭事上帝，聿怀多福。""翼""福"是韵脚字。"福""食""德""亿""翼"上古音均隶入声韵职部。陈弟认为由此可知"福"必读"逼"。"逼"上古音隶帮母职部，与"福"为同音字，陈氏是也。

（9）矩律：规矩，法度，这里指分韵。不啻：不止。这两句的意思是《诗经》用韵极严格，即使是《唐韵》也有所不及。

（10）垤：小土丘。《淮南子》引《尧诫》曰："战战栗栗，日慎一日，人莫踬于山而踬于垤。""日"与"垤"协韵，陈弟认为"垤"当读作"姪"。"垤""姪"上古音均隶定母质部，属同音字。"日"上古音隶日母质部，与

"垤"同韵，陈氏是也。

（11）"明""良"为韵，应在《尚书·益稷》中："皋陶拜手稽首飏言曰：'念哉！率作兴事，慎乃宪，钦哉！屡省乃成，钦哉！'乃赓载歌曰：'元首明哉，股肱良哉，庶事康哉！'""明"与"良"为韵，陈弟认为"明"当读作"芒"。"明""芒"上古音均隶明母阳部，属同音字，陈氏是也。

（12）这句话的意思是《尧诚》《皋陶歌》皆先于《诗经》，何妨之有？然而都与《诗经》韵部相合，故《诗经》非诗韵之祖。

（13）如《左传·宣公二年》："使其骖乘谓之曰：'牛则有皮，犀兕尚多，弃甲则那？'役人曰：'从其有皮，丹漆若何？'""皮"与"何"协韵。陈弟认为宋国民谣"皮"读作"婆"。"皮""婆"上古音均隶并母歌部，为同音字，陈氏是也。

（14）如《战国策·齐策》："齐婴儿谣曰：'大冠若箕，修剑拄颐，攻狄不能，垒于梧丘。'""箕""颐""丘"协韵。陈弟认为"丘"当读作"欺"。"丘""欺"上古音均隶溪母之部，属同音字，陈氏是也。

（15）如《史记·项羽本纪》："故楚南公曰'楚虽三户，亡秦必楚'也。""户""楚"协韵。陈弟认为读"户"为"甫"。"户"上古音隶匣母鱼部，"甫"帮母鱼部，虽韵部相同，但声纽不同，陈氏失当。

（16）如《左传·襄公四年》："国人诵之曰，'臧之狐裘，败我于狐骀'。""裘""骀"协韵。陈弟认为读"裘"为"基"。"裘""基"上古音隶之部叠韵，声纽群见旁转，陈氏是也。

（17）如《后汉书·廉范传》："廉叔度，来何暮？不禁火，民安作，昔无襦，今五袴。"韵脚字为"暮""作""袴"。"暮"隶上古音明母铎部，"作"精母铎部，"袴"溪母鱼部，鱼铎阴入对转。"暮""作""袴"协韵。陈弟读"作"为"诅"。"作"上古音隶精母铎部，"诅"庄母鱼部，声纽精庄为齿音，韵部鱼铎阴入对转，陈氏是也。

（18）如《汉书·沟恤志》载《白渠歌》："且溉且粪，长我禾黍。衣食京师，亿万之口。"韵脚字为"黍""口"。"黍"上古音鱼部，口隶侯部，鱼侯旁转，协韵。陈弟读"口"为"苦"，同为鱼部，但声纽"口"在书母，"苦"在溪母，一为舌音，一为牙音，陈氏失当。

（19）如《左传·僖公十五年》："侄从其姑，六年其逋，逃归其国，而弃其家。"韵脚字为"姑""逋""家"。"姑""逋""家"均隶鱼部，协韵。陈

弟认为"家"读作"姑",二字均隶见母鱼部,为双声叠韵字,陈氏是也。

(20)如《左传·成公十七年》:"初,声伯梦涉洹,或与己琼瑰,食之,泣而为琼瑰,盈其怀。从而歌之曰:'济洹之水,赠我以琼瑰。归乎!归乎!琼瑰盈吾怀乎!'""瑰""归""怀"为韵脚字,上古音均隶微部,协韵。陈弟认为"怀"当读作"回",二字上古音均隶匣母微部,为双声叠韵字,陈氏是也。

(21)如《左传·僖公五年》:"童谣曰:'丙之晨,龙尾伏辰,均服振振,取虢之旂。'""晨""辰""振""旂"为韵脚字,四字上古音均隶文部,协韵。陈氏认为"旂"当读作"斤","旂"上古音群母文部,"斤"见母文部,文部叠韵,群见旁纽,陈氏是也。

(22)如《左传·哀公十七年》:"卫侯梦于北宫,见人登昆吾之观,被发北面而噪曰:登此昆吾之墟,绵绵生之瓜。余为浑良夫,叫天无辜。'""墟""瓜""夫""辜"为韵脚字。四字上古音均隶鱼部,协韵。陈弟认为"瓜"当读作"孤","瓜""孤"上古音均隶见母鱼部,为双声叠韵字,陈氏是也。

《六书音均表》序(1)

【原文】

韵书始萌芽于魏李登《声类》,积三百余年,至隋陆法言《切韵》,梗概之法(2)乃具。然皆就其时之语言、音读,参校(3)异同,定其远近洪细,往往有意求密,而用意太过,强生区别。至如虞夏商周之文,六书之假借、谐声,《诗》之比音协句,以成歌乐,茫乎未之考也。唐初因法言撰本为选举士人作律诗之用,视二百六韵中字数多者限以独用,字数少者合比近两韵或三韵同用,苟计字多寡而已。宋吴棫作《韵补》,于韵目下始有古通某、古转声通某之云,其分合最为疏舛(4)。郑庠作《古音辨》,仅分阳、支、先、虞、尤、覃六部(5)。近昆山顾炎武更析东、阳、耕、蒸而四,析鱼、歌而二,故列十部(6)。吾郡老儒江慎修永于真已下十四韵、侵已下九韵,各析而二,萧、宵、肴、豪及尤、侯、幽亦为二,故列十三部(7)。古音之学以渐加详如是。

前九年段君若膺语余曰:"支、佳一部也,脂、微、齐皆灰一部也,之、哈一部也，汉人犹未尝淆借通用，晋宋而后乃少有出入，迄乎唐之功令⁽⁸⁾，支注脂、之同用，佳注皆同用，灰注哈同用，于是古之截然为三者罕有知之。"余闻而伟其所学之精，好古有灼见卓识。又言："真、臻、先与谆、文、殷、魂、痕为二，尤、幽与侯为二，得十七部。"今官于蜀地且数年，政事之余，优而成是书，曰《六书音均表》。凡为表者五，撰述之意，表各有序说，既详之矣。其书始名《诗经韵谱》《群经韵谱》，嘉定钱学士晓征为之序⁽⁹⁾。兹易其体例，且增以新知，十七部盖如旧也。

余昔感于其言五支六脂七之有分，癸巳春寓居浙东，取顾氏《诗本音》，章辨句析，而讽诵乎经文，叹始为之之不易。后来加详者之信足以补其未逮⁽¹⁰⁾。顾氏转侯韵入虞，江氏转虞韵字入侯，此江优于顾。然顾氏药、铎有分，而江氏不分，此顾优于江。若夫五支异于六脂，犹清异于真也。七之又异于支、脂，犹蒸又异于清、真也。实千有余年莫之或省者，一旦理解，按诸三百篇划然⁽¹¹⁾，岂非稽古大快事欤？

时余略记入声之说，未暇卒业，今乐睹是书之成也，不惟字得其古人音读，抑又多通其古义。许叔重之论假借曰："本无其字。依声托事。"夫六经字多假借，音声失而假借之意何以得？训诂音声、相为表里，训诂明，六经乃可明。后儒语言文字未知，而轻凭臆解以诬圣乱经，吾惧焉。段君又有《诗经小学》《书经小学》《说文考证》《十七部古韵表》等书，将继是而出。视逃其难相与凿空⁽¹²⁾者，于治经孰得孰失也。乾隆丁酉孟春月，休宁戴震序。

【注释】

（1）《六书音均表》：研究汉语上古音的著作，为段玉裁著。《六书音均表》集中反映了段玉裁对古音学的贡献，他继承了顾炎武、江永的研究成果，并且加以发展，分古韵为十七部：一部（之）、二部（宵）、三部（尤）、四部（侯）、五部（鱼）、六部（蒸）、七部（侵）、八部（覃）、九部（东）、十部（阳）、十一部（耕）、十二部（真）、十三部（谆）、十四部（元）、十五部（脂）、十六部（支）、十七部（歌）。与顾炎武、江永相比，他又多分出四部：①支、脂、之分开。段玉裁之前，《广韵》支佳、脂微齐皆灰、之哈三组韵，古韵归为一部，段玉裁第一次把它们分为三部，受到古音韵学家的普遍赞扬，认为这是古音学上的一个大发明。②真、文分部。江永在顾炎武的第四部中分出元部，剩下的真、文仍为一部，段玉裁把真、文分为两部。③侯韵独立。江永把虞韵一半归入侯韵，这样做是合理的，但又把侯韵合到幽部去了。段玉裁把侯韵独立出来，既不入鱼部，也不入幽部。后两条也是为人所称道的。戴震（1724—1777），字东原，安徽屯溪人。他既是干嘉考据学久负盛名的皖派宗师，又是在儒学内部最早批判以理杀人的思想家。他批判程朱理学的思想，作为中国文化现代转型的本土资源，对晚清以来的学术思潮产生了深远影响，被梁启超、胡适称为中国近代"科学界的先驱者"。作为古音韵学家，他撰写了《声类表》《声韵考》等，将入声及祭、泰、夬、废四韵独立，析古韵为十六部，对古音学发展做出了贡献。

（2）梗概之法：大略的内容、要点或讨论题的主要原则。

（3）参校：参照同名的另一种版本校订某一部书。

（4）吴棫（约1100—1154），宋代古音韵学家、训诂学家，时称通儒。他分古韵为九部：一东（冬钟通，江或转入）、二支（脂之微齐灰通，佳皆咍转声通）、三鱼（虞模通）、四真（谆臻殷痕耕庚清青蒸登侵通，文元魂转声通）、五先（仙盐沾严凡通，寒桓删山覃谈咸衔声通）、六萧（宵肴豪通）、七歌（戈通，麻转声通）、八阳（江唐通，庚耕清或转入）、九尤（侯幽通）。细察其部，结论粗疏不足信，取材过于冗繁，但在古音研究上有其筚路蓝缕之功。疏舛：粗略紊乱，疏漏错乱。

（5）《古音辨》：南宋郑庠撰。郑庠是南宋时与吴棫齐名的古音学家。他的著作早已亡佚，清代夏炘的《诗古韵表廿二部集说》和段玉裁的《六书音均表》均存其说。他按诗韵合并把古韵分为六部：一东（东冬江阳庚青蒸）、二支（支微齐佳灰）、三鱼（鱼虞歌麻）、四真（真文元寒删先）、五萧（萧肴豪尤）、六侵（侵覃盐咸）。郑庠的韵目为"平水韵"韵目，所分六部较吴棫所分更系统。

（6）顾炎武（1613—1682），字宁人，号亭林，昆山人，明末清初经学大师。一生成就很多。在音韵学方面，他破除传统韵书的束缚，根据古韵实际归纳韵部，离析唐韵以求古音分合，并将今韵入声配阳声改为入声配阴声，在其所著的《音学五书》中，归纳出古音十部即东部、阳部、耕部、蒸部、支部、鱼部、歌部、真部、萧部、侵部。其中有四部成为定论，即歌部、阳部、耕部、蒸部，其余几部也都初具规模。后来各家古韵分部都是在顾炎武分部的基础上加细、加详的。

（7）江永（1681—1762），字慎修，安徽省婺源县（今属江西省）江湾村人，清朝经学家、音韵学家、数学家，精通三礼及算术乐律音韵之学，为学注重考据，一生著述甚丰。音韵方面精于音理，注重审音，著作有《音学辨微》《四声切韵表》《古韵标准》等书。在《古韵标准》中，他分古音为平声十三部、入声八部：①平声十三部。一部（东）、二部（脂）、三部（鱼）、四部（真）、五部（元）、六部（宵）、七部（歌）、八部（阳）、九部（耕）、十部（蒸）、十一部（侯）、十二部（侵）、十三部（覃）。②入声八部。一部（屋）、二部（质）、三部（月）、四部（药）、五部（锡）、六部（职）、七部（缉）、八部（叶）。江永的分部不但基于考古，同时注重审音。其贡献在于真元分部、侵谈分部、幽宵分部，将侯部从鱼部分离出来归入宵部。

（8）功令：旧时指法律、命令。

（9）钱大昕（1728—1804），字晓征，一字辛楣，号竹汀，江苏嘉定（今上海嘉定人），清代史学家、汉学家。钱大昕是中国 18 世纪最为渊博和专精的学术大师，他在生前就已是饮誉海内的著名学者，王昶、段玉裁、王引之、凌廷堪、阮元、江藩等著名学者都给予他极高的评价，公推他为"一代儒宗"。

（10）戴震《寄段茂堂书》："大箸辨别五支六脂七之，如清真蒸三韵之不相通，能发自唐以来讲韵者所未发。今春将古韵考订一番，断从此说为确论。"

（11）划然：界限分明的样子。

（12）凿空：凭空无据，穿凿。

《中原音韵》曲韵常用字表

《中原音韵》是一部切合实用的北曲用韵谱，是作北曲者所共同的音韵规范。以下共十九个韵类，不常用的字没有录入。

一、东钟

平声　阴：

东冬钟中忠 衷终通松嵩 冲充春种忡 憧雍邕空宗 风枫丰封蜂 峰锋烽匆葱
聪囱纵枞穹 倾工公功攻 弓蚣躬恭宫 供宫龚烘轰 薨胸凶兄翁 壅泓崩绷烹

平声　阳：

同铜童桐筒 峒瞳潼戎绒 蓉龙隆窿穷 蛩邛胧笼珑 砻聋咙脓农 浓重虫慵鳙
崇冯逢缝丛 琼熊雄容溶 蓉佣镛墉庸 融荣蒙朦盲 萌红虹洪鸿 宏弘横嵘从

蓬彭篷鹏棚

上声：

董懂肿踵种 冢孔恐桶统 汞陇垅拢耸 竦拱巩珙勇 涌踊俑永猛 蜢艋懵捧宠

去声：

洞栋动冻凤 奉讽缝共供 贡宋送弄耸 控空讼诵颂 瓮痛众中仲 重种纵从综
孟梦用咏莹 哄横粽进

二、江阳

平声　阴：

江姜僵疆杠 邦梆帮桑丧 霜孀双章樟 漳獐张璋商 伤殇觞汤浆 将庄装桩妆
冈钢缸刚纲 扛亢康糠光 胱当挡荒肓 香乡相箱湘 襄镪滂羌腔 蜣鸯央殃秧
泱方芳坊肪 妨昌猖娼闾 汤镗抢锵匡 筐眶汪仓苍 疮窗臧脏

平声　阳：

阳扬样羊徉 洋徉茫忙邙 芒粮良凉梁 量忘亡郎廊 榔螂琅狼浪 杭航颃行昂
床幢撞旁傍 房庞防长肠 场常裳尝偿 唐糖塘搪堂 翔祥详墙樯 嫱戕黄簧潢
篁皇凰惶藏 强娘降王狂 囊

上声：

讲锵港养痒 鞅奖奖蒋两 魍想莽蟒爽 响享饷夯敞 氅昶放仿肪 仿网罔辋枉
往嗓榜倘党 掌长朗慌谎 仰广强抢赏 晌

去声：

绛降虹强相 象亮辆谅量 养快殃漾恙 样状壮撞尚 上氅昶帐胀 涨丈杖障瘴
巷向项匠酱 将唱倡畅怅 创忘望妄旺 王放访荡当 宕挡浪阆傍 谤蚌棒藏葬
亢抗炕旷圹 矿晃幌况酿 仰丧胖行怆 盎饯钢汤

三、支思

平声　阴：

支肢枝栀厄 氏之芝脂胝 孳孜滋兹资 咨淄姿差施 诗师蓍尸狮 斯撕思司私
厮丝鸶蛳雌

平声　阳：

儿而瓷慈磁 疵茨匙时词 祠辞

上声：

纸砥咫址底 旨指止趾芷 祉徵尔迩耳 饵珥此使驶 弛史矢豕始 子紫姊梓死
齿仔

入声作上声：

涩瑟塞

去声：

是氏市柿士 侍弑仕谥嗜 使示施恃事 试视噬似巳 赐姒嗣汜饲 祀伺俟寺食
思四肆泗驷 刺次字渍自 恣志至二贰 饵翅厕

四、齐微

平声　阴：

几机矶玑讥 肌饥基箕鸡 姬奇稽羁归 圭龟闺规齑 挤跻斋虽绥 尿妥睢低氐
堤羝妻栖凄 萋西犀嘶灰 挥辉晖珲麾 徽悲卑碑陂 追骓锥威煨 隈飞非扉绯
菲妃霏溪骑 欺希稀曦羲 熹嘻僖牺熙 衣依伊猗漪 医臆吹炊推 披批邳丕呸
醅胚魁盔亏 窥奎瑰痴蚩 笞螭鸱崔催 衰堆知蜘梯

平声　阳：

微维薇唯离 黎犁篱藜璃 骊鹂丽狸蜊 厘漓泥尼梅 枚莓嵋糜媒 煤眉湄楣累
雷檑羸随隋 齐脐回徊围 韦闱桅帏逶 危为肥淝奇 骑祁萁祈其 耆祇芪岐蕲
琪绮期旗麒 歧鬐奚兮携 蹊移倪霓猊 嶷姨夷沂宜 仪彝贻怡饴 眙圯颐遗提
蹄题啼醍梯 垂锤陲裴陪 培皮葵馗夔 逵池弛迟持 墀颓脾疲罴 疲比迷弥
谁 摧

入声作平声　阳：

实十什石射 食拾蚀直值 侄秩掷疾嫉 集寂夕习席 袭荻狄敌笛 及极惑逼
贼 劾

去声作平声：

鼻

上声：

迤尾倚椅蚁 已矣苡以拟 美己几纪耻 痞否鬼轨癸 桅悔毁卉比 匕妣礼醴里
李鲤娌理履 挤济底邸诋 洗玺徙屣起 启岂绮杞米 眯弥你旎祢 彼鄙喜委猥
伟唯苇垒磊 蕾儡体腿蕊 髓水馁

入声作上声：

只质炙织汁 七戚漆刺匹 劈僻吉击激 棘戟急汲给 笔北室失识 适拭饰释轼

湿积唧稷绩 迹脊鲫必壁 璧毕碧筚吸 隙檄昔惜息 锡淅吃尺赤 叱的滴嫡得
德涤踢剔乞 泣讫国黑一

去声：

未味胃谓渭 卫慰纬秽魏 畏位贵柜跪 桧愧悸桂绘 吠沸费肺废 芾会晦诲惠
蕙讳慧溃翠 脆淬悴萃异 裔义议谊艺 毅易意气器 弃憩契霁祭 济际替剃涕
嚏帝缔谛弟 第娣背贝狈 倍被焙婢备 避辈币臂帔 利唳俐莉例 离历砺丽荔
妻砌细醉罪 最对队兑计 记寄系继妓 技髻忌季骑 既闭蔽庇嬖 毙比秘陛谜
睡税说瑞退 蜕岁祟隧遂 彗碎粹邃燧 穗坠赘缒缀 制置雉滞稚 治帜智质世
势逝誓累泪 擂类来佩配 沛悖妹昧媚 魅袂寐瑁戏 系泥腻锐芮 蚋吹内

入声作去声：

日入觅蜜密 墨立粒笠历 厉沥力栗雳 易逸译驿溢 镒益一掖液 役疫逆射乙
揖邑忆翼勒 肋剧匿

五、鱼摸

平声 阴：

居裾琚车驹俱 诸猪珠朱姝 株蛛诛侏苏 酥枢粗刍梳 蔬疏嘘墟虚
吁蛆趋疽雎 狙沮孤姑鸪 沽蛄辜觚枯 刳于迂纡呜 污乌书舒输 区躯驱岖须
胥需夫肤孚 莩麸趺桴敷 呼初都租

平声 阳：

庐闾驴蒌茹 如儒嚅濡无 芜巫诬摸谟 模谋徒图途 荼涂屠奴驽 卢芦颅鲈泸
炉鱼渔虞余 于竽与舆妤 欤誉盂愚禺 隅臾榆谀腴 愉俞逾渝瑜 吴吾蜈梧娱
雏锄殊茱洙 铢渠衢瞿除 滁蜍厨储蹰 扶夫芙凫蚨 符浮蒲脯湖 胡糊壶瑚鹕
弧乎徐

入声作平声：

读独渎牍毒 犊突复佛袱 伏服斛鹄鹘 属赎秫述术 俗续逐轴族 镞仆局淑蜀
孰熟塾

上声：

语雨与圄御 愈羽宇禹庾 吕侣旅缕偻 主煮拄翥墅 汝乳鼠黍暑 阻处杵楮褚
杼数所组祖 舞武鹉侮土 吐鲁卤橹虏 睹堵赌古沽 诂牯股蛊贾 鼓估五伍忤
午邬坞虎浒 补圃浦普谱 溥甫斧抚脯 俯腑父否母 牡某亩姥楚 础举矩榉莒
努弩许诩取 苦咀女屿伛 去

入声作上声：

谷骨穀缩谡 速复福幅蝠 拂腹覆卜不 局菊忽筑烛 竹粥粟宿屈 曲哭酷窟出 黜畜叔菽督 暴扑触束簇 足促秃卒蹙 屋兀沃

去声：

御芋驭妪谕 遇裕誉预豫 虑滤屡句锯 惧踞讵炬苣 据巨屦拒具 树恕庶戍竖 暑曙趣觑娶 注住著柱铸 炷驻贮数疏 絮序叙绪茹 孺杜蠹肚度 渡赴父釜辅 付仆富傅赋 讣妇附阜负 户岵怙扈获 庐务雾戊鹜 素诉塑暮慕 墓募路鹭露 潞赂故固顾 锢雇误悟恶 污寤布怖部 哺簿捕步醋 错措做诅兔 吐怒铺互去 聚助

入声作去声：

禄鹿漉麓 木沐穆睦没目 录绿陆戮律 物勿辱入褥 玉狱欲浴 育郁鹆

六、皆来

平声 阴：

皆阶街楷偕 该垓陔哉栽 灾钗差台胎 邰骀哀唉埃 挨猜衰腮歪 开揩齐乖 筛揣

平声 阳：

来莱鞋谐骸 牌排俳怀槐 淮埋霾皑孩 柴豺侪崖捱 才材财裁台 苔抬能

入声作平声：

白舶帛宅泽 画划

上声：

海诒给骇蟹 宰载彩采薆 霭乃奶崴凯 铠拐揣摆矮 解楷买改

入声作上声：

拍珀魄册策 蹦栅测伯百 柏迫骼革隔 格客刻责帻 摘侧窄仄谪 色穑索掴捽 吓则

去声：

懈械獬寨债 态泰太汰丐 盖爱艾捱隘 奈耐害亥戴 带怠待代袋 大黛岱戒诫 解界芥届外 快哙块再在 载迈卖赖籁 拜败粺湃忿 菜蔡晒洒煞 塞赛坏慨派 帅率

入声作去声：

麦陌蓦脉额 厄搦

七、真文

平声　阴：

分纷芬汾喷　昏婚晕因姻　殷菌申绅身　伸春椿询荀　吞暾谆根跟　欣忻昕氤真
珍振甄新薪　辛宾滨彬坤　君军均钧臻　榛醺薰勋曛　昆鲲温瘟孙　荪莘尊樽敦
墩奔贲巾斤　筋村亲遵恩　喷津

平声　阳：

邻辚粼鳞磷　麟贫频颦濒　民仁人伦纶　抡轮沦群裙　勤芹们扪论　文纹闻蚊银
龈垠寅鄞盆　陈臣尘辰晨　宸嗔趁秦唇　淳醇纯鹑巡　旬驯循云芸　纭耘匀坟焚
魂浑臀豚饨　屯神存蹲痕　纫娠

上声：

轸疹诊肯恳　垦龈紧槿谨　瑾隐引蚓尹　闵悯敏泯准　吻刎笋允殒　陨狁畚本壶
悃蜃哂品很　狠不忍盾损　蠢稳瞬衮

去声：

震阵振赈镇　信讯迅烬尽　进晋刃认仞　吝蔺磷鬓殡　膑肾慎运恽　蕴酝愠晕韵
忿分类奋近　觐印孕峻浚　殉逊俊骏舜　顺闰润问綮　顿钝盾遁囤　沌闷懑奔训
郡困喷论混　寸嫩褪诨趁

八、寒山

平声　阴：

山潺删丹单　殚箪干竿肝　乾安鞍奸间　艰菅刊看关　纶拴鳏班般　扳颁弯湾滩
摊番蕃藩翻　反珊跚攀餐　殷

平声　阳：

寒邯韩汗翰　阑兰栏斓拦　还环鬟寰圜　残闲鹇坛弹　檀烦繁帆樊　凡难蛮颜
潺顽

上声：

反返坂板伞　散晚挽简拣　产铲赶秆竿　坦袒罕侃懒　绾盏眼

去声：

旱悍汉骭翰　瀚汗旦诞弹　但惮万蔓曼　叹炭案岸按　干灿粲璨栈　绽盼馔渲慢
谩惯赞瓒患　幻宦豢谏间　涧讪汕疝办　瓣扮绊饭贩　范畈泛犯限　晏看灿纂散
难腕

九、恒欢

平声　阴：

官冠棺观搬　般欢獾潘端　豌蜿酸狻宽　钻撺

平声　阳：

峦鸾栾銮滦　瞒谩漫缦馒　鳗桓丸完纨　抟团盘瘢弁　磐般蟠胖攒

上声：

馆管满暖浣　卵短

去声：

唤换焕奂涣　缓玩腕惋幔　镘漫窜撺蹿　断锻段蒜算　判拼贯冠观　灌鹳裸半伴　绊畔泮钻乱

十、先天

平声　阴：

先仙鲜跹煎　笺溅坚肩甄　颠癫巅鹃涓　娟边编鞭鳊　暄喧萱煽扇　膻专砖千阡　迁芊轩掀烟　燕胭咽嫣牵　骞愆篇扁偏　蹁翩渊冤宛　蜿鸳诠荃悛　宣揎川穿圈天

平声　阳：

连莲怜绵眠　然燃缠禅蝉　钱前填田阗　钿钿贤弦舷　悬玄延研研　焉言沿蜒缘　乾虔元圆员　园袁猿辕原　源垣援捐铅　全泉权旋璇　还船传椽拳　权颧鬈骈胼　便联挛年涎

上声：

苑远阮畹充　堰偃演衍鼹　卷鲜跣冼铣　篦藓癣腆殄　剪翦碾辗辇　琏李商转啭　贬扁匾沔昡　免冕喘舛阐　典显犬浅展　遣软

去声：

院愿怨远援　劝券见建健　件绢现献县　宪绚殿电甸　靛佃钿填阗　奠燕砚谚喭　咽堰彦宴缘　掾眷倦绢圈　绻面片骗变　便遍辩辨下　弁汴线羡霰　川穿钏扇善　煽单擅禅鳞　荐箭煎贱溅　钱践筅旋选　诞传砖篆战　颤缠遣牵练　炼恋楝

十一、萧豪

平声　阴：

萧潇绡消销 宵霄魈硝蛸 刁貂凋枭嚣 骁枵捎梢筲 娇骄焦蕉椒 樵标膘腰飙
杓交茭蛟郊 胶教咬包苞 胞嘲抓碉高 膏篙羔糕皋 槔刀叨骚搔 臊缫艘遭糟
麠朝招昭夭 邀幺腰妖要 飘漂抛脬胞 掏饕叨滔韬 橇哮敲抄坳 凹蒿蘼烧褒
掏超锹操

平声　阳：

豪毫号嚎濠 辽寮僚聊鹩 饶荛挠苗描 毛茅猫旄髦 桡猱咬挠牢 劳涝捞醪迢
髻调蜩条跳 佻潮朝韶遥 摇谣瑶窑尧 姚樵谯瞧嗷 鳌敖葵遨螯 乔荞桥翘侨
爻肴洧袍炮 咆庖跑匏桃 逃陶萄淘涛 曹漕嘈螬槽 巢瓢

入声作平声：

浊镯濯擢铎 度踱箔薄泊 博学缚鹤涸 凿锅著芍

上声：

小筱皎缴桥 矫袅鸟了燎 蓼杳夭窈绕 娆扰眇渺杪 藐悄宝保堡 褓葆卯昂狡
搅娇铰绞茭 姥老獠撩潦 脑恼嫂扫漂 殍瓢枣早藻 澡蚤倒岛捣 祷缟镐槁袄
懊媪考栲挑 窕沼少表巧 晓饱爪炒讨 草好挠咬稍

入声作上声：

脚角觉捉卓 琢酌斫灼缴 烁铄雀鹊拓 托魄索朔郭 廓剥驳爵削 作柞错阁各
壑绰谑戳

去声：

笑啸肖眺跳 钓吊调掉抱 报暴鲍皂灶 造躁漕料廖 疗镣傲螯赵 兆照诏召肇
少绍邵烧号 皓好灏昊浩 道盗导悼到 稻蹈焘要耀 曜鹞叫轿噍 醮造操糙峭
俏诮鳔孝效 校窖教校觉 较酵徼罩棹 笊拗乐凹冒 帽貌耄茂泡 炮告诰劳涝
部燥噪扫庙 妙闹奥澳钞 尿哨窍覆

入声作去声：

岳乐药约跃 钥诺末幕漠 寞莫沫落络 烙洛珞酪鳄 萼恶愕弱略 掠虐

十二、歌戈

平声　阴：

歌哥柯科窠 蝌珂轲戈锅 过砂蓑唆梭 娑挲搓磋蹉 瘥他拖佗诧 阿窝涡倭坡
颇波玻番呵 讹多么

平声　阳：

罗萝箩锣螺 骡楞蠡摩蘑 魔挪那禾和 何河荷苛驼 陀沱跎驮哦 鹅峨蛾俄娥

婆鄱皤讹

入声作平声：

合盒鹤盍跋 魃缚拂活获 箔勃薄泊渤 度铎浊濯镯 夺凿着

上声：

锁琐果裹蜾 裸蠃躲娜那 荷可坷轲颇 叵跛簸我左 妥火伙

入声作上声：

葛割鸽阁蛤 钵拔跋泼粕 括渴撮脱抹

去声：

贺荷左佐坐 座舵惰堕剁 大驮挫磋锉 祸货和逻簸 播磨么卧懦 糯那个饿些
过课唾破嗑

入声作去声：

乐岳跃钥月 幕末沫莫寞 诺弱若落洛 络烙酪乐鄂 萼鳄鹗垩恶 掠略虐疟

十三、家麻

平声　阴：

加筘家葭痂 珈袈迦佳嘉 巴疤芭笆蛙 洼娲蜗沙砂 纱裟鲨查楂 喳抓鸦丫呀
叉权差夸虾 葩花瓜

平声　阳：

麻蟆华划骅 牙芽涯衙霞 瑕遐琶杷爬 茶搽槎拿咱 达挞踏垯滑 猾狎辖侠峡
匣洽乏伐筏 罚拔杂闸

上声：

妈马雅哑洒 寡

入声作上声：

塔獭榻霎杀 扎札匝砸插 察法发甲胛 夹答搭嗒撒 飒萨笟瞎八 掐恰

去声：

嫁稼价架假 凹胯跨髁亚 迓讶研诧姹 吒帕怕诈乍 榨下夏吓暇
厦化画话桦 华那罢霸坝 靶钯卦挂骂

入声作去声：

蜡腊拉辣错 粝纳衲压押 鸭抹刷

十四、车遮

平声　阴：

嗟奢赊车遮 爹靴些

平声　阳：

爷耶呆斜邪 蛇佘瘸徛

入声作平声：

协穴撷侠杰 碣竭叠迭谍 牒喋垤蝶跌 凸撅镢折舌 涉捷睫截别 绝

上声：

野也冶者赭 泻写舍惹若 喏哆姐且

入声作上声：

薛屑泄绁亵 燮切窃妾沴 结劫颊荚怯 挈客节接楫 血歇蝎阕缺 阙决诀蕨谲 餮铁贴帖撇 瞥鳖别拙辍 澈撤掣辙哲 摺褶浙折设 摄雪说

去声：

舍社射麝赦 谢卸榭泻夜 射柘鹧蔗灸 借藉

入声作去声：

聂啮镊捏臬 蹑蔑篾灭咽 谒叶烨拽业 邺额裂冽猎 列鬣月悦阅 说越刖樾钺 热劣

十五、庚青

平声　阴：

京庚赓耕羹 更粳泾惊荆 经兢矜精睛 旌菁晶生甥 牲笙猩筝争 丁钉仃征正 蒸贞祯兵冰 并灯登轰薨 增曾憎噌铮 狰铛撑瞠称 秤柽蛏英瑛 应樱璎婴鹦 膺缨萦轻倾 铿坑卿馨兴 清青鲭升声 胜听厅汀星 醒惺腥崩僧 哼兄泓烹

平声　阳：

评平萍瓶枰 凭屏娉冯盟 名明铭鸣螟 冥溟暝灵棂 令零聆龄蛉 翎苓伶铃菱 绫瓴陵凌朋 鹏棚楞层曾 能狞藤腾疼 滕誊茎恒赢 盈瀛萤茔萦 迎蝇凝擎鲸 行形刑邢衡 情黥亭停婷 廷庭蜓霆琼 澄呈成城诚 承丞乘惩塍 盛荧盲氓萌 甍横宏弘嵘 橙荣宁仍绳

上声：

儆景警境颈 梗更绠哽顷 丙炳秉饼屏 醒惺省影郢 颖瘿矿蜢艋 整拯茗酩皿

骋逞岭领鼎 酊顶挺艇町 冷井请等永

去声：

敬径镜竞竟 猄更劲应凝 硬庆磬罄磐 命暝请倩净 挣邓凳磴镫 正政郑证莹
并病柄凭令 凌胜圣剩盛 乘姓性娉聘 泞倰宁净静 靖清杏幸兴 行胫称秤定
订钉赠听孟 横撑亘

十六、尤候

平声　阴：

阄鸠啾漱搜 飕邹驺鳅陬 休咻讴鸥瓯 欧沤区钩勾 沟篝兜秋楸 鳅尤幽优修
羞馐抽周啁 洲舟丘偷彪 收抠

平声　阳：

尤攸疣蚰由 游邮牛猷犹 悠侯喉猴篌 刘留瘤榴流 骝柔揉蹂鞣 矛眸牟蝥楼
娄搂髅泅囚 稠绸俦踌仇 酬筹畴惆求 裘球逑仇虬 酉道投头骰 愁

入声作去声：

轴逐熟

上声：

有酉友牖莠 诱黝柳狃纽 钮忸丑九韭 久玖纠灸疚 首手守薮叟 斗蚪陡抖狗
垢苟枸偶藕 耦呕欧搂篓 肘酎朽酒剖 吼走否揉口

入声作去声：

竹烛粥宿

去声：

又右佑宥幼 囿侑袖昼咒 胄纣宙舅臼 旧咎救厩枢 究受授售绶 寿兽首狩秀
岫袖绣宿漱 嗽皱骤溜留 馏浏瘤扣寇 蔻侯后後堠 厚就鹫豆窦 斗逗勾遘媾
诟购彀辏凑 漏陋镂瘘谬 缪臭嗅瘦逅 奏透贸懋

入声作去声：

肉褥六

十七、侵寻

平声　阴：

针箴砧斟椹 金今衿襟禁 浸深簪森参 郴琛音喑阴 心歆钦衾侵

平声　阳：

林淋琳霖临 任壬妊寻姆 浔吟淫琴芩 禽擒噙岑沉 涔忱湛堪

上声：

懔凛稔衽荏 沈审婶锦噤 枕饮您怎寝

去声：

朕沈枕鸩甚 衽荏任禁噤 荫窨饮恁沁 临淋渗赁

十八、监咸

平声　阴：

庵鹌谙担耽 儋眈湛监缄 堪戡龛三甘 柑泔杉衫贪 探参憨醰簪 嵌搀

平声　阳：

南楠男喃咸 衔函烂蓝娄 篮岚覃谭谈 昙潭痰惭蚕 含涵邯谗馋 岩

上声：

敢感览揽胆 惨喊毯减碱 砍坎昝俺黯 斩腩

去声：

绀赣淦憾撼 颔淡啖担陷 馅槛滥缆阚 瞰嵌站蘸湛 赚鉴监暂錾 暗三探惨忏

十九、廉纤

平声　阴：

沾瞻詹占兼 鹣缣淹腌恹 阉纤尖歼渐 拈谦添佥

平声　阳：

帘奁廉拈粘 鲇铃黔蟾盐 炎阎檐严甜 恬髯潜嫌

上声：

掩魇奄崦琰 魇剡拣脸染 冉髯闪陕舔 忝险点

去声：

艳焰厌餍滟 验酽苦赡欠 茨歉店垫玷 殓潋敛念剑 俭渐堑茜染 占

参考文献

［1］王力. 汉语音韵学［M］. 北京：中华书局，1981.

［2］王力. 汉语史稿［M］. 北京：中华书局，2013.

［3］王力. 汉语语音史［M］. 北京：商务印书馆，2008.

［4］唐作藩. 音韵学教程（第三版）［M］. 北京：北京大学出版社，2002.

［5］唐作藩. 汉语音韵学常识［M］. 上海：上海教育出版社，2005.

［6］唐作藩. 上古音手册［M］. 南京：江苏人民出版社，1982.

［7］唐作藩. 汉语语音史教程［M］. 北京：北京大学出版社，2011.

［8］董同龢. 汉语音韵学［M］. 北京：中华书局，2011.

［9］胡安顺. 音韵学通论［M］. 北京：中华书局，2002.

［10］郭锡良. 汉字古音手册（增订本）［M］. 北京：商务印书馆，2010.

［11］杨剑桥. 汉语音韵学讲义［M］. 上海：复旦大学出版社，2005.

［12］陈复华. 汉语音韵学基础（修订本）［M］. 北京：中国人民大学出版社，2002.

［13］颜之推. 颜氏家训集解［M］. 王利器集解. 上海：上海古籍出版社，1980.

［14］陈彭年. 钜宋广韵［M］. 上海：上海古籍出版社，1983.

［15］洪诚. 中国历代语言文字学文选［M］. 南京：江苏人民出版社，1982.

［16］陈第. 毛诗古音考屈宋古音义［M］. 康瑞琮点校. 北京：中华书局，2008.

西南师范大学出版社
《名师工程》系列丛书目录

系列	序号	书　　　名	主编	定价
教研提升系列	1	《语文教师必备的音韵学素养》	李明孝	30.00
	2	《校本教研的 7 个关键点》	孙瑞欣	30.00
	3	《教师怎样做小课题研究——高效助力教师专业化成长》	徐世贵　刘恒贺	30.00
	4	《今天我们应怎样评课》	张文质　陈海滨	30.00
	5	《今天我们应怎样进行教学反思》	张文质　刘永席	30.00
	6	《一节好课需要的教育智慧》	张文质　姚春杰	30.00
教育探索者·鲁派名师系列	7	《追问历史教学之道》	钟红军	36.00
	8	《灵动英语课——高效外语教学氛围创设艺术》	邵淑红	30.00
	9	《校园，幸福教育的栖居》	武际金	30.00
	10	《复调语文——尊重生命自我成长的语文教学》	孙云霄	30.00
	11	《智趣数学课——在情感深处激发学生的数学智能》	王冬梅	30.00
	12	《高品位“悦读”——让情感与心灵更愉悦的阅读教学》	马彩清	30.00
	13	《品诵教学——感悟母语神韵的阅读教学》	侯忠彦	30.00
	14	《智趣化学课——在快乐中提升学生的科学素养》	张利平	30.00
名师解码系列	15	《教育需要播种温暖——谢文东与儒雅教育》	余　香　陈柔羽　王林发	28.00
	16	《为了未来设计教育——梁哲与探究教育》	冼柳欣　肖东阳　王林发	28.00
	17	《真心是教育的底色——谭永焕与真心教育》	谭永焕　温静瑶　王林发	28.00
	18	《做超越自我的教师——刘海涛与创新教育》	王林发　陈晓凤　欧诗停	28.00
	19	《打造灵动的教育场——张旭与情感教育》	范雪贞　邹小丽　王林发	28.00
高效课堂系列	20	《让数学课堂更高效——教研员眼中的教学得失》	朱志明	30.00
	21	《从教会到教慧——小学生数学学习能力的培养艺术》	滕　云	30.00
	22	《用什么提高课堂效率——有效数学课必须关注的 10 大要素》	赵红婷	30.00
	23	《让作文更轻松——小学作文高效教学 36 锦囊》	李素环	30.00
	24	《让研究性学习更高效——研究性学习施教指导策略》	欧阳仁宣	30.00
	25	《让母语融入学生心灵——提升学生语文素养的高效施教艺术》	黄桂林	30.00
创新课堂系列	26	《重塑课堂生命力——小学新课堂教改成功之路》	陈华顺	30.00
	27	《小学语文“三环节”阅读教学法——自学、读讲、实践》	薛发武	30.00
	28	《个性化课堂教学艺术：小学语文》	商德远	30.00
	29	《如何实现三维目标——让学生与文本共鸣的诵读教学》	张连元	30.00
	30	《想说　会说　有话可说——突破作文瓶颈的三维教学法》	杨和平	30.00
	31	《综合课的整合创新教学》	周辉兵	30.00
	32	《如何打造学生喜欢的音乐课堂》	张　娟	30.00
	33	《理想课堂的构建与实施——一个教研员眼中的理想课堂》	张玉彬	30.00
	34	《小学语文：决定教学质量的关键策略》	李　楠	30.00
	35	《用〈论语〉思想提升数学教育智慧》	胡爱民	30.00
	36	《童化作文——浸润儿童心灵的作文教学》	吴　勇	30.00

系列	序号	书 名	主编	定价
名校系列	37	《人本与生本：管理与德育的双重根基》	广州市广外附设外语学校	30.00
	38	《生本与生成：高效教学的两轮驱动》	广州市广外附设外语学校	30.00
	39	《世界视野与现代意识：校本课程开发的二元思维》	广州市广外附设外语学校	30.00
	40	《让每个生命都精彩——生命教育校本实践策略》	王鹏飞	30.00
	41	《好学校，从关注每个学生开始 ——石梅小学优质教育多元感悟》	顾　泳　张文质	30.00
思想者系列	42	《回归教育的本色》	马恩来	30.00
	43	《守护教育的本真》	陈道龙	30.00
	44	《教育，倾听心灵的声音》	李荣灿	30.00
	45	《心根课堂——让教育随学生心灵起舞》	刘云生	30.00
	46	《做一个纯粹的教师》	许丽芬	26.00
	47	《率性教书》	夏　昆	26.00
	48	《为爱教书》	马一舜	26.00
	49	《课堂，诗意还在》	赵赵（赵克芳）	26.00
	50	《今日教育之民间立场》	子虚（扈永进）	30.00
	51	《教育，细节的深度反思》	许传利	30.00
	52	《追寻教育的真谛——许锡良教育思考录》	许锡良	30.00
	53	《做爱思考的教师》	杨守菊	30.00
鲁派名校系列·教育探索者	54	《让生命异彩纷呈——差异教育的构建与实施》	张晓琳	30.00
	55	《博弈中的追求——一位中学校长的"零"作业抉择》	李志欣	30.00
	56	《大教育视野下的特色课程构建——海洋教育的开发实施》	白刚勋	30.00
名师教学手记系列	57	《唤醒生命的对话——孙建锋语文教学手记》	孙建锋	30.00
	58	《让作文教学更高效——王学东写作教学手记》	王学东	30.00
名校长核心思想系列	59	《智圆行方——智慧校长的50项管理策略》	胡美山　李绵军	30.0
	60	《做一个智慧的校长》	孙世杰	30.00
	61	《成为有思想的校长》	赵艳然	30.00
创新班主任系列	62	《班主任专业化成长策略》	杨连山	30.00
	63	《班级活动创新与问题应对》	杨连山　杨　照 张国良	30.00
	64	《班集体建设与创新人才培养》	李国汉	30.00
	65	《神奇的教育场——打造特色班级文化创新艺术》	李德善	30.00
创新语文教学系列	66	《曹洪彪新概念快速作文》	曹洪彪	30.00
	67	《小学语文：享受对话教学》	孙建锋	30.00
	68	《小学语文：名师教学目标落实艺术》	刘海涛　王林发	30.00
	69	《小学语文：名师魅力教学设计艺术》	刘海涛　王林发	30.00
	70	《小学语文：名师魅力课堂激趣艺术》	刘海涛　豆海湛	30.00
	71	《小学语文：单元整体教学构建艺术》	李怀源	30.00
	72	《小学作文：名师情趣课堂创设艺术》	张化万	30.00

系列	序号	书　　　名	主编	定价
优化教学系列	73	《高效教学组织的优化策略》	赵雪霞	30.00
	74	《高效教学方法的优化策略》	任　辉	30.00
	75	《高效教学过程的优化策略》	韩　锋	30.00
	76	《让教学更生动——激发兴趣让学生快乐认知》	朱良才	30.00
	77	《让教学更高效——策略创新让教学事半功倍》	孙朝仁	30.00
	78	《让教学更开放——拓展延伸让学生触类旁通》	焦祖卿　吕勤	30.00
	79	《让教学更生活——体验运用让学生内化知识》	强光峰	30.00
	80	《让知识更系统——整合与概括让学生建构体系》	杨向谊	30.00
	81	《让思维更创新——思辨与发散让学生思维活跃》	朱良才	30.00
名师名课系列	82	《名师如何炼就名课》（美术卷）	李力加	35.00
教师成长系列	83	《做会研究的教师》	姚小明	30.00
	84	《学学名师那些事》	孙志毅	30.00
	85	《给新教师的建议》	李镇西	30.00
	86	《教师心灵读本：成为有思想的教师》	肖　川	30.00
	87	《教师心灵读本：教师，做反思的实践者》	肖　川	30.00
幼师提升系列	88	《全国优秀幼儿健康教育活动课例评析》	教育部教育管理信息中心	30.00
	89	《全国优秀幼儿艺术教育活动课例评析》	教育部教育管理信息中心	30.00
	90	《全国优秀幼儿社会教育活动课例评析》	教育部教育管理信息中心	30.00
	91	《全国优秀幼儿语言教育活动课例评析》	教育部教育管理信息中心	30.00
	92	《全国优秀幼儿科学教育活动课例评析》	教育部教育管理信息中心	30.00
教师修炼系列	93	《班主任工作行为八项修炼》	杨连山	30.00
	94	《教师心理健康六项修炼》	李慧生	30.00
	95	《教师专业化五项修炼》	杨连山　田福安	30.00
	96	《课堂教学素养五项修炼》	刘金生　霍克林	30.00
	97	《高效教学技能十项修炼》	欧阳芬　诸葛彪	30.00
	98	《教师新师德六项修炼》	王毓珣　王颖	30.00
数学教学创新系列	99	《小学数学：名师教学目标落实艺术》	余文森	30.00
	100	《小学数学：名师高效教学设计艺术》	余文森	30.00
	101	《小学数学：名师易错问题针对教学》	余文森	30.00
	102	《小学数学：名师魅力课堂激趣艺术》	余文森	30.00
	103	《小学数学：名师同课异教》	林高明　陈燕香	30.00
	104	《小学数学：名师抽象问题艺术教学》	余文森	30.00
心理教育系列	105	《做最好的心理导师——中学生心理健康咨询手册》	杨东	30.00
	106	《每天学点教育心理学》	石国兴　白晋荣	30.00
	107	《学生心理拓展训练与指导》	徐岳敏	30.00
	108	《好心态成就好学生——学生心理问题剖析与对症教育》	李韦遴	30.00
教学新突破系列	109	《把教学目标落实到位——名师优质课堂的效率管理》	冯增俊	30.00
	110	《拿什么调动学生——名师生态课堂的情绪管理》	胡涛	30.00
	111	《零距离施教——名师和谐师生关系的构建艺术》	贺斌	30.00
	112	《一个都不能落——名师提升学困生的针对教学》	侯一波	30.00
	113	《让学习变得更轻松——名师最能吸引学生的情境设计》	施建平	30.00
	114	《让知识变得更易学——名师改造难学知识的优化艺术》	周维强	30.00

系列	序号	书　名	主编	定价
教育通识系列	115	《用心做教师——青年教师快速成长的十大定律》	王福强	30.00
	116	《做最受学生欢迎的老师》	赵馨　许俊仪	30.00
	117	《做有策略的校长——经典寓言与学校管理智慧》	宋运来	30.00
	118	《做有策略的教师——经典故事中的教育启示》	孙志毅	30.00
	119	《从学生那里学教书》	严育洪	30.00
	120	《突破平庸——提升教育质量的31个跳板》	严育洪	30.00
	121	《教育，诗意地栖居》	朱华忠	30.00
	122	《好班规打造好班级》	赵凯	30.00
	123	《做学生成长的引领者——学生终身成长的素质培养》	田祥珍	30.00
	124	《如何管出好班级——突破班级管理的四大瓶颈》	刘令军	30.00
	125	《青春期性教育教师实用手册》	闵乐夫	30.00
高中新课程系列	126	《高中新课程：教师角色转变细节》	缪水娟	30.00
	127	《高中新课程：班主任新兵法细节》	李国汉　杨连山	30.00
	128	《高中新课程：教学管理创新细节》	陈文	30.00
	129	《高中新课程：更有效的评价细节》	李淑华	30.00
名师讲述系列	130	《施教先施爱——名师讲述班主任的核心教导力》	杨连山　魏永田	30.00
	131	《在欢乐中成长——名师讲述最具活力的课堂愉快教学》	王斌兴	30.00
	132	《让学生做自己的老师 ——名师讲述如何提升学生自主学习能力》	徐学福　房慧	30.00
	133	《引领学生高效学习 ——名师讲述如何提高学生课堂学习效率》	刘世斌	30.00
	134	《教育从心灵开始——名师讲述最能感动学生的心灵教育》	张文质	30.00
教育管理力系列	135	《名校激励管理促进力》	周兵	30.00
	136	《名校安全管理执行力》	袁先潋	30.00
	137	《名校师资团队建设力》	赵圣华	30.00
	138	《名校危机管理应对力》	李明汉	30.00
	139	《名校校本研究创新力》	李春华	30.00
	140	《学校文化力建设策略》	袁先潋	30.00
	141	《名校长核心教育力》	陶继新	30.00
	142	《名校长高绩效领导力》	周辉兵	30.00
	143	《名校行政管理细节力》	杨少春	30.00
	144	《名校教学管理提升力》	张韬　戴诗银	30.00
	145	《名校学生管理教导力》	田福安	30.00
	146	《名校校园文化构建力》	岳春峰	30.00
大师讲坛系列	147	《大师谈教育心理》	肖川	30.00
	148	《大师谈教育激励》	肖川	30.00
	149	《大师谈教育沟通》	王斌兴　吴杰明	30.00
	150	《大师谈启蒙教育》	周宏	30.00
	151	《大师谈教育管理》	樊雁	30.00
	152	《大师谈儿童人格塑造》	齐欣	30.00
	153	《大师谈儿童习惯培养》	唐西胜	30.00
	154	《大师谈儿童能力培养》	张启福	30.00
	155	《大师谈早恋与性教育》	闵乐夫	30.00
	156	《大师谈儿童情感教育》	张光林　张静	30.00

系列	序号	书　　　　名	主编	定价
教育细节系列	157	《名师最具渲染力的口才细节》	高万祥	30.00
	158	《名师最有效的沟通细节》	李　燕　徐　波	30.00
	159	《名师最有效的激励细节》	张利李波	30.00
	160	《名师培养学生好习惯的高效细节》	李文娟　郭香萍	30.00
	161	《名师人格教育的经典细节》	齐　欣	30.00
	162	《名师营造课堂氛围的经典细节》	高　帆　李秀华	30.00
	163	《名师最有效的赏识教育细节》	李慧军	30.00
	164	《名师最有效的批评细节》	沈　旎	30.00
教学提升系列	165	《方法总比问题多——名师转变棘手学生的施教艺术》	杨志军	30.00
	166	《用特色吸引学生——名师最受欢迎的特色教学艺术》	卞金祥	30.00
	167	《让学生爱上课堂——名师高效课堂的引导艺术》	邓　涛	30.00
	168	《拿什么打开思路——名师最吸引学生的课堂切入点》	马友文	30.00
	169	《没有记不牢的知识——名师最能提升学生记忆效果的秘诀》	谢定兰	30.00
	170	《让学生的思维活起来——名师最激发潜能的课堂提问艺术》	严永金	30.00
国际视野系列	171	《行走在日本基础教育第一线》	李润华	26.00
	172	《润物细无声——品鉴国外德育智慧》	赵荣荣　张　静	30.00
	173	《不让一个学生掉队——国际视野下的教育均衡实践》	乔　鹤	28.00
	174	《从白桦林到克里姆林宫——俄罗斯中小学教育纪实》	赵　伟	30.00